# 玉峯觀止

## 台灣自然、宗教與教育之我見

台灣蠻野心足生態協會贊助寫作

序一

# 獨行深谷窄徑上

　　2009年底拜讀玉峯先生的「散文」：《山・海・千風之歌》。2011年11月又見《玉峯觀止：台灣自然、宗教與教育之我見》——這本「散文」。

　　每讀玉峯先生的「散文」總會太陽穴發脹。以「文學類型」概念看，這些嚴肅細緻的文字，實在不像一般的散文。今天台灣散文出現「散的文字」狀態，反觀玉峯先生所寫是真正作者情心靈的直接呈現——不像小說設定「敘事觀點」與存心的虛構，所以反而浮現散文的真髓。很有趣。

　　關心台灣大方向大行程的人不難發現，玉峯先生離開固定教職後，有形的走遍天涯，觀察熱帶雨林密碼，點數釋迦悟道機緣；無形的，比較東西哲思宗教的起落得失，自省半生獻身保衛生態大地的種種，及至最近，慢慢形成龐大深沉的渡世救台灣的「鴻圖」來……

　　這本散文集，重點就在這裡：「台灣隱性文化」概念與建構行動的藍圖。

　　玉峯先生的「隱性文化」，形態上就是被殖民下的「地下文化」，主要的是隱藏在民間信仰機構與「思考方式」裡。旨

趣是擺脫被外力形塑的文化網羅，回到土地，回歸自然；除祛民間信仰的外染汙穢，呈現原庶的天機天真——這才能自救救台灣。

這是「闢地」——由廣大民間除草拓路，然後「開天」——推開烏雲，天日重現的文化工程，更是文化戰爭。中國的「文化大革命」，然後形成以文化為工具革人民的命的作業。玉峯先生的「隱性文化論」，是革外來殖民者的命，也是真台灣人性靈上的革命性改造。

必要嗎？絕對必要。能嗎？回答者可能會：五步一徘徊，日出月落沉吟至今——

▶ 野牽牛

　　玉峯先生自己當然心知肚明，這是巨大工程。實際上，除非如此，也不會「捨身以赴」吧。文中對於「隱性文化」的特徵說得很清楚，也指出有些「隱性文化」是會消失的。台灣的「隱性文化」內景似乎敘述不夠詳盡。不過，清楚提出它的優缺點，並指出這是連續幾代人的耕耘戰鬥。

　　這是一本深刻而不晦澀的「散文集」，祇要有情有心，應該可以領會作者深心的。

　　跟《山・海・千風之歌》一樣，這本書用心眼讀之外，還得「用腳讀」——親歷躬行於台灣山巔水湄，才能更深刻理解文字後面的心靈。

　　這本「散文」最後有兩篇談人事的文字。玉峯先生畢竟接觸自然大地草木多，而對「各類人等」可能知解不多。個人的感想是：

　　論自然、植物羣，天衣無縫；論人物、世事，難免天真無邪。

　　人間不真，豈能天真；天下多邪，不宜無邪！

李喬

2011.11.5於苗栗玉泉居

# 知性與感性的雙重饗宴

## ——我讀《玉峯觀止：台灣自然、宗教與教育之我見》

　　能夠搶先拜讀陳玉峯教授的大作——《玉峯觀止：台灣自然、宗教與教育之我見》，是最大的榮幸和享受。陳教授這本散文輯，就像俄國作曲家拉赫曼尼諾夫(Sergei Rachmaninoff, 1873-

◀大花咸豐草

1943)的鋼琴協奏曲一樣，乍聽之下似乎沒有明確主題，有些段落甚至很不協調，但整個樂章或整首協奏曲卻極為和諧、完整。

拉赫曼尼諾夫被歸類為二十世紀前期印象派音樂家，與法國作曲家德布西(Claude Debussy, 1862-1918)、拉威爾(Maurice Ravel, 1875-1937)等人齊名。他們都被視為「現代音樂」的重要代表作曲家。而現代音樂的特色則是：無調性(Atonal)，或多重調性(Polytonal)，音樂難以捉摸，毫無旋律感，甚至還大量使用不和諧的和聲。由於這樣的音樂並不好懂，因此也就不容易被聽眾接受。這就像陳教授這部散文輯一樣，內容龐雜，主題(自然、宗教與教育)與主題之間似乎沒有明確的關連，以致整部散文輯看似毫無章法。這種情形不僅出現在整部散文輯，而且每篇文章也都自成一個無調性(多重調性)、不和諧的「樂章」。明明談論的是地面上的凡人凡事，不一會兒卻又談到藍天上的雲彩朵朵去了。因此讀起來有點辛苦。然而，只要熟悉陳教授的寫作方式，就會愛上這部散文輯。就像聽久了拉赫曼尼諾夫的鋼琴曲，就會愛上他的音樂一樣。

　　從書名就知道，這是一部討論自然、宗教和教育的文集。陳教授多年來從事生態研究和環保工作，「自然」是他最熟悉的主題。在這方面，陳教授從楠溪林道(一條位於玉山國家公園內的林道)的考察，談到了2011年3月的日本大地震和大海嘯。中間還詳細記錄了台灣高山的山勢、林相和林貌，以及生長在其間的各種植物，例如台灣澤蘭、五節芒、水麻、台灣款冬、台灣懸鉤子、野茼蒿、台灣紅榨楓、筆筒樹、道德樹(榕樹)等植物。在「自然」這個主題下的幾篇文章──前七篇，陳教授不只是忠實紀錄這些山山水水或花草樹木，而且也指出一些不為人知的驚異現象，並挾帶著許多精彩的評論，例如：

　　2007年3月12日，我隨電視台「台灣誌」節目上玉山解說，意外地在塔塔加鞍部，發現警備車內垂死的山羌蠕動，警察盜獵案浮現冰山一角…。(〈楠溪組曲〉)

　　…「天演論」的重點在於變異與天擇，而從來沒有說天擇是導向完美！環境改變了，挑選出合宜的個體或族群，那天，環境又改變了，原來標準下的優良、適應者，可能變成率先被淘汰者。而3百多年來，人類最恐怖的行徑是，摧毀了地球數十億年演化的大部分變異，斷絕未來的生機。(〈台灣紅榨楓〉)

　　我從1990年代一直呼籲國人追蹤研究，設若從該年代開始探討，很可能如今也不必為筆筒樹屬植物的大量死亡而驚慌。凡此系列問題的病根，在於台灣社會的主流文化從來反

本土，從來欠缺認同意識，遑論屬靈境界的文化貫通。（〈對高岳〉）

值得一提的是，陳教授是一位相當認真，也相當細心的學者。認真、細心得令人驚愕。他在〈三千煩惱絲〉一文中，曾製作了一個表格，詳細紀錄他洗髮後梳頭時，所掉頭髮的根數和長度。(見頁148)當讀者讀到這個表格，以及表格前、後的說明，不感到訝異的，相信很少。

而在討論「自然」的最後一篇文章——〈末日建言——從日本地震、海嘯角度環顧環保諸議題〉的最後，陳教授除了暢談他的生態環保理念之外，也花了不少篇幅來抒發他對台灣人民的民族性的憂慮；例如：

2007年我辭職離群，自我再教育與沉澱，投入台灣宗教、台灣人精神、信仰、價值的認知與再學習。新近幾個月，大致理解台灣普羅基層或人民的特徵。估計大約半數或以上的台灣人，在價值底層或信仰上，仍然根植於大中華的皇權帝制思想體系，這也是為何4百年來，從無意識的無政府主義，歷經5~6個(外來)政權統治，始終無法建立主體性，或在屬靈層次上，從來與台灣土地生界未曾連結的根本原因…。

在這樣的憂慮下，陳教授帶領我們，從「自然」的領域，

邁向本書的第二個主題——「宗教」。而〈自然與宗教簡介〉則是第一篇，點明了自然與宗教的密切關係。一開頭，陳教授就引了阿瑪的話，來證成這個事實：

> 沒有宗教能夠脫離自然而存在；宗教是綁繫人類到自然的鏈環；宗教移除人類心中的自我，讓人得以了知及經驗他與自然的合一。

而陳教授也從宗教的拉丁字源，提出他自己對於自然與宗教具有緊密關連性的說明：

> 宗教的拉丁字源即含有「連接、連結」的意義，連結人與土地、人與神、人所來自、人與終極歸宿的橋樑…。

緊接著，陳教授進一步闡述，由於人類的不斷演化，以致使分化成東方和西方的不同文化和宗教；他說：

> 人從純自然，走到神格化的自然觀以降…便進入顯著改造自然的時代，也就是各種農業文化、畜牧或游牧文化、商業文化之締造各地區的文明時期，包括現今全球各大宗教的形成，我將之稱為「文化的自然觀」階段，從而漸次建構、完成本文一開始所謂的東、西文化大相逕庭的唯心與唯物觀之分

道揚鑣。

其中，唯物觀的西方文化，儘管以古希臘泰利斯所開展，但最後則發展出基督宗教。而基督宗教則是「破壞地球生界、消滅自然生態體系的罪魁禍首」：

> 反正，唯物科技最後變成基督宗教締造世界文明的特徵，而個人‧‧‧十幾年間相信，破壞地球生界、消滅自然生態體系的罪魁禍首即基督宗教，近幾年來才認知，至少某種程度以上，基督宗教也替唯物史觀背負了黑鍋‧‧‧。

讀到這裡，讀者們也不必沾沾自喜，以為自己所處的東方唯心主義，是個有利於環境生態的文化。事實上，陳教授一一解析了《詩經》、老子《道德經》，乃至隋朝高僧吉藏的「草木有(佛)性論」，然後毫不客氣地批判中國的唯心主義，不管是儒家、道家或佛家，都無法勝任環保的任務。他說：

> 就我數十年閱讀、感受與台灣經驗，中國文化本身就是一種超級唯心論的信仰或隱藏的人本宗教。表面上崇尚自然，實際上否定自然本身的自然，因而只是愛園林思想遠勝於唯物自然。人本主義的假山、造景，表達出無論再怎麼美麗的自然景觀，不過是「風景如畫」，而不是「畫如風景」，其以貧窮

文化、唯用主義以及唯心我執為基調。…因此，筆者無法肯定
中國「倫理人本的自然觀」可以保護自然。

陳教授認為，中國的唯心主義，乃是「由人本、唯心思惟
去推論的敘述」，而他，則是「適合由唯物唯心無分別的角
度，去探討這面向」。

在詳細討論了自然與宗教的關係之後，陳教授正式帶領我
們邁入宗教的領域。這正是〈報馬仔——談台灣的隱性文化〉
乃至〈側談人間佛教與生態倫理〉這幾篇文章的主要內容。

〈報馬仔——談台灣的隱性文化〉、〈報馬仔或抱馬
仔？〉以及〈笨港報馬仔——文化的演化〉是三篇很特別的文
章。筆者認為，這是全書最精彩的部分。這不但是因為作者訪
談前總統李登輝先生，以及北港的許多耆老仕紳，其認真的
態度令人敬佩，也因為這三篇文章呈現出令人震撼的內容。因
此，筆者願意花費較多的篇幅，來介紹這三篇美文。

首先，陳教授從包裹北港飴的塑膠袋上的報馬仔圖案談
起，說明台灣本土文化在外來政權所引進的主流、強勢文化之
下，成了隱性文化。報馬仔原本是媽祖遶境隊伍中，以銅鑼聲
預告信徒媽祖神轎即將到來的一個趣味性角色，具有明辨是
非、言而有信、勞心勞力，乃至辨忠奸、不妄語的特性；但現
在，「報馬仔」一詞，顯然已經變成人格貶抑，成為不忠於親
友，專打小報告的惡人了。如此重大的轉變，正因為本土文化

受到外來主流、強勢文化的壓抑，以致產生質變使然。這種質變，報馬仔只是冰山一角，事實上，這種現象到處都是，陳教授用「隱性⑺文化」來稱呼像報馬仔這樣的本土文化。陳教授在文中特別強調查知、明辨、洞悉這種隱性文化的重要性；他說：

　　借⒃馬仔這個例子，我想說明的是台灣的隱性⑺文化，一個最普遍存在的現象，卻似無人查知，或說絕大部分的人以反常為習常、正常。然而，這部分若未能明辨、洞悉，則台灣歷史、文化的詮釋，恆滯留於文筆奴所建構的黑洞；主體自覺很難開發或創建；無論台灣制度、形式、表象如何自由，我們的心靈永遠未曾真正的開放；人性始終部分被扭曲、被禁錮；完整的本質無法發揮；靈性永遠被殖民；宗教的體悟、感悟，乃至菩薩道的徹底實踐，也可能存有若干陰影，遑論最最曲折離奇、模糊、隱晦的台灣宗教信仰史，而台灣文化的精髓、本質也無法明揭於世。

　　台灣的隱性⑺文化，起始於清朝、日治時期，卻大成於國府統治時期。陳教授說：「將1987年7月15日解嚴，當成民主與專制的分水嶺，則可以說，1987年之前至1622年期間，正是形塑這套台灣『隱性文化』的外力操作期，乃至成形暨蛻變。」而這種隱性⑺文化則有五個特徵：

首先，它起源於任何專制強權支配下，被支配者所生活出來的，有別於強權主流的地下文化。

「隱性文化」的第二個特徵在於主體性、靈性的本質或元素並未消失，只是轉變為地下化、模糊化，甚或無意識化，但其至高的價值依歸或主體，依然健在且代代傳承，而且，必須寄託在特定的象徵之上。

「隱性文化」的第三個特徵即特定象徵的「應現」或存在，其通常存在於宗教或某種信仰之上。以台灣而言，大抵是「反異族的民族情結」所「應化」、「應現」出的「媽祖信仰」、「王爺信仰」或「禪宗信仰」。「媽祖信仰」原本是中國「反元復宋」所創造出來的神話，隨著閩南人士來台而轉移，且主要因清朝的操弄，「媽祖信仰」還分化成反政府與尊政府的兩大派；部分「王爺信仰」則是「反清復明」的象徵。無論「媽祖」或「王爺」，本質上皆是「禪宗信仰」。

做為隱性文化的第四個特徵在於自身歷史、文化的解釋權，從來操弄在外來政權手中；第五個特徵即土地倫理、人地關係、自然情操等等主體性的根源，不斷遭受否定、剷除或隔離。

陳教授在〈報馬仔或抱馬仔？〉一文當中指出，隱性文化的提出，可以讓長久被誤解、被扭曲的台灣精神呈顯出來；而這，正是他提出隱性文化這一說法的原因：

　　我同意李前總統「建立台灣大史觀」的超越性見解，事實上拙文正是朝向正面的開展，但重點內涵著重在，挑出台灣不同斷代被扭曲的精神宿疾，不讓這些歷史的悲劇，繼續以各種面具佯裝健康的假象，腐蝕台灣的主體性，重複過往宿命式的不幸。同時，積極面乃在褐櫫傳統卓越的內在或本質，回歸泱泱終極根源，破除狹隘的統獨二分過去式，從屬靈到唯物的全方位，開創活體新文化。我要開展的，是最古、最普世的人性，也是最新的，永無止境的創造。

　　〈《整頓世局》？——如果濟公、天公、媽祖眾神佛也反核、做環保〉也是一篇值得好好閱讀的美文。這篇美文是針對一本由高雄仁武鄉灣內村西慈宮印行，名叫《整頓世局》的善書而寫。這本善書是包括黑面濟佛等六、七十尊仙佛下凡，透過扶鸞宣說而寫成。陳教授在正式評介這本善書之前，先做了總評；他說：

　　十多年來，台灣的「萬教雜宗」，不約而同地，針對環境問題及屬靈面向的沉淪，感受到無比的焦躁不安，也依據各自的立場或角度，發出整體滅亡前的急切呼籲與示警。他們反映出集體的憂患意識，也預告我所擔憂的，新環境災變或劫難躁鬱症，或其症候群之提前到來。

在這裡，陳教授點出了這本善書，甚至所有流傳在台灣民間、「萬教雜宗」的善書，都是「針對環境問題及屬靈面向的沉淪」而發。陳教授簡要介紹了這六、七十對仙佛的告誡，每位仙佛之下，陳教授還有「小註」，闡述他自己的了解和評論。其中第6尊仙佛「西湖靈隱寺濟公活佛」的鸞文，陳教授這樣介紹：

> 第三段直說88災變是人心惡化的報應。因為為政者之中的「無情無義的官員都是高學歷」，只求自己的名、利、權，只會耍嘴皮，而不管百姓死活，「孫中山」擺中間，道德、因果放兩邊，所以老天爺看不過去了，降下災劫，讓這些官員成為「眾矢之的，坐立難安，不敢再高高在上了」。

從宗教跨入教育，即可沐浴在本書最後一個單元。陳教授先從他學生時代的老師說起，然後說到他對西方重科學、重物質、重速率、重成就等教育理念的了解和評論，說「科學沒有那麼純潔啦！有時候直是大邪魔！」說「比別人快一步者才能成功」、「打倒別人，便是成功。自由競爭，優勝劣敗，現實得很」等等這些西方教育理念，都大有問題。他說：「依個人在台灣教育界的經驗，對拿到美國教育研究所學位回台的人才，以及其在台灣所展現的教育理念、作為，我曾經大有意見。」而他自己所認為的理想教育則如下：

　　而我從來一貫的教育理念，例如未來型的教育；啟發原則；教育無公式、沒理論、無預設成果；除了邏輯語言之外，學生在課堂上的發言無對錯；思辨或批判能力的培育；社會人格的養成；上課是一種生命活體面對面的溝通，包括身體語言(眼睛可以說的，有時比嘴巴多很多)、心智的良性互動，並隨時激發新思路；上課必須是種心靈的震撼、喜悅、折磨與享受…這些，大抵是我在課堂教育的基本態度或通則…。(〈課堂教育〉)

　　這是陳教授對於學校「課堂教育」的理想，至於目前正夯的「生命教育」，陳教授也有他的看法：

　　我心目中開授「生命教育」課程的最佳導師大概是宇宙本身、上帝、神、佛，就人能著力的部分而言，則很大很大的比例，是天下任何為人父母者，因為決定一個人一生的「生命教育」，毋寧是間接教育、隔代教育。平均而論，依過往我在大學授課的經驗，「生命教育」常常只是教育無用論的代名詞。(〈宗教與生命教育〉)

　　同時，陳教授也指出，目前流行在各大學通識教育當中的「宗教與生命教育」課程，其實只是縮小「生命」、擴大「宗教」的課程。他說：

　　而當課程冠上「宗教與生命教育」之際，可以朝向狀似矛盾的兩端發展，一端是縮小生命教育的範疇，或朝宗教之與之相關的議題著墨；另一端則在生命教育的任何議題上，擴增宗教的部分或相關…。（〈宗教與生命教育〉）

　　既然生命教育只是教育無用論的代名詞，而宗教與生命教育，若不是縮小生命教育，就是擴大宗教教育的內容，那麼，陳教授理想的生命教育(或生命與宗教教育)是什麼呢？他列舉了所應具備的十二個項目：

一、生命科學論生命的起源

二、宇宙間有智慧生命的探索

三、達爾文演化論與基督宗教的拉鋸戰

四、基督宗教暨科學觀下的生命教育──以美國的市民社區教育為例

五、人類心智的本體論問題(Ontological problem)

六、原初佛教的生命觀與生命教育

七、自卑、自信、自覺、自主的自我生命教育

八、批判思考或思辨能力(Critical thinking)的訓練

九、台灣生態觀下的生命教育

十、大劫難下的生命教育

十一、如何從自然界學習快樂的方法

十二、檢討當今台灣生命教育的專題分組報告

這本散文輯的內容，當然不只前文所提到的這些。像是引介李岳勳先生《禪在台灣》一書，發人深省的〈台灣人的宗教觀——斷章取義引介李岳勳先生的《禪在台灣》〉、敘述北美洲親友對宗教看法的〈台灣人的宗教觀(北美篇)〉、介紹並讚嘆證嚴法師、傳道法師和昭慧法師所推廣之「人間佛教」的〈側談人間佛教與生態倫理〉，乃至無法涵蓋書名所揭示的自然、宗教、教育，而與政治關係較深的〈《常識》〉和〈聯合政黨、聯合政府的展望〉，這些美文，在這篇短短的序文裡，筆者都無暇一一介紹。

總之，這是一部內容令人讚嘆的散文輯。前文我曾用俄國作曲家拉赫曼尼諾夫的鋼琴協奏曲，來形容它的精彩，現在我還要用「佛跳牆」這道美食，來比喻它的豐盛；因為那的確是知性與感性的雙重饗宴！

楊惠南
2011.12.18於台灣大學教職員宿舍

# 代序

　　本書輯錄2011年的若干思考。不同於過往的書寫，這些文章沒有社會運動或抗爭下的壓力，沒有發表上的考量，不必為任何特定目的量身訂做，也不需做什麼文學化的修飾，單純地隨心思悠遊，或說，只是我的生活「散」文。

　　另一方面，自從2007年中，辭退教職、脫離絕大部分社會參與，丟棄了許多身外物，照相機、三腳架或所謂專業攝影的器材也都束之倉庫，而歐陸漫遊、北美行、印度之旅、蘇門

◀香水百合

答臘雨林勘調、日本觀察……，等等，以及四年多來所有的影像紀錄，只託附糖果狀小型數位相機(Sony DSC-T2)，散漫地拍照，填補往日紀錄成性的習氣，不料，引發了2010年底以迄2011年2月10日期間，瘋狂地捕捉微觀植物的葉片，直到警覺這份沾黏、攀緣也該放下(見〈側談人間佛教與生態倫理〉文末)。然而，拍照算是另類書寫，也可拿來點綴本書不算好讀的文字，聊充插畫。

　　2011年1月31日，昭慧法師與性廣法師前來寒舍話家常，戲言一句：我去您們那裏好了(指玄奘大學宗教系)！於是，2011下半年至2012年上半年，我成為宗教系的暫時客座教授，因而原本我的生活「散」文只有自然與宗教，現在就多出了教育。

　　如同昭慧法師關懷我的生活，此之前，台灣蠻野心足生態協會文魯彬律師於2010年11月1日前來家中慰問，於是，本書得以出版。

　　2011年一些領會或思索已如書中雜文，不必再贅言。但願這些文字糟粕，得與有心人結緣，是幸。

陳玉峯

2011.9.12於阿里山仲秋夜

# 目次

序一｜**獨行深谷窄徑上**／李喬　**3**

序二｜**知性與感性的雙重饗宴**／楊惠南　**6**

代序／陳玉峯　**20**

## 輯一 台灣的自然

01 **楠溪組曲**　**26**

02 **夭折的眠月**　**64**

03 **台灣紅榨楓**　**81**

04 **對高岳**　**94**

05 **道德樹**　**111**

06 **三千煩惱絲**　**142**

07 **末日建言**──從日本地震、海嘯角度環顧環

　　**保諸議題**　**154**

▲ 鳥類傳播的雀榕，一年落葉 3~4 次

▲ 豔紫荊葉片

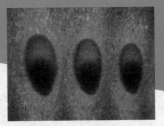

▲ 虎尾蘭葉紋　　　　　▲ 銀合歡豆莢

**輯二 台灣的宗教**

08 自然與宗教簡介　**190**

09 報馬仔——談台灣的隱性文化　**219**

10 神主牌——台灣人與靈界的橋樑　**234**

11 禪除所宗——台灣精神與人格　**243**

12 報馬仔或抱馬仔？　**254**

13 笨港報馬仔——文化的演化　**263**

14 台灣人的宗教觀——斷章取義引介李岳勳先生
的《禪在台灣》　**274**

15 台灣人的宗教觀(北美篇)　**296**

16 《整頓世局》？——如果濟公、天公、媽祖眾
神佛也反核、做環保　**314**

17 側談人間佛教與生態倫理　**343**

**輯三 台灣的教育**

18 課堂教育　**362**

19 宗教與生命教育　**381**

20 《常識》　**387**

21 聯合政黨、聯合政府的展望　**393**

輯一

台灣的自然

01 楠溪組曲
02 夭折的眼月
03 台灣紅榨楓
04 對高岳
05 道德樹
06 三千煩惱絲
07 末日建言——從日本地震、海嘯角度環顧環保諸議題

# 楠溪組曲

## 1

### 因緣

　　凝視著砂岩塊砌成的石柱，海拔 2 千 6 百餘米的新中橫公路邊，我在塔塔加林道入口的對角處等人。

▲ 塔塔加鞍部乃台灣中部及南部的分界地標；秋景

▲ 塔塔加鞍部乃台灣中部及南部的分界地標；夏景

　　2011 年 8 月 9 日一早，諸大山巒谷頭的水氣即已振翅漫遊嬉戲，它們的轟趴很隨興，絕對寧靜且徹底自由，無盡柔軟地籠罩十方，消弭每一生命個體的差別樣相，泯滅一切的有生與無生。

　　眼前這石柱，我看得見二十餘年前設計師、工匠的用心使力，以數十、百工時、幾千上萬燭光的能源與肌力來營造，而有模有樣、五官勻稱，然而，必須等到苔蘚、地衣的沁滲入裏，以無比的虔敬加上專注，才能將石柱開光點眼、七竅齊開，從而讓每吋肌理都活了出來，端坐一份成熟圓融的篤定與愉悅。只在到達這階段，它才算是修成正果，而成為此地地標。

　　可以想見，很快地又會來了一批批積極、上進、活蹦亂跳的公務工程人員或統稱官僚，善意地為這些石柱、欄干更新，將所有土地公、地基主的胎記、印痕，悉數鏟除與摧毀，移植新建設、創意新硬體，譜寫輪迴的劇碼，是為生而無生、無生而生，無始無終的有始有終永遠更替。我們一直伸張存在的意志，卻不斷傷害自然，更放棄本來的輕鬆與自在，遑論勞民傷財。

　　新落成的「解說亭」只有烏鴉在守候。牠們冷眼看人間，且三不五時，聒噪地高吭嘲諷：「啊哈！啊哈！」解說亭的屋簷角下，有人放置一水桶，承接、收集夜晚、晨間雲霧，在屋瓦上凝結的淚水，一滴滴晶瑩剔透地下墜。

　　1985 下半年以降，我頻常出入玉山山區。1986 年開始勘調楠溪林道，並於隔年春，在林道 12.4K 下方，設置闊葉林的永久樣區，詳盡登錄一草一木，1989 年出版報告。15 年之後，楊國禎教授進行首度複查，證實了原始林藉由細微的個體調整，維持全林分的終極穩態，且此一穩態實乃由緩慢的過程中，每一組成分的生、老、病、死，及其與環境的交互相關，或說高度動態的微調所建構。

▲ 楊國禎教授於塔塔加鞍部留影 (2011.8.9)

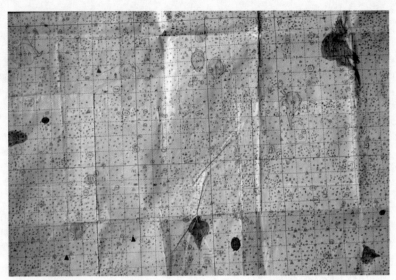

▲ 永久樣區植物平面分佈圖

　　事實上，森林王國中的愛、恨、情、仇，乃至柴、米、油、鹽、醬、醋、茶，遠比我們所能想像的還不可思議，只因唯物科學、表象理性主義的魔咒，掐死研究人員的情感、想像與自由，否則從圓柏王國、冷杉帝國、鐵杉王朝、檜木聯合大公國、殼斗科五代十六國、樟科族閥盤據河川谷地、榕屬樹種游牧礫石岩盤……，史詩、俳句、散文、小說、歌劇或說唱，台灣生界徹底是地球生命流亡的諾亞方舟，不僅臥虎藏龍，曠世孑遺俯拾皆是。我獨享山林靈異 35 個寒暑，傾聽六道輪迴心聲久矣，撰寫敘述型植被調查已於 2007 年告一大段落，1981 年玉山山神責付我「明白交代台灣生界的前世、今生」業已繳卷。此番

入山並非重作馮婦，而是檢視楠溪谷地大劫，再度憑弔台
灣有常的大無常。

　　24 年前我所設置的闊葉林永久樣區至少是千百年的
終極群落，估計比人類的信史還久遠。不料，2009 年爆
發成、住、壞、空大輪迴。記事本上我登錄：2009 年 8
月 6 日莫拉克颱風來襲；8 月 7 日中等風力肆虐，停電，
4 樓窗戶掉落、盆栽傾墜，接著南台浩劫。由於傳媒集中
報導小林滅村事件，中部浩劫幾乎無人聞問，阿里山區、
玉山山塊的千年鉅變無人知曉。因此，楠溪林道的乾坤大
挪移，直到 2011 年我才從楊教授口中得知，於是無明緣
起，我得親證業障。

## 植物研究失落的環節

　　楊教授辦完入山手續後驅車前來，我們經關卡，翻越
塔塔加鞍部南進蜿蜒林道。

　　楊是綠痴，跟我談話近乎清一色植物或全然「素
食」。可能因為知音難覓，話匣一開無能自休而幾近亢
奮。這也難怪，畢竟約莫十年來，楊在楠溪林道的專注，
突破了傳統物候的表層觀察，切入台灣在演化上的關鍵機
制，也就是島嶼時空過渡帶的變異進程，更重要的，緣於
曠時連續的觀察記錄或連續記憶的印象，他填補台灣植被
研究史上，從未討論的區塊——野生動物在植被或地被的
角色扮演，以及天然林更新或小演替中，野動的機制暨其
影響。他把黑白的影片，化為色彩繽紛，巴不得在駕駛座

▲ 水鹿磨角的痕跡 (2011.8.9；楠溪林道)

上傾倒給我十年的興奮。

　「以前我們不瞭解為什麼鐵杉林與松林頻常涇渭分明，就是水鹿等野動搞鬼的呀！跡近所有在二葉松林的鐵杉苗木、幼樹，悉遭啃食或環狀剝皮而死，但牠們對松樹則不屑一顧，相對的，鐵杉純林內溼度高、苗木多，

▲ 楠溪林道 (2011.8.10)

▲ 楠溪林道上段的台灣二葉松林 (2011.8.10)

山羊、水鹿不喜歡入內，牠們寧願在稀疏的松樹間找鐵杉……」

　　的確！曾經困擾我數十年的演替問題之一，也就是在台灣高地 (海拔2,500公尺以上地區)，明明知道二葉松 (以及華山松) 林必將演替成為台灣鐵杉林 (約2,500~3,000公尺) 或台灣冷杉林 (約3,000~3,500公尺)，偏偏在松林內難覓新生二代鐵杉、冷杉的苗木，以致於淪為反覆林火的幸臨地，滯留於火生的短期循環。過往，我解析近三千年來，由於原住民棲地、獵場挺進高地，其發展出的火耕與火獵，必然強烈影響台灣高地生態系，讓松林擴展、高地草原面積劇增，而且，縮

短松林的火生週期，粗估由原來洪荒時代的 3 或數百年，裁減為 30 或數十年的回祿之災 (火災)，以致於松林久滯次生林，難以邁向第二階段之後的針葉極相。如今，我獲知不只人類，野生動物也湊上一腳，擔任的不只是採茶娘，簡直是植被理容造形設計師，難怪南二段、新康及新仙山系、八通關東段的高地草原、松疏林或次生林，恆常滯留於青澀或年輕的毛燥相。

　　而且，冬令季節降雪若下逼海拔 3 千公尺，高山帶的山羊等，以及諸多高地食草動物通常下遷超過 1,500 公尺，迫使於闊葉林帶擁擠若市，加上 1980 年代末葉，動物們似乎發現玉山國家公園範圍內，被人類獵殺的壓力輕很多，因而國家公園管理處成立後第 4 年，人們已經察覺，自範圍外前來「投奔自由」的族群遷徙甚顯著，我在野地所見各種排遺亦增多。於是，楠溪谷頭生齒日繁。

　　到了世紀交替前後，楠溪上游儼然成為野動的香格里拉，盜獵體系也藉助採摘森林副產物 (例如愛玉子) 而囂張。2007 年 3 月 12 日，我隨電視台「台灣誌」節目上玉山解說，意外地在塔塔加鞍部，發現警備車內垂死的山羌蠕動，警察盜獵案浮現冰山一角；相對的，我們在 2、30 年前保育的呼籲之一，即讓盜獵者成為保育員，也有不少成功的範例。唉！二分對立、黑白同道的情節永遠是世間的常態？

　　其實在 2003 年前後，楊即已多次告知，我那永久樣區及近鄰林下，受到野生動物干擾的程度超乎想像，且之

▲ 已滅絕的台灣雲豹塑像 (2009；嘉義公園)

後，對林道兩側及林內灌木層以下，造成的衝擊不下於人工全面除草。

　　由於頂級掠食動物如雲豹、蟒蛇等在台灣的滅絕，足以調節草食性動物族群密度的限制因子，大抵剩下人類狩獵、棲地縮小，以及關鍵季節食物數量為主要。

　　2006 年前後，楠溪林道上下山區的山羌族群，很可能已達飽和，牠們屬於所謂的「細食者」，除非不得已，否則只吃幼嫩草。然而，此間的闊葉林下稍屬柔細者幾已啃光，更沿著林道，吃盡次生草本，導致冬季過後，林道兩側的草本、灌木幾乎淨空，因而原本是楠溪工作站人員

▲ 樹幹上的風藤，下半段被草食動物吃光 (2011.8.10；楠溪林道)

栽植做為香料、調味的紫蘇逸出而大肆繁衍。紫蘇的「異味」令野動退避三舍，更藉野動清除「異己」，而於春季猛爆萌發。2006~2008 年間直是紫蘇狂潮。

然而，紫蘇是一年生草本，開花結實熟落後枯死，生命潛蟄於繁多小型種子內，但順重力、風力等逢機傳播，基本上並非動物攜帶播種型，動物只是幫它們的種子除掉遮光的鬱閉，因而若有動物不吃，却又幫其傳播的物種出現，則紫蘇必遭競爭。

▲ 琉璃草今成楠溪林道的路霸 (2011.8.9)

2007 年左右，可能是山羊、水鹿由阿里山區、塔山山腰翻越塔塔加鞍部而來，皮毛上沾黏琉璃草的種子在此落地，於是，新興草莽於 2008 年崛起。琉璃草是二年生大型草本，它在夏秋之交萌發，長出近地面的蓮座狀葉，並以此過冬。隔年春抽長主莖之外，莖上每節

▲ 琉璃草的紫色小花

▲ 琉璃草比魔鬼沾還黏人的果實

輪生枝條，每枝條皆可長葉、開花、結實。在楠溪地域，
一株琉璃草足足可以茁長成直徑 2 公尺餘、高約 1 公尺的
大草團，而枝椏密密麻麻。結實累累的夏季當人畜跨越
時，每朵小花所結成的 4 個橢圓體的果實，上覆許多下粗
上細的柱狀體，先端裂出細鉤，遠比魔鬼沾還黏人，無論
皮毛或衣褲一碰觸，死沾
活黏地，貼附而上，由不
得你，幫它做最佳的傳播
載體。

　　於是，2009~2011 年
間，它攻城掠地，搶占紫

▲ 這處排遺顯示，這隻山羊定時、定點前來上廁所 (2011.8.9)

蘇的大半地盤，特別是在 2009 年 88 災變之後，山坡撕裂帶上，絕大多數次生而出的本土演替先鋒物種被山羊終結，琉璃草遂一枝獨秀，形成今之地霸。就在今夏我之所見，琉璃草搶得 6 成立地，紫蘇以 4 成面積頑抗，另有小集團的毛地黃，反正都是野生動物不吃的物種。而陡峭的崩塌地上，固定路線、特定排遺處的山羊，只消檢查一堆堆不等新鮮度的糞便，便可得知牠的諸多訊息。

　　2011 年顯見的新聞。森林下地被植物之嗜食、能吃、勉強下嚥者盡已清光，原先只有台灣獼猴以猴掌拆斷，抽取幼葉心吃食的普萊氏月桃，因為纖維粗硬，並無山羌、水鹿、山羊光顧，今夏首度出現大量被啃嚙的齒

▲ 尋常只被獼猴剝食嫩葉心的普萊氏月桃，今年首度出現被草食哺乳類動物啃食葉片 (2011.8.9)

▲ 楊的永久樣區被 88 災變沖刮出的撕裂帶旁，林緣變成山羊、水鹿的新步道
（2011.8.10）

痕。換句話說，楠溪原始、天然林林下的資糧全數告罄。
林內所見，株高 2.5 公尺的薄葉柃木，被山羊或水鹿全株
壓彎，去年冬所有葉片被洗劫一空，今春夏新長出的葉片
瘦弱形小，顯然已進入糧荒凶年。可以預見，楠溪野動已
展開嚴苛的天擇期，瘦弱病死遺體或將大量出現。

　　目前看來，野生動物斬斷楠溪闊葉林的天然更新至少
已超過 10 年，接下來必俟野動密度因糧荒而衰退，闊葉
林才有機會再度更新，但此間林木的年齡結構、物種組成
必受波動。此系列連續動態變遷的瞭解，可望為台灣森林
的時空流變，賦予新詮。

# 大時代天擇的操刀
## ——連續物候批流年

　　楊教授在此山區另行開展的同株植物連年物候登錄，殆為開啟物候學研究的新頁。過往，台灣的物候觀察乃籠統式的印象顯影，何種植物抽芽、花果、落葉等記錄，只依集體的一般現象，並非依據個體植株的連年變遷作下載，因而無法細膩分析氣候變遷與天擇汰選的實證。

　　如今，楊及其學生們擇定 3 百餘株特定物種，恆定地留下時令與生理時鐘的叩應，正可檢驗環境大變動下，個體差異的表現，如何在承先啟後的傳承中，開創家族新宗派。

　　楊侃侃而談 2011 年怪現象，例如玉山假沙梨一般果熟於 1 月或前後，2011 年竟然全樹紅果挺進到 5~6 月份而不落；山桐子去年 10 月果熟，12~1 月應熟落或由鳥群啄落，但今年初夏，滿樹紅果仍宿存；低海拔的鐵冬青如出一轍。又，稀有的台

▲ 玉山假沙梨結果

灣椆李今年花果鼎盛、能量耗盡，8 月初即已提前落葉，
足足縮水了一季，且盛果的椆李引來獼猴群競食，大量獼
猴上樹攀折，將塔塔加鞍部前那株椆李，折損得不成樹
形，滿地落枝、掉果也引來山豬、山羌、帝雉分食。台灣
椆李在此地估計不出 10 株，另僅見於思源埡口、合歡山
等地，全國粗估可能不足 3 百株。

　　得與失交纏糾結，眾生與無生互補相依。2011 年
「異象」未必有異，而人們熟悉的作物市場，更是幾家歡
樂幾家愁。

　　遠在 1980 年代，我在野地的觀察與記錄即已察覺一
些物種的「脫序」現象，而所謂「不正常」，率抵只代表
著跟以往的經驗不符，然而，一旦拉寬經驗背景，大大小
小週期與非週期，可以填補觀察者的有限經驗而打破自
囿。當年，我在演講時，常以台灣群芳譜在「起乩」或
「起哮」，試圖引發人們注意環境的變動；進入 1990 年
代或以降，延燒為全面性的上下動盪，或走上極端化的不
歸路。

　　事實上我內心了然，我們過往所謂的常態，充其量是
地球晚近 8 千年來異常的超穩定，這是相較於地球 46 億
年氣候大變遷而論。殆自 1990 年起，這段超穩定態已然
結束，進入正常的不穩定態。值得反省檢討的是，不正常
的穩態是被人類科技文明、工業革命所顛覆，是人類自行
終結上帝的恩寵，是我們有意、無意選擇了改變生界的伊
甸園、桃花源，從而進入罪與罰的業報與果報，當然，還

有更深層的內在因緣在牽引。

　　2011 年氣象的極端化自是循 2008 年的暖冬以降，聖嬰與反聖嬰的小週期現象。2010 年全國動、植物的生理時鐘都較 2009 年「提前」了 1~3 週，庭院中綠繡眼築巢、育幼甚至早了 53 天，我認為台灣人的心智乃至行為必然也產生相關變化，只是無人洞察秋毫而已。2011 年早春嚴寒，楊桃往年乃在農曆 12、元月出產，今年則在一波波寒流進逼下，花、果大落而減產。不料，春節過後，楊桃族群二度開花、結果，以致於 3 月中旬，市面上再次出現楊桃，老農宣稱，這是 30 餘年熱帶水果楊桃僅見的怪現象。

　　到了 4 月間，乾冷的春天迫令螢火蟲大量發生期晚了半個月；4 月中旬的桐花祭也爽約，移至 5 月初始點燃；宜蘭、梧棲的春雨，據稱具創 76 年來的新低；5 月上旬，國際小麥價格漲了 1 成；中旬，年初遭寒害的梨樹，5 月幼果期又逢乾旱；進入盛產期的甜桃也因缺水，量產掉了大半，報導說果農們彼此為搶水而翻臉。

　　直到 5 月 14~16 日下怪雨，氣象人員美其名為「梅雨季節下春雨」，也就是一邊下雨一邊引進冷涼空氣到台灣上空。這陣雨再下了 2 天多，解除了長久的苦旱，但久旱期正逢龍眼花盛開，增加工蜂採蜜工作量。一般來說，氣溫高於 28℃ 龍眼花才會流溢花蜜，荔枝花則只需 22℃ 以上。若逢大雨沖刷，再度流蜜必須在雨停 3~4 天後。4 月初以迄 5 月上旬連續放晴，蜜蜂被迫加班，今年蜂蜜量產

高出平均值 5~6 成。蜂農宣稱，養蜂 30 年今年收成創新高。

天氣冷熱相互震盪，新社香菇寮減產 3~5 成。菇農與蜂農相望兩樣情。則自然野地龐雜的生界呢？誰人來展讀天書？所謂玉山假沙梨、山桐子等 2011 年 5~6 月的果實，有無可能是年內二度開花的結果？

2、30 年前，颱風摧毀葡萄園，引致災變後的二度開花結果，台灣人學到了祕訣，植物學家也相信顯花植物在遭受死亡壓力下，具有將體內能量轉移至生殖的策略。也就是說，植物體受到暴力攻擊後，「自忖」性命恐不保，引發「春蠶吐絲」效應，將生命轉化成為種子貯存，以便合宜環境下，由新生代踵繼。於是，台灣的農民競相模仿，每逢果樹年度收成後，施以大量剪枝，相當於以暴力威脅恫嚇，嚇得果樹只好二度生產。然而，再三壓榨的結果，植株也會不堪而早夭，其果實又何嘗不變質？

印度養雞業為了生產更大量的雞蛋，自以為聰明地將蛋雞飼養在人工控制箱，利用燈光，將 24 小時調撥成 2 個晝夜，可憐雞隻被迫一天下出 2 個蛋，雞壽命與蛋品質自是發生諸多蛻變。為了生產與利益，人們不惜讓良知貶值、道德破產、同情賤賣，以及人性通貨膨脹。

誰來關心生界生靈？楊慨嘆：地球生命從來皆隨環境變遷而調整其運作，工業革命以來全球的變遷無遠弗屆，所謂科學家、生物或生態學者通常只能透過變遷的現象或結果，摸索其成因，探討其機制，但此間存有一段時程的

落差 (time lag)，我們往往錯失掉現今正轉變，以及如何應
變的時機，更且，今後變遷轉劇，人類却愈來愈與自然的
脈動脫節，兩者的距離愈趨遙遠，更不幸的是，人們愈來
愈不想瞭解自然的運作，而只在乎人類本身的世界、人該
如何的「人造 know how」，也就是說，逃避自然、漠視
自然乃近 2、30 年來台灣最最嚴重的變遷！

# 台灣是時空演化最佳的百老匯

選定植株進行長年的物候登錄，正可檢視氣候及天氣
劇變下，沒有週期性的模式，探討不同個體的差異，提供
天演操刀機制的直接證據。

塔塔加鞍部是玉山山脈從主峰、西峰、前峰的東西向
主稜，銜接大竹山、鹿林山、自忠山到阿里山山脈等，台
灣高山系與中海拔山系的不同地質、地體區的大凹鞍，它
是兩大山系擠壓、傾軋的脆弱敏感區，更是南北水系的分
水大嶺，其北為沙里仙溪、其南即楠梓仙溪 (荖濃溪、旗山溪
的上游源頭)。過往，我依據物種分佈的界限，認定塔塔加鞍
部是台灣生界之南部與中部的分界處。塔塔加以南正式進
入南部地區；同時，塔塔加鞍部及楠溪林道是從鐵杉林帶
過渡到檜木林帶、檜木林帶 (針闊葉混生林) 過渡到上部闊葉
林帶的空間或上下劇變區。氣候變遷的影響，恰可在此展
現最猛烈的顯影，這也是當年我之所以選定闊葉林永久樣
區的理由之一。

台灣一般高地的玉山杜鵑、森氏杜鵑等，與喜馬拉雅

▲ 上部闊葉林的終極群落 (2011.8.10；楠溪林道)

山的溫、寒地區同源，它們來到台灣以後，仍然遵循原有物候的軌道，每年新花芽形成於夏、秋之交，然後，在苞片庇護下過冬，且其開花機制得經由特定低溫與特定高溫來啟動，從而在隔年 5~6 月展花、結實。然而，楊舉例，中海拔的金毛杜鵑則不然。

　　塔塔加鞍部下方的金毛杜鵑，顯然是全台海拔分佈最高的族群，我認為它們是由低地往高山挺升的先鋒部隊，帶著低海拔終年生長的特徵，隨著地球暖化而上遷。楊敘述：不同於玉山、森氏杜鵑，金毛杜鵑的枝條萌長到一定程度即轉花芽開花，且終年都有新枝或後繼枝條長出，因

而造成年內可開 2~3 次盛花期，事實上，可說是全年散見開花、結實。然而，北台陽明山、大屯山區的金毛杜鵑則回歸夏秋萌長花苞，隔年春花的基本模式，可見楠溪林道的族群，誠乃順應演化暨環境變遷的高度活躍群。不只如此，此地的金毛杜鵑大搞花際關係，同另種紅毛杜鵑雜交的頻率不可勝數，且雜交的後代，花色從粉紅、紫白到赭紅、暗紅，葉形橫跨兩親本之間，直是過動兒、躁進群，但更是今後天擇最被看好的候選者。

不僅是國內物種族群的歧異分化，台灣更是觀察國際跨海變異的好素材。楊近年來醉心的五加科植物，允稱為奇妙的一群物種。

五加科就全球分佈而論，乃熱帶至熱帶邊緣的元素，但像人蔘之盛產於韓國是例外之一。台灣的五加科植物大多可列入世界性的稀有行列，也就是分佈窄隘的生命。這科植物大多在冬天開花，相映其存在於沒有霜雪季的溫熱帶特徵。其中，最是特別的台灣特產屬植物即華蔘 (Sinopanax formosana (Hay.) Li)。

1908 年台灣植物分類學泰斗早田文藏率先將華蔘命名為台灣特產種，1949 年李惠林先生將之提升，命名了一個新屬 Sinopanax，迄今僅只在台灣發現。如此的履歷已可見其端倪。全世界僅此一屬一種，顯然是「台獨」中的「超級台獨」，其祖先由冰河時期或間冰期來到台灣，經馴化、在地化、成新種，更進階為特有屬，彰顯其最最貼近這片土地的性格與特質。

　　很具戲劇化的戲劇，華蔘於每年 3~4 月抽出花序却不開花。怪怪，春天不就是百花齊開嗎？華蔘的花苞生似怕熱，它保守、含蓄，簡直自閉，它虛度繁囂的夏、秋，然後過冬，直到隔年 2~3 月，遲來的花容才告展顏。花後很快地果熟，却不膨大，維持乾癟模樣，但於 3~4 月已算果熟。因此，華蔘樹上尋常可見兩型花果序，一類色黑，是去年萌長的；另類色淡，是今年春發的花苞序。

　　楊強調，怪咖華蔘以花苞經夏秋而過冬，隔年春天才展放的獨特生理現象，全國僅此一種，或可視為全球氣候交界帶、台灣海拔生態交界帶 (針闊葉交會帶) 之指標型的生理模式。就花果期而言，近似但不同的植物，例如台灣赤楊秋天開花授粉之後，以雌蕊外貌過冬，隔年春後果實才進行發育，至秋季而成熟；另如松類，春花到隔年毬果成熟，得費時 17~18 個月；此外，台灣的殼斗科樹種多在春、夏間開花，花謝萎後，堅果却不肯長大，得俟隔年春季始告生長且秋熟。無論如何，以花苞過冬者，華蔘是唯一。

　　我想像華蔘的遠祖，先是從熱帶遷徙至溫帶喜馬拉雅山系，或更複雜的命運定根日本，適應了溫帶的起居作息。然後，約莫 150 萬年前或百多萬年以降，4 次冰河期的其中一次，來到了台灣。隨後的冰河、間冰期，其族群亦跟隨植被帶作下、上的變動。老華蔘們謹守古訓，春末開花，但隨後的高溫不利於生長，故潛蟄夏眠，經冬天低溫的刺激，初春增溫的啟動，完成果熟的階段，如同溫帶

移民殼斗科的常態。

　　不記得那一段滄海桑田或氣候急劇變遷，總之，就在老華蔘族群的盛花時期，出現了嗜食其花朵的昆蟲，幹掉了絕大多數花序，如此而長年以降，只有少數被嚇呆的花苞躲過浩劫，接下來的高溫季又不適合發育，以致於等到隔年初春才開花，而它們開花時，該等昆蟲尚未出現，由是，具有經過夏、冬花苞的植株才能傳遞後代 (果實)，終而形成今之華蔘。

　　反正所謂特徵，通常即演化成功的胎記，或失敗但無妨的疤痕。

　　我相信楊所進行的曠時物候記錄，在此氣候劇變的狀況下，又在時空重大過渡帶的楠溪林道做調查，必可發現台灣的深層歷史，以及今後流年命運的龐多玄機與奧祕。多年前我登錄植物物候，發現如山芙蓉等植物，一反開花順序，先從較高海拔開花，再朝低海拔點燃花期。相對於我過往對開花觀察的「常態」，例如樟樹，花海由南而北，海拔由低往高。目前，我們認為隨著地球暖化，植物上遷，山芙蓉的先頭部隊仰攻中、高海拔地區，但該等相對冷涼的邊界裏，山芙蓉得以開花結實的時程受限或縮短，故而急於在有限時段內完成生活史，從而海拔高者先開花。然而，這些解釋或猜測，很可能都是子虛烏有、胡說八道。確定的是，尚不完整的觀察與記錄底下，自然界的深意尚待探究。

# 成、住、壞、空話谷頭

　　楠溪林道的起算點在東埔山莊(上東埔)，塔塔加鞍部處的里程為 3.2K，楠溪工作站約 11.2K，我那已作古的闊葉林永久樣區在 12.4K~12.5K 下方。我們車行處處落石的林道，抵達工作站(今改名楠梓仙溪保育研究站)時，空中飄落了幾滴水珠。在此換上布鞋，前往大崩地，檢視 2 年零 1 天前，乾坤如何大挪移，這是此行個人的目的。

　　楊指著工作站旁側，約高達 30 公尺的日本柳杉推論，楠溪谷地終年無強風，才可能孕育如此高挑的身材。的確，約南北縱走的玉山山脈與阿里山山脈，誠乃台灣地體大傾軋的兩條硬脊椎，偏偏在兩者之間復又橫亙著東西

▲ 楊國禎教授(右立)於楠梓仙溪原林業工作站，今改成保育研究站(2011.8.9)

向的高聳大龍骨，組成楠溪流域東北半壁大天險，阻擋了東北季風；更且，夏秋的西南氣流順著高屏溪挺升時，到達谷頭早已呈強弩之末而無力作怪。不只季風止步，同樣的地形效應迫使本區形成雨影帶，年降水可能不及同海拔其他山區的半數。依據 1983~1985 年工作站的上、下午每日登記表，晴天占 50.7%、陰天 27%、下雨天只有 22.1%，因而過往，我視其為南台的相對乾旱氣候型。

如上述，擠壓力道最是猛烈的阿里山山脈與玉山山脈之間，激凸出東西向的一條龍骨脊稜，形成 H 字型的中間一橫凸。這條橫檔西起自忠山 (兒玉山，2,606公尺)，經新高口、石山 (2,682公尺)、鹿林前山 (2,862公尺)、鹿林山 (2,845公尺)、大竹山 (2,854公尺)、塔塔加鞍部 (兩大山脈的銜接處)、玉山前峯 (3,239公尺)、玉山西峯 (3,518公尺)，東抵玉山主峯 (3,952公尺)，形成本山區的南北分水大嶺，也可視為台灣中部與南部的分界線。

夾在玉山及阿里山脈南北主稜之間的區域，理論或事實上即是地體上所謂的構造線之所在，也是最脆弱的地區。正因脆弱或破碎，溪流最是發達，降水通常沿著山坡鬆軟或敏感部位下切，從而產生繁多大小不等的溪澗、蝕溝，同時，頻常形成崩積地形、河階，以及反覆崩塌、堆聚、再切割及再崩蝕的高度變動或循環。是以東西向龍骨以北即沙里仙溪、神木溪 (含神木村) 等，近年來大家耳熟能詳的「災區」；以南，即楠梓仙溪 (高屏溪上游)，只因人跡罕至，故而「災情不彰」。

在此脆弱地體的中央地帶，另有一小條南北走向的脊稜突起，即北自東埔山 (2,782公尺)，經鹿林山、鹿林前山，南迄石水山 (2,800公尺) 的山稜，又與東西向的龍骨形成小十字山脈，不妨看成玉山與阿里山脈後來再擠壓出來的次生南北小山脈，楠溪林道的北半段，正是沿著這條小十字的東向坡開鑿而出。這些囉哩囉唆的敘述，遠不及攤開地圖檢視，我只是為了說明楠溪林道永久樣區的先天體質，不得不加以敘述。

山脊、稜線是理性、是意志、是撐出氣概的骨幹，而柔情是水，是千割萬剮的利刃，萬般凌遲的暫時性結局，是謂河川溪澗水系。山、水合體則近乎生靈或信仰。我是來看空無自性的生靈與信仰。

我們走向目的地區，天空開始陣陣落水。走了約 200 公尺，即 11.4K 林道被溪澗橫越處，1980 年代只在路面下埋有涵管，而今成溪流規模，我認為一、二十年來，地下水文路線必已異位，否則不可能形成水深及膝的涇流。其水流方向為正南。

越水而過，我們走在鋪設水泥的路面上，這是很奇怪的「林道」，約是百多條所謂林道中的唯一，也見證台灣政府多金，澤及深山？它於 2005 年鋪設，同時，也在 14K 附近的原木製楠溪橋上，加蓋了鋼筋水泥橋。

在一段懸崖似的林道下方，我們看見一株盛果期的白雞油，很可能它是全台海拔分佈最高的植株之一，就在此地，海拔 1,800 公尺上下的地區，正是脫離針闊葉混合林

(檜木林帶)的邊界,也是台灣純闊葉林的分佈上界。此類指標物種在此區域最典型者即瓊楠、山香圓、黃連木、樟葉楓、長梗紫麻與白雞油等。

就在我們指認樹種的當下,一塊巨石在身後約 10 公尺處轟然墜下,我回頭,只見一團灰白沙塵蕈狀升起。然後,我們來到驚心動魄我那可憐的「永久樣區」。我們佇立林道斷頭處,腳下深淵陡降約莫百餘公尺;彼岸,似乎在半里外,遙遠得無憑無依可資估算;楊手腳比劃,指稱昔日樣區,座落於霧雨劃落的虛空之中;右側極盡目力處,從灰濛蒼穹的天際線,隱約有帶土石陷瀉的盡頭浮出,我無法想像何等狂流、何等天傾可以撕裂如斯;左側則開闊斜挖而下,抵達對面山麓底層的河流消逝處。這不正是開天闢地的那一斧?

我無能解釋,沒有感受。人死了通常還有墓碑可資憑弔,而我的林野至親好友杳無蹤跡,代之以浩瀚的虛空,彷彿我返回了靈界原鄉,一座明亮大黑洞般的崩陷,狂吸進任何的喜悅與哀傷,消弭了八識:阿賴耶識,沒什麼有什麼輻射可資逃逸。腦震盪後的失憶無可比喻,我明明存有記憶却無可依止,我走進時空墳場。

▲ 楊示我以永久消失的永久樣區 (2011.8.9)

　　楊的熱情拉我回現實，他解析 88 災變在本山區肇災的近因、遠因。

　　1985 下半年我開始勘調楠溪林道植被，1986、1987 年在 12.4K 下方，設置了 40×40 平方公尺的永久樣區，海拔約介於 1,780~1,816 公尺之間，坡向東南，基質以壤土為主，間佈裸露巨岩塊，中間夾有一道小型排水澗。當年我不識地體史，只道是成熟盛相原始林，平均每百平方公尺內孕育維管束植物 73 種，4 分之 1 公頃林地擁有 130 種。我每隔 1 公尺縱橫牽釘標繩，平面登錄一草一木，並做每株植物的 4 個測量徵值，乃有史迄今，台灣最為精密的登錄。後來，2002 年楊複查，相當於宣告此一樣區，正式成為台灣現代永久樣區研究的始祖。

　　約 4 分之 1 個世紀前的多少晨昏，我接受長尾柯、狹葉櫟、瓊楠無言的垂詢與啟示，它們以奧妙土地的母奶，餵哺我溯靈的渴望，灌頂我自然的情操，而所謂冰冷的研究報告底下，厚重香醇的史觀才是我與土地的臍帶。然而，做為土地子民、生靈最根本的內涵或本質，從來未曾彰顯在文明的花果之上。我跪地感恩，在我花甲之年將屆，孕育我的母體子宮全然殞滅，眼前虛空大載體彷彿《金剛經》「應無所住而生其心」的大偈，讓人頓悟「何期自性本自清淨、本不生滅、本自具足、本無動搖、能生萬法」！

　　雨滴轉劇，十方敲落；雷霆天地，渾然一體。

## 法本法無法

　　我們回頭，再度投身林海。我不斷按下快門，好像親人死了，我們會格外珍惜存活者。知道透澈，還是重複世俗，也算是《金剛經》的主邏輯與非邏輯，佛說輪迴，即非輪迴，是名輪迴。我真的沒有意義。

　　滂沱大雨開啟了大、小水瀑飛竄，回抵工作站，在二樓涼亭下聽雨。少小離「家」老大回，物換星移、白髮蒼蒼，工作站前原苗圃地的紅檜造林，今已長成近 10 公尺的整齊林相；諸多物種的更替真的也是面目全非，陌生如畢祿山苧麻 (Boehmeria pilushanensis)、白狗大山茄 (Solanum

▲ 楠溪工作站前原本紅檜苗木，今已成林 (2011.8.9)

▲ 畢祿山苧麻 (2011.8.10)

<u>peikuoensis</u>) 等，盡屬野動種植或不食的物種，而我背包中裝塞的，還是幾十年前的行頭。

　　午后 3 時餘，楊的調查團隊抵達工作站，明日將展開今年新增的永久樣區。我看著年輕學子運搬著十天份的豐盛糧草，獨享我的沉默。

▲ 楊的調查研究團隊正在檢　　▲ 楊的調查研究團隊 10 天 8 人份的糧草 (2011.8.9)
視永久樣區作業 (2011.8.9)

　　雨歇後，楊帶我從工作站的下前方，上溯楠梓仙溪谷頭。在垂懸河谷的崩崖邊，我們檢視 1950、60 年代的伐木索道殘跡，那是吊運玉山南峯山麓的紅檜，越溪集材於此，再以卡車路運出者。

　　下抵溪谷亂石地，南望，工作站其實座落在廣大的崩

▲ 楠溪工作站前殘存的紅檜及索道痕跡指示 30~50 年前的伐木 (2011.8.9)

▲ 2009 年 88 災變在楠溪林道沿線，切割出大小不等的崩瀉帶 (2011.8.9)

積高位河階上，現今的楠梓仙溪切過河階南偏東向坡，形成幾近垂直的懸崖。可以預見終究有一天，工作站的一切也將消失。多虧 88 災變，教我參悟幾千、數萬年的地體大變遷。

　　楠溪林道從塔塔加鞍部到工作站，乃至下抵楠溪橋 (14K)，這段蜿轉約 10.8 公里的路線，係沿著大竹山斜南走下的山腰鑿成，沿途大致都屬大竹山在曠古時代，因無數次或少數幾次浩大的地層錯動，崩瀉而下的土石所堆聚，特別是楠溪橋以上，工作站以西，面積約百公頃的山地，根本不是山體，而是厚達數十公尺甚至百餘公尺的崩積

土，新近的地表證據，可由 8.5K 前後所見山稜頂下，大面積的台灣赤楊落葉林來指認。

大竹山這條南下的崩積土稜，就在楠溪橋的西北方向，直線上躋約 7、8 百公尺處，正是我失落的樣區大崩塌的谷頭處。

可以想見，大竹山土稜向東傾倒的土石，會同玉山圓峯到玉山小南山連線超級大山稜西向坡，以及玉山前峯、玉山西峯龍脊南向坡，三面灌注而下的土方，必然在史前或千百年前，多次形成多個堰塞湖，並曾反覆發生潰決與回堵的滄海桑田事。而楠溪橋旁的天險拱壁，我認為是古老洩洪的大關卡。

現在，我們可以沙盤推演最後一次的大地變。然而，所謂大地變不過是規模相對較大的地震、崩塌或大地滑，或形成堰塞湖，依個人的台灣經驗，姑且假設發生在 1~2 千年前，從而形塑現今地體的大致模樣。形成的堰塞湖有可能在數年至數十年間即行潰決，推測不大可能超過百年，而四鄰山體在大地變之後龐多的山坡撕裂裸地帶，在回復森林之前，或有數十至數百年的持續崩瀉，端視天氣、豪雨、坡度、土方組成及含水量等，種種條件所形成的角度，能否符合天然安息角而定，實乃物化條件與機緣問題。

然後，先鋒物種如台灣赤楊、大葉溲疏、台灣二葉松、芒草、紅檜、裏白楤木等等中、高海拔不耐蔭物種競相萌長，然而，在次生林或原始林成形之前，可能發生反

覆崩塌與再三演替的現象，同時，崩積而下的土石，在堰塞湖區將形成沉積現象，若堰塞湖潰決後，則成崩積地形。崩積至谷底的土石，將由地面逕流切割出新水道，且隨洪峯而挖刮出主要流道。經年累月，或雨季，新的河床不斷下切，V字型溪谷漸次形成。

我之所以推估 1~2 千年前大地變，乃依據楠溪流域紅檜族群未被砍伐前的胸徑組級而估算，因為大地變之後，正是紅檜族群大更新的苗木萌發期。換句話說，楠溪谷頭紅檜大徑木的發生時段，我視同大地變發生後的數十年間事。這些紅檜族群，亡命於 1954~1970 年代的伐木，也造就 2009 年 88 浩劫的導因之一。

今之大竹山南稜東向坡的台灣赤楊林，很可能即千餘年來反覆崩塌與次生輪迴的脆弱帶，當然也有可能是伐木引起的地變區。

數百年來楠溪集水區由於降雨量、風力均屬偏低，原大地變所造成的撕裂帶大多已復原為原始天然林，包括鐵杉林、針闊葉混合林及闊葉林，且多呈極盛相，直到 1950 年代以降的大摧殘。

兩相對照，從楠溪橋往高海拔上升的集水區系，楠溪東岸玉山山脈的山麓以迄溪谷地，其地形呈漸緩坡，相對的，西岸的大竹山脈崩積坡却呈切割式懸崖，顯然河川在數百年來，以攻擊大竹山脈鬆軟區為主要。

半個世紀至 30 年前，楠溪林道的伐木，終結數百年來天演而成的原始森林及其立地的地下水文或穩定相。數

百至千年以上的根
系，在林木死亡的
30~50 年後，腐敗
或至少失却了地錨
效應，從而改變地
下水路。

　2009 年 8 月 8
日前後 3 天，全球
氣候相關變遷牽引
下，莫拉克颱風帶
來的超級降水量及
降水強度，突破了
數百年來的常態，
地下水及地面涇
流順著根腐空隙橫
衝直撞，更因崩積
土的先天條件最忌
諱飽和水含量，於
是，超級撕裂帶大
崩塌發生。24 年前
我設置的永久樣區
上方，我無能鉤勒
天鋤如何下鑿，也
可能先從下方基腳

▲ 筆者樣區所在的原始山林被挖掘一空 (2011.8.9)

淘空而下瀉，更可能是同時連鎖狂暴大潰滑。

　　大潰滑下衝，通常沖垮溪谷對岸山麓基腳，引發對面山坡的次生崩塌，或小崩塌也可能引發大潰決。總之，88災變在楠溪谷頭集水區，引爆許許多多大大小小潰爛帶，而最鉅大的狂瀉帶正巧是我的「永久樣區」處。唉！「今付無法時，法法何曾法！」

　　921大震後，我曾勘查中寮地滑區，而該地正是砂岩盤大錯滑。岩盤滑動必然產生摩擦的極高溫，竟叫一些石英也熔化，我似乎看見氛氳中逃逸出不祥的邪魔之氣，相似地，楠溪此番地劫，竟也洩露若干的天怒地怨。然而，此地畢竟是台灣最後的天府之國，至少3百萬年的修行罩得住小小的地變。

▲ 楠溪河谷 2009.88 災變沖垮的倒木根盤 (2011.8.9)

　　88 災變為何如此嚴重，楊認為乃因大氣候變遷降下楠溪流域數百年來大豪雨、921 大震的地體走位，以及伐木後樹頭、根系的蝕解之所致，是謂三合一型的浩劫。

　　我們由楠溪谷頭折回工作站。

　　傍晚時分，我獨自再度走向林道盡頭，不由自主地想也不想，試圖或潛意識地熟悉我所曾經的足跡。一輩子觀眾生、觀自己，物種代謝、生死同源；萬象流轉，只有流轉本身？夜幕籠罩前，鳥獸蟲族再度交響合唱，而這條林道早已不成形，除了短暫秒殺的視覺暫留妄相之外，難道我還想捕捉音聲？人類走了幾千年的唯物與唯心，早該走進屬靈

▲ 國在山河破 (2011.8.9；楠溪林道)

的共振與和諧，為什麼我們却恆滯留於愚蠢的重複？就像我一生所謂的研究，以及一項古老的行業叫教育。我們一向被要求或要求別人，在不清不楚的時候，講出既明又白的結論、答案或成果，從而產生數不盡的學理、理論、模式或道理。

隔天清晨，我還是來到我的永久樣區自然道場。我用心念繪圖、測量一切可能與不可能捕捉的數據，好像送行者要替亡者理出完美的遺容。誰都理解，我們永遠留不住生界的任何輝煌，但却永遠創造用來填補永恆的虛空。我向「永久樣區」做告別一式。

一生一死，一死一生；一晝一夜，一夜一晝。我已然了然。大化自然野地具足妄相的逆滲透，不知不覺之中，會將你多餘的思考滌除，如同再怎麼汙濁的泥水翻騰，很快地只剩涓涓清泉緩緩流出。

天地一場域，我是入口與出口處那尊石柱，所有與無有的斑駁，端坐一幅空空的地標。

※註：大竹山即塔塔加鞍部西邊的山頭，是日治時代自新高口、鹿林山，攀登玉山必經地區，故日治時代地圖早有山名。1980年代玉山國家公園管理處成立前後，當時主管當局張姓署長勘查該地，詢問此山之名，其下屬無知答以無名，該署長一時興起，認為該山頭彷同大拇指頭，遂謂麟趾山吧，下屬奉迎之。後來地圖上又抄錯，於是也書寫成麟芷山。事實上，或回歸原名大竹山為宜。

# 夭折的眠月

## 2

~動物的繫放研究，提供現代生物生態學豐富的資訊。憑藉著這些資訊，分析、組合出許多表象知識，或進一步探索的界面。這些動物的足跡，若集中在特定的時空，可以叫做該動物的常態生活圈，人類也不例外。相對的，植物的生活圈通常只在種子定根萌芽的定點上下，完成生、老、病、死，它們一般只在特定的立體空間，彰顯生命與時間的纏綿。

看一株樹、一根草，就得看出樹或草花的時間結構與流變，還有，形而上的一些東西。

人的心，某種角度來看，是植物體；行為是動物體~

斷崖懸壁下，眠月線鐵路蜿蜒平鋪，而生鏽的鐵軌如果算是老化，土縫中冒出的植物本來就是新生。

十幾年了，從 1999 年 921 大震以降，大塔山總算靠藉幾次自戕，讓山腰兩側，保住了較長時段的安寧。先是 921 後繼的地震，大塔山從頂下開膛破肚，撕裂了開叉的

崩塌帶，然而，純要做工程的單位花了大把鈔票，在它的胸膛狠狠地敲打，也裝上了許多義肢。十年過去了，從來沒有一部列車真正行駛過。於是，2009 年 88 災變，大塔山再度自戕，沿著鋼筋縫合線，抖落掉人工豪華累贅的明隧道，把 1 億 2 千多萬的銅臭，推給山腳下愛聞錢香的人們。

▲ 眠月線第 24 號橋樑之後即「石猴遊憩區」(2009.5.16)

▲ 日治時代稱為達摩石，國府之後改名石猴 (2009.5.16)

▲ 達摩羞當猿猴，9.21 去頭，獨留硬頸 (2009.5.16)

▲ 大塔山（右高點）在 1999 年 921 大震後的大撕裂帶，腰間橫帶即眠月線
（2011.9.12）

▲ 2009 年 5 月 11 及 16 日兩度前往眠月，圖為 4.26K 前後的明隧道尚完好
（2009.5.16）

▲ 小塔山 2011 年 9 月 12 日中秋夕照，霞彩中彷彿見有阿彌陀佛的渡船

　　88 斷落之前，我走了兩次，去憑弔斷頭的達摩岩（日
治時代謂之達摩岩，國府治台後改稱石猴），也記載每座橋樑、每個
隧道的容顏，而我不確定我這樣做所為何來？好像是重溫
曾經的山林路，也像是追尋著某種歷史的軌跡，而其實，
我只是在步步不留腳印中，走著。

　　2010 年 8 月 9 日午后，我又走來。

## 台灣澤蘭

　　鐵軌邊一堆堆稜角突銳的砂岩石礫，是山巔攢摔下來
的，混合平地上運的石材，好像是另波工程即將展開。不
理會這些，石礫堆中五、六株台灣澤蘭昂然抽出。我知道
它們將在霜季停滯，等待明年陽春再抽花、結實，完成所
謂「二年生」的天命。

　　它們約莫幾吋高，下段落的 2~3 對對生葉片，以單葉
姿態斜展，其上，始長出常態的三出複葉。三出複葉或葉
身的切刻，帶有精巧的設計，它隨著谷風上湧而抖動，好
讓陽光穿越，用以照顧下方的葉片。

　　它們的莖皮呈紫黑，予人厚重的穩定感，宣稱生長得
有重心與信仰，不偏才可持久，不倚才有尊嚴，自己的枝
葉自己撐。再怎麼柔弱的莖枝，還是一種內在的剛毅。它
們的芽端對稱，指向天空，這是封禪的儀式，它們本來就
是禪師。

　　台灣澤蘭沒有選擇生育地，它們落籍在這堆石礫上，
沒抱怨、無慶幸，也沒有多餘的情緒，它們有種虔敬的專

注叫生長。向著直射、散射、繞射光，向著雲霧與雨水，向著天地間任何一種能量吐納，自成一場域，分分秒秒分化，穩穩妥妥生長。而橫逆數不清，也沒定數。生命本質如是。風折、蟲噬、落石、地滑……任何意外即可終止已生與未生；常態的動物吃食、築巢、踐踏，周遭其他植物的競爭與干預，但它們的芽端始終死抱著唯一的生長意志，呼吸勻和。它們始終觀照著自己的本心，依循本來面目，不需思索，無目的，沒動機，更不會自我困擾。它們與宇宙原理齊一，它們沒有做出任何合一的努力，此即生命原力的禪定。

台灣澤蘭本身就是宗教，不需落髮，一出生就是修行。

我恰好路過，不是邂逅，而是三世因緣相牽。

甫一照會，它予我自足的空寂感；它耳根清淨，而坐定整座塔山有史以來的地動與山搖，但它渺小、柔弱，不堪一折。

它們在中海拔地區的一世代，萌長自仲夏的瘦果，以小苗姿態過冬；它們像是斯巴達的小孩，從襁褓到童齔，被施予一生最大的歷練與考驗。通過霜凍、乾旱的隆冬之後，隔年的春季作快速抽長，並於盛夏，完成婚配並傳宗接代。也就是說，它們一生的生幅不過年餘，却跨越 2 個年度，而且必須歷經天寒、地凍、禁食的精彩，才有資格進入生命的燦爛與繁華。也因此，它特別適應烽火戰亂、高度變動的環境。

　　我了知它們從合歡山麓，到大武地壘的繁宗異族，各
自有其法脈的傳承與蛻變；曾經我以定點、定時，錄下其
容顏與興衰。多數時候我只是凝視著它們，而沒有所謂知
識、資訊的塵埃，更不用褻瀆式的歌頌。禮敬在內心即已
足夠。

　　那一天我們可以少一點偉大的善良、崇高的道德，或
許這世界會變得更穩定、和諧與美好。

　　所謂生命的禪機，許是如台灣澤蘭般，寂靜無染的生
性。


# 五節芒

　　幾叢芒草稈，直楞楞地，斜角抽出人身高，緊挨在褐
毛柳的周邊，參差抽長。褐毛柳與芒草焦不離孟、孟不離
焦。

　　芒草的稈基下叢生著大團鬚根系，稈基旁生許多側
芽，且經年不斷擴張，因而芒草遂成叢團狀。草稈筆直伸
出，單一而無分枝，只在直稈上的特定間隔處，噴射出狹
長的葉片，左右開弓、井然有序，從而落在同一平面上。
由於葉片太長，主脈無能硬挺，因而每片長葉彎鉤似的，
劃出一道圓弧形的綠帶，逆光映照，綻放出柔美的翠綠而
美不勝收。

　　然而，每稈芒草源自「根性是一」，卻在向上生長的
過程中，以及其展現的樣貌，緣何有「種種差別」？它們

是「同卵」並生的草稈，相互倚挺、扶持，但從來不互相知。

　　毫無疑問，芒草誦持的是《八十華嚴》，從 3 千公尺高海拔，傳送到海角天邊，它們比淨土還淨土；它們的所在地本來就是無生道場、極樂娑婆。

　　我估算著群團的年歲，確定這叢芒草誕生於 4 年前。起初，頭帶放射狀毛絮的穎果，被水絲霧露在此挽留下來後，它決定不再漂泊。如今數稈高挑修長的莖枝平行一致。起初，它們靈氣高潔，後來枯葉漸次橫陳，老氣也橫生；每天上午時分，它們的綠葉堅挺有力，因為吸水飽滿，以致於葉緣細鋸齒的勾刺，頻常劃傷過路人。我在調查山林或野地趕路時，擁有無數次被莖刀割裂的經驗。一陣微微刺痛之後，細細血珠沿線泌出。到了午后，強烈的蒸散作用，教草葉頓時萎洩似地，溫柔下垂。

　　2011 年 2 月 4 日，我再回眠月線探望這叢芒草。我拍照它的枯葉、芒毛飛行的穎果傳播。當我逆著陽光猛按快門之際，忽有一種不忍卒拍的感覺，因為美的震撼與悸動，我不可貪婪與眷戀。

　　過往大半輩子一直在山林拍照，以致美感的震撼被切割，殘存的是一張張幻燈片，而流失了當下心靈的感受。經由 3 年半來的沉澱與自閉，我的觀察景窗意象截然有別，對五官所能感受的快感，不敢放肆，由是不忍捕捉。

　　最尋常、最普遍却罕有人窺見的至美靈界，其實最難體會。「心、佛、眾生三無差別？」我看見台灣最負

▲ 眠月線今仍長眠中 (2009.5.16)

盛名之一的法師，硬是宣稱「心、佛、眾生天地差別」！但她說的正是普世真理。芒草對於答案微笑以對。

▲ 眠月線最長明隧道最後的倩影 (2009.5.16)

▲ 2009.88 災變，明隧道潰決 (2009.10.10)

# 水麻

水麻仍然以一貫的懶散，撐張出一團邋遢，其實是我長年對它的誤解。

它具有算不清的細長莖枝，其上，交互著生著，皺皺的披針狹長葉，葉背還鑲鍍上一層灰白的銀粉，葉表由暗綠到黃綠。它整體的長相，活似破落戶中，衣衫襤褸、多層包裹、身材臃腫的老嫗，是典型的披散型灌木。

它是中海拔或山地潮濕又佈滿陽光處的指標植物之一。每逢果熟季，瘦弱但柔韌的枝條上，張滿帶著長柄的多汁果實，澄黃紅色，光是鮮豔秀色即足以飽餐，更是台灣獼猴及多種鳥類的餐館。

我享受它的美感，以它皺縮縮的翠綠。

# 台灣款冬 (山菊)、台灣懸鉤子與野茼蒿

水麻團下窩蹲著一坨台灣款冬，它的姿態算不得委屈，只是安分。

它彷如鼓翅的母雞，庇護著足下的土地。地中可長出生命的字是謂「土」，古人造字很講究天機。而林下、灌木下的地被草本最是謙虛，台灣款冬坐守方寸的自足，謹慎地吸取微弱的散射光源。

它的葉片圓掌狀，鑲著鋸齒邊，由長長的葉柄支撐，攤開抹抹黃綠的色塊，就只蹲著，坐出一方穩定，少了它，土地就不算圓滿。

　　台灣懸鉤子天生很陽光，當水麻、芒草竄高且阻遮直射光後，它以帶刺的厚重枝條，匍伏突圍，它似伏地乞求；它的莖節間、葉柄，甚至主側脈上，錯落堅硬的倒鉤刺，不是張牙舞爪，只寫著生人莫近的尊嚴，算不得恐嚇。

　　野茼蒿是晚近愛登山的流浪客。它隨遇而安，那怕是只有一季的張望；它代表地球暖化的斥候，上山偵測兒孫們何時可以移民。它的態度彷彿玩世不恭，却沒有漂泊者的瀟灑或傲氣，它在裸地上一根根冒出。

　　褐毛柳、五節芒、水麻等，以灌木或高草型存在了將近 10 年，也就是在 9.21 終止人跡後，它們重新開始營造新家。灌叢高草外，台灣澤蘭、台灣懸鉤子、野茼蒿自石礫堆、荒土地上長出。

　　在此喬木樹群尚未宣示主權的高干擾變動地上，這些綠色子嗣們先行組成半開放式的聚落，它們的組織鬆散，結構簡單，成員單純。它們頻常淪落於再三的輪迴，沒有涅槃；它們在一呼一吸之間止息、打坐、生長、圓熟，它們比菩薩還菩薩；它們是秩序、是失序、是自囚、是自由、是現象、是原理，它們逕自生死；它們是色彩、繁華、起落、常與無常本身，在天地之間，填補人類歷來哲思最欠缺的，失落的環節。

　　所有的植物都內觀，直逼父母生我之前的真面目。貝多芬全聾之後，譜寫後期的弦樂四重奏，差可表達植物的況味。

# 行路雨霧

　　半空中開始落雨。我前行。穿越去年倒木、崩塌所形成的樹洞，平行的鐵軌在此被迫交會，且泰半被石塊、土方掩埋。

　　霧、雲、雨滴在每吋可能的空間游走，它們拉出鋪天蓋地的灰茫茫布幕。水霧中，光線不走常態的直線，而是衝撞成糊狀的大團。霧水滴流線滑瀉，可以反重力上飛。

　　霧雨中森林的剪影，從來都是我一生山林路上，單色調最華麗的場景。雄渾厚重而有力的黑色樹幹是基本構圖，數不清的葉片再添加皮影逗戲；它們有的對仗工整，有的櫛比鱗次，多數的竊竊私語。

　　從阿里山沼平車站起算，4.26K 處正是自 921、88 劫變以來，最大的崩塌帶中心，也就是從現在阿里山旅館區、車站 (第四分道) 北望，大塔山山腹的內縮部位。這裡，生似老天爺使用尖嘴鋤，狠狠地從上往下砍鋤下來。工程單位花了近 10 年的奢侈，搭蓋出的明隧道，在 88 災變時，又被摧枯拉朽地終結。

▲ 眠月明隧道等工程耗資 1 億 2 千萬元，從未通車。2009 年 5 月筆者相隔 5 天走了兩趟，彷彿預知其將崩垮 (4.2K；2009.5.16)

▲ 眠月明隧道外觀彷彿印度修行人的
石窟 (2009.5.16)

▲ 眠月線全新的鐵軌尚未使用就此棄
置 (2009.5.11)

▲ 眠月線以山洞、橋樑著稱
(2009.5.16)

▲ 第 2 號隧道的出口設有一豪華原木
月台，提供獼猴、黑熊候車
(2009.5.11)

▲ 第 2 號隧道乃眠月全線最長的隧道 (414公尺)，即日治時代著名的「西洞」
(2009.5.16)

　　2009 年 9 月我曾勘查至此，冒著風險我勉強爬過崩塌帶；2010 年 7 月，不到 1 年期間的風雨、重力，將傷口耙得更深、更陡，而殘留的鋼筋，不論是拇指寬或腕口徑，都像柔順的枝條，被巨石土流耙梳而下，服服貼貼。我只能折回。午后 3 時 8 分。

# 回程看樹

　　台灣紅榨楓的美感，要在雨霧中才算達到瘋狂。它的葉片造形，似乎極其珍惜短暫的生命。它凹凸有致、劇烈起伏，葉緣的鋸齒上下變化；它從春芽怯怯的緋紅、新葉的翠綠，經成熟穩重的墨綠，到枯葉前的殷紅燦爛，甚至於在落葉腐朽的過程裏，無不充滿色彩的嘉年華會。它們活得夠英雄，總是在生命盡頭處，綻放極度的輝煌與榮耀。難怪它是先鋒樹種。

　　雨霧中，它的葉片最是突出，深黑色的渾厚配合造形，總是搶眼地，朝向各個角落向人招手。相對的，演替後期才出現的喬木長尾柯，只能說平凡樸素。它那歪披斜、革質狀的葉片，永遠只穿著內裡淡褐、外罩暗綠的衣衫，而其貌不揚。它們可掛在樹上多年，也忘了需要隨季節變化而妝扮。霧雨濃稠中，有如一坨、一坨的陰影相偎取暖，時而只是黑壓壓的一片張結。不過，長尾柯的氣勢恆在樹幹，特別是由基幹上揚，向上獠牙似地，搶天爆射的一幅壯碩。它們擁抱天空的那股猛勁，神靈也讚嘆。

　　一群藪鳥在芒草叢中打情罵俏，聒噪得很；一株兀立

的琉璃草，杵在鐵軌中間，辮子般的花序枝上，結著朵朵
小藍花；台灣赤楊以生長迅速見稱，冷不防在草叢中拔
地，竄出一株小徑木……。當我擺脫特定目的的所謂研究
之後，關於自然的知識，帶給我的快樂就像口袋中的小零
嘴，嘴饞時，予我小小的滿足，但有或沒有都無傷大雅。

　　台灣紅檜鑷鑿形的細葉，基本上是平鋪在由小枝椏所
伸展的同一平面上，彷彿一把略為臃腫的扇子；柳杉林中
有株枯死的老齡木，它的主枝條盡已斷落，只剩孤零零的
主幹筆直聳天，那味道頗似英雄末路，蒼涼而威風。附生
的小朋友如小膜蓋蕨、大枝掛繡球、書帶蕨、台灣石吊蘭
等等，仍然依戀著它。送葬免不了儀隊、樂團？

　　我只想告訴你，自然界中存有不盡的原理，當人卸下
一大堆自尋的煩惱之後，才可能不染著地觀看。而綠色世
界的每株修行者都不說教，它們都是觀世音，觀見你的心
音，讓你自我療癒。森林內的芬多精是從你的內心激發出
來的。

# 却顧所來徑

　　受阻於大崩地，我來回只走了約 10 公里路。

　　回到阿里山旅館區，我上頂樓却顧來徑，而霧雨時
驟、時歇。

　　眺望大塔山腰，從河合溪（又名阿里山溪）溪谷翻湧上來
的雲雨，是不規則條帶狀霧氣，有時像漩渦，有時像是橫
走的瀑布。它們越過十字凹鞍，緩緩下注南投縣境，順著

反插坡的懸崖流瀉。氣流最前端的雲絮，頻常在揚高中拉鋸，然後淡稀、消失，後頭湧進來的，依循同樣的軌跡，陸續融化，以迷惘之姿，向虛空追逐，從而昇華。有時候，大塊洶濤而至，瞬間吞噬全視野。

▲ 88 災變下的阿里山公路 (2009.10.11)，左側陳月霞女士

我剛去來的山徑，就在這陣陣雲霧中閃爍明滅。我看見幾個小時前，我的前世與今生，而不需藉助《法華經》。

好一陣子之後，雨滴歇息，籠罩山巒的雨霧消逝無蹤，山稜原形畢露，且在其上，透灑下數帶天光，背景的天空也藍了出來。

# 台灣紅榨楓

## 3

　　我斜躺在仲夏午后的小笠原山頂，平視台灣紅榨楓兩兩十字對生的葉片。它們各自由長長的葉柄承托著，秩序井然；某些角度、若干枝椏上，宛似塔層節節高升。然而，如果你是追求量化一致性的人，你馬上可以發現，自然界的對稱都不完美，眾所周知，人的左右臉是對不攏的，台灣紅榨楓乃至任何一種楓，對生葉的葉柄是不會等長的。

　　生界本來就是差別相，太陽光下沒有兩片完完全全相同的葉子。

　　台灣紅榨楓細枝條的先天特性較柔弱，加上長葉柄先端頂著掌狀裂葉，葉緣

▲ 滿樹楓紅 (2009.12.12；小笠原山)

▲ 楓紅山景 (2009.12.12；小笠原山)

又多鋸齒，這種種造形設計，導致只要微風劃過，枝葉千抖百顫、細搖碎晃。如果樹冠內的氣流可以標示五顏六色，那樣相必定是驚濤駭浪、亂流暴湧。

　　過往我總以為這等自然工程的設計，也就是藉助於樹葉凹刻造形、容易擺動，而不至於造成特定範圍久處於陰影下，夥同該樹生長的位置、總體環境的條件等等，容許各類光線可以下探，上部葉片不至於遮蔽、妨礙下部葉片的受光量。否則，像台灣紅榨楓這類陽性的先鋒樹種，又是落葉樹，下部葉片必然因為欠缺足夠的光合作用量而早夭，如此，不僅不能累聚全樹在年度生長期的生長，反而惠不及費，賠了夫人又折兵。

　　台灣的先鋒樹種或陽性喬木中，或可大分為集中樹葉在林冠，以及上部葉枝的形狀、排列有助於光線下射的兩大類型；亦可劃分為高聳型或平鋪延展型等等，這些，只是「後果論」的觀點，也就是相信天演之後，由它存在的既成事實，去歸納、觀察它的策略或特徵，並尋求其相關。近年來，我倦怠於這等唯物科學的途徑，特別是面對演化上愈是分化的生物，包括人類，愈無法以合理化的方式去詮釋。

　　陣陣微風穿梭樹間。即令已經午后，上升的氣流還是貼著山壁游走，以致於摸不定風向。紅榨楓的綠葉們，便窸窸窣窣地竊竊交談起來，每片葉唇都很忙碌，於是，細碎的聲浪由無到有、由遠而近、由微弱到洶湧，忽而吵雜，忽又澎湃，瞬間則恢復寧靜。於是，就在吵與不鬧之間、繁囂與寂寥之間，陽光輻射的精靈，一一在葉綠體內馴化，經由分子層次的蛻變，轉變成有機蜜糖，供應全樹的呼吸、生長、開花與結實。

　　不談形而上或玄學，只論理性或科學。一整個地球的所有物質可以壓縮成一粒棒球大；任何一個原子、分子，它的絕大部分是虛空，也就是說，我們所有能感可感的物質，空洞得無法想像。而我們的思考、思考的抽象，全然倚附在無盡的虛空妄像之中。夢境無能形容人生，為什麼世人却「擁有」那麼多恐怖的「自我」？執著也是個徹徹底底的虛像啊！

　　樹在騷動，在歌舞，它沒有智性的煩惱，但它有顆完

整的心。緣起論不夠徹底，也非究竟，因為它仍然是以理
入，它不能詮釋植物的心。陽光透過層層躍動的葉片潑灑
下來，不成光影，却是光影的絞纏。虛實二分原本就是誤
導，實包虛、虛帶實則更加模糊。

太陽距離地球約為 $9.3 \times 10^7$ 英里，太陽直徑約
$8.6 \times 10^5$ 英里，依幾何計算，理論上地面不透明物體的直
徑是 d，則該物體被陽光直射下來的本影長度是 108d；你
的圓帽直徑 20 公分，帽下當然是本影，本影呈圓錐體下
伸，縮小到端點處，理論上距離帽子約 20 公分 $\times 108 =$
21.6 公尺，事實上因為到處都是折射、散射光，人眼看得
到的本影通常不及一半。因此，台灣紅榨楓葉片的直徑若
為 7 公分，它的有效本影應當超過 3 公尺，何況若是直接
緊挨著它的下面的葉片，勢必無法取得充分光合作用的照
射量。

因此，如前所述，長葉柄、葉柄不等長、柔弱易隨微
風動盪、葉子多掌裂、葉緣多鋸齒等，夥同立地條件，組
合成瞬息萬變的光影切割，不讓下部葉片，因遮蔭而夭
折，是謂其巧妙天工的設計，而且，恆處於不斷改變而非
「改良」，因為「天演論」的重點在於變異與天擇，而從
來沒人說天擇是導向完美！環境改變了，挑選出合宜的個
體或族群，那天，環境又改變了，原來標準下的優良、適
應者，可能變成率先被淘汰者。而 3 百多年來，人類最恐
怖的行徑是，摧毀了地球數十億年演化的大部分變異，斷
絕未來的生機。

　　這套唯物論的天演學說或理論，以多變為有常，也以有常適應無常。但所有的有常與無常，又取決於太陽系、銀河系、宇宙⋯⋯，層層浩瀚的不可思議界。當代最最樂觀的「唯智主義 (Intellectualism)」、科學主義者霍金 (S. Hopkin)，就在我在小笠原山頂看楓葉的年餘後，出版新書《大設計 (Grand Design)》，宣稱宇宙的創造無須上帝介入，宇宙能夠無中生有，不假外力，包括上帝。

　　就我看來，這幾乎是英國人對天主教甚或基督宗教一貫的「叛逆」，例如 20 世紀上半葉羅素 (B. Russell) 之反教會、反形式宗教，然而，霍金還算厚道，相較於歷來無神論者的論調，他是很替虔誠的信徒考量，遣詞用字已很斟酌。無神論者很坦白，至少不會像一大堆科技掛帥者，在理性、科技無能處，假惺惺地委之上帝或訴諸濫情、直覺、迷信、想像，以及亂談愛。

　　台灣紅榨楓樹葉設計的巧妙還是存有諸多限制。由於高度不耐蔭，樹體內部、底層的葉片，在全樹枝葉向上、向外猛長之後，光照量還是顯著不足，因而在 8 月上旬即漸行凋落。也因此，光亮不足的落葉，一年內大約只有 5~6 個月的壽命。此類落葉呈黃或黃紅色。故而以台灣紅榨楓這樣的落葉樹為例，它最早的落葉並非起因於天寒地凍或乾旱，而是光量欠缺、自行了結。這類落葉在小笠原山頂的 2010 年，始自 7 月下旬。

　　相對的，由初春啟動的枝芽及新葉生長，到了 8 月中旬仍然猛烈上衝，新生小葉及芽端彰顯的，是生鮮的紫

▲ 台灣紅榨楓紅葉與翅果

紅、黃綠或透黃紅，它們在全樹整體的墨綠、深翠綠當中，分外搶眼。這波枝芽端的生長，估計得在

▲ 台灣紅榨楓成熟的翅果 (2009.12.12)

秋霜急猛之後，全樹的生機才會挫縮，然後，內轉成休眠季。當然，冬紅葉的盛況，乃至林地上的數吋落葉，在冬霜或雪地上的繁華，絕對是台灣中海拔最最燦爛的地景。

　　我一生享受台灣自然菁華，摸索、學習著浮光掠影，也分享著一些土地精靈的祕密，勾勒些許時空流轉、大化

▲ 台灣紅榨楓紅葉

興衰的精彩情節或舞台大戲。例如：台灣絕大部分的綠色生命，是從台灣島問世以來，也就是在 2~3 百萬年來，曾經發生的 4 次冰河期，將東亞島弧連結成出海的大陸棚，乃至東南亞許多現今的海域都出水相連，加上全球大降溫，與東喜馬拉雅山系同源的寒帶、溫帶、暖溫帶生物大舉南移，或各式各樣大遷徙發生，全盤或大規模來到台灣，且在之後的間冰期，進行被隔離或孤立化 (isolated) 的在地演化，才形成今天台灣的生界。

　　史上，這樣的大遷徙可能有 4 次。不論哪一次，初來乍到的生命，包括形形色色的常綠與落葉樹，但是，後來為何落葉樹不斷萎縮，乃至於如今的蕭條？台灣中、高海拔相當於溫帶地區的地域，為何欠缺像日本、北美的落葉林景觀？

　　就常態氣候暨環境總條件而言，常綠樹終年吸取光能，轉化為樹體總能量或物質，較之落葉樹只有半年的營造，顯然競爭力占上風。落葉樹在休眠、低溫期，還得在芽端設置保護性的苞片，春生時才將苞片撐落，又耗費了一筆物資及能量；落葉前另得產生離層，避免落葉後樹體直接暴露於外界，容易招致真菌等入侵。因此，就全年合宜生長的地區而論，時間一久，落葉樹很可能被常綠樹所淘汰。

　　另一方面，特定地理區域，若每年有數月或超過半年的寒冷乾燥期，則闊葉樹大剌剌的葉片，蒸散作用旺盛，冷旱季時全樹的水分入不敷出，一旦關閉了氣孔，光合作

用亦受阻，就整體效應而言，遠不如斷尾求生，採取將樹葉脫落，閉戶休眠，待陽春再作營業來得划算。於是，此等溫帶地區有利於落葉樹的發展。

如是，冰河期之後，台灣島的氣候變遷，以及山地、平原或各類型地理區環境的綜合效應，必然與落葉樹在台灣的在地演化，進行了複雜的變遷，終而形成了現今存在的模式，當然，所謂「現今」，只不過是流變當中的現代進行式。

在此，我只以簡約方式做說明。首先，台灣存有兩大不對稱類型的落葉樹（或落葉林），一類即演化上的退縮型或明顯的子遺型，其最典型範例即北插天山及鄰近山稜的水青岡落葉純林；另一類即分散進入闊葉林相之中，且多較集中於次生演替的早期階段，或所謂的次生林中，包括一般次生植被及岩生植被。

前者代表遷徙進入台灣後，由於氣候等變遷，不利其適應與發展，許多溫帶落葉樹族群由是而滅絕，或殘存如水青岡，很可能也將步上消失的趨勢；後者代表進入台灣，適應種種狀況，而足以產生在地適應、在地化發展，不論其朝向時、空或兩者混合特徵的階段性適存。

而冰河期之後，台灣氣候大趨勢即變得溫暖、潮濕，愈來愈有利於常綠樹，就常態降雨而言，只要是在一般土壤的立地，可保經年不缺或足夠存活的水分，由是，落葉樹的競爭能力大受抑遏，它們得另覓合宜環境。

然而，台灣先天地體條件恆處造山運動的猛爆躍動，

為全球地層跳躍極限的冠亞，無數據的古代不說，1999年的 921 大地震，據說即已締造一次斷層逆衝 9 公尺餘的世界紀錄。也就是說，每隔不等時段，地牛隆擠，母岩抬昇或地層逆衝。而經常錯動的地體，導致恆無穩態與均勻成熟土壤化育的立地，而處於永遠的異質鑲嵌，此即台灣植被或森林的一項重大特徵。任何林地中，慣常出現大小不等岩塊，導致林冠無法全然閉合，陽光穿透林地而不耐陰或陽性植物應運而異質、相間而生，造成時空的高度異質現象，也就是說，立地環境夾雜不同化育程度的岩石以迄土壤；植物社會則混合不同演替或時間系列、階段的次生植物，以及極相或成熟森林的元素。

但也因為台灣植被的這項特徵顯著，由最高山以迄海平面皆然，從而提供各種氣候帶的落葉植物、一年生、二年生植物、陽性植物、高山植物、次生植物，乃至即將滅絕的物種，可以短暫寄存、異地逢生，續絕存亡於差別立地，永保新生的動盪與活力，不定與變異，多樣與寬容，而不會以單一均質逼死異端。

價值判斷誠然是一種維持有效秩序、創造文化特徵的依據、力量或基礎，卻是無限短視或無知暴力的代名詞，或因人生短暫、生界無常而取得自慰式的尊嚴，卻是排斥異己、製造仇恨、戰爭、屠殺與傾軋不已的根源。「上蒼有好生之德」指的是台灣這樣的環境，容得下地球變遷中的弱勢、逃亡者，取得一席、一時的立地，儲備多樣性，以備宇宙間龐雜的流變暨其天擇發揮作用。

　　良知也是天擇下的產物，它是隔代間、世世代代間續絕存亡的依據，不是短暫的假情感、短視的正義、狹窄的執著，而是悠遠時空或具備宇宙史心的歷練所形成的智慧，得以洞燭全趨勢、保全大原則、維護大整體的，一種超越、果斷、選擇與作為。

　　即此台灣先天地體的大寬容，容得下 2 百萬年來地球氣候大變遷、極端化狂潮中，北半球物種的歷史大薈萃，成就台灣以極小博極大的地藏天機。此所以數十年來，我一直強調台灣是地球生界的諾亞方舟的本質。即以短短 4 百年華人開拓史，或東、西洋時代運會風雲中，台灣不僅以文化大海綿之姿，吸吮、保全、催化了西方、中國、日本、原民、動植物的生機與特色，且活化種種有機融合而並存，又成全其各自的特性於不墜。

　　台灣既封土祭祀宇宙之心，又禪土除異，海納終極禪心，誠為屬靈的泱泱格局，還背負數不清的誤解、罵名、汙辱或扭曲，而恆以童真、憨厚、熱情、微笑以對。台灣有史以來，從來沒有排斥任何一個外來政權，却不斷自我更新，提供惡客也罷，乃至於紅夷、倭寇或中國鬥爭史的流亡者，一處修禪、更新的桃花源。

　　存活下來的落葉樹畢竟還得尋覓如何跟台灣的地土告解，形成在地的文化認同與入籍，是謂生態適應與分化。大趨勢是不利於落葉林，但以台灣地體摺皺之既廣且深，不至於欠缺生根立命的好所在。

　　台灣不斷上擠的古地層，偏偏又遭逢全球最強烈的物

▲ 小笠原山頂所見玉山山脈 (2009.12.12)

化剝蝕率。老天爺一向靠藉二元對立來譜寫戲劇的張力？
不管怎麼計算，台灣玉山的高度早就該凌駕喜馬拉雅山，
偏偏侵蝕、崩落的速率又是名列前茅！故而各大山頭長高
得甚遲緩，而且，強風、重雨的雕鑿、切割，劇力萬鈞，
由是而以「山高谷深」的地形、地勢著稱。

　　151 條主要河川夥同萬、千支流立體雕鑿，它們切
出了許多地理學家稱之為年輕的 V 型谷、較晚期的 U 型
谷，反正縱谷、橫谷或扭曲變形的各種陡峭山坡地，例如
太魯閣峽谷、立霧溪谷，或直接以巨大石灰岩塊壁立，或
以大小砂岩、石英雜間，凡以岩石為主要立地組成，其上

所形成的植物社會，我將之統稱為「岩生植被」，包括台灣各大山脈脊稜、巉岩頂。

　　也就是說立地化育愈是不佳的地方，石塊愈多、土壤愈少，保水、保濕的能力愈受到季節降水多寡的左右。因而許多峽谷、溪谷地上，每年冬乾季，植物的生長受到壓抑，因而反而成為落葉樹落腳的好處所，我甚至得將它簡化為：凡具年度週期旱地的山地，落葉樹的比例愈易提高。

　　然而，自然界多變而無從觀其全貌或蓋棺論定。

　　即令非以岩生為主，而改以土壤為基質的山坡，例如丹大林道五里亭以迄十林班地區，年度旱季以及頻常火燒山的結局，導致另一類型的落葉林發達，也就是栓皮櫟次生林。

　　而最普遍的落葉樹落腳處，則發生在次生演替的初期森林中，亦即因應台灣地體變動，隨時會有小規模崩塌地出現，而以陽性先鋒樹種的角色扮演，填補此一區塊的空檔，或是，成熟森林中的老樹殞落，而後繼者尚未頂替的時間空窗期，落葉樹由是應機率而生。

　　台灣紅榨楓即傾向於中海拔山區，次生演替的先鋒角色。因此，檜木林被伐除後，公路開闢後，往往數十年間，台灣紅榨楓的族群發達鼎盛。

　　我接受社會、遊戲規則的制約，從俗而活得正常。可是從來我知道，愈是正常的生活愈容易失真。表面上，我在述說著建構所謂知識的思路流程，其實我只想誠實地

告訴你，散漫與嚴謹、真實與虛幻、過去與現在、善與惡……，人世間一切法相，只是我在台灣紅榨楓樹下，真實也不真實的仲夏之夢。

　　（我在書房內整理這些文字的時候，突然中斷，跑去看了《深海生物》，以及公視重播電影《野孩子的春天》，那個音樂老師馬修可愛的故事……2011.2.20(日)）

　　（我為什麼要去遵守那個無聊透頂的酸菜提出來的規定：刪節號一定要用6點…?）

　　（突然想起那一天晚上，也是扔下筆來，沒啥預設地，看了一段小八及理查吉爾主演的《忠犬》，取材於日本澀谷車站那隻秋田忠狗塑像的故事，還流了一把眼淚很快樂！）

# 對高岳

# 4

從沼平、阿里山閣沿眠月線前行，漸次脫離吵雜喧囂的人群，只剩悠揚雄渾的汽笛，劃出空谷的陣陣震盪，並不惹人厭，於是，一股股山間靈氣，清清涼涼地沁入毛孔，山林的感覺又抓了回來。

將近 1 萬 7 百個日子前，我循此路，在標示對高岳登山口處右躋，首度調查對高岳稜線及山頂。2000 年 8 月 3 日，我以沼平車站的路標牌為基準點 0 公尺計算，沿鐵軌以皮尺丈量，並沿途記錄舊建物與其解說。今天，2011 年 4 月 16 日，我再度來到舊對高岳登山口木牌處，翻閱千禧年的記錄，距離沼平 1,155 公尺（《阿里山——永遠的檜木霧林原鄉》513、514頁）。

1982 年 1 月 30 日及 2 月 2 日兩天，我調查登對高岳路線上的植被。而進入第 30 個年頭時，我無預設地走來，時間上誠有隔世之感，景物上自有林相的變遷，以及，最顯著的，祝山鐵路的新闢。

祝山觀日支線是在 1984 年 5 月 21 日動工，1985 年 10 月 8 日竣工，但通車延遲了數次，直到 1986 年 1 月 23 日始告真正通車。這條觀光小火車路，乃因應 1982 年 10 月，阿里山公路通車後旅客激增而增闢者。它切隔了之前，由眠月線原登山口登對高的山徑。但我還是尋舊口，只為來時路的回顧。

沿大塔山登山口登上幾個台階之後，我右出山林小徑。這條小徑可能是舊路，也是鐵路工伕 (阿里山森林鐵道的養路工人) 抄捷徑的一小段落。這種山徑是林木樹根、砂岩塊、雨水的地面涇流，以及工伕們的腳步，合力闢建出來的通道，踏著它，就有古樸、典雅、可靠的感覺，不像政府單位大把銀子砌出來的登山步道，根本違反人體工學。

由阿里山鐵路銜接山林路，在香醇古意中，銜接的不只是百多年前的拓荒史，而且深入樹齡三千、山系數百萬年，深深沉沉的深層歷史之中，却予人安穩祥和的原鄉感。儘管理性、知識上我深知，山林本來就是流體，從來無常，然而，生界若非無常，我們又如何走進屬靈的某些境界？

阿里山硃砂根朱紅的果實，在玉山箭竹、台灣鱗毛蕨、台灣瘤足蕨的翠綠背景

▲ 台灣鱗毛蕨

中鮮豔跳出，即令這是個缺水的春季，它們還是靠藉清晨露珠，撐起基本的莊嚴，譜寫季節該有的容顏。就是喜歡這種根系搭架出的林間小徑，它們沒有任何二階是一樣的，却依循著跟人體相協調的秩序，讓人在行進間毫不單調地變化，好讓心臟的定音鼓，敲出每一腳步下的安適。

有時候，美的震撼或悸動，加上光影的機緣，以及心念的巧會，我會停下來拍攝。近來，拍照已經不是美的捕捉、記錄或想要分享，更不用說目的。我將拍照當作一種儀式，找出某個適當的角度，藉由感官、心力及對象之間的瞬息傳動，追溯我所來自，以及終將歸去的原鄉。我相信我們的原點與終端在時空的同一源點，那是人類思想、語言從來都模糊的地方。

就只短短數十公尺翻越山脊的山徑，我銜接到了祝山鐵路；就只 2~3 分鐘，走完 29 年又 2 個半月的曾經？因為接下來的路線全屬新設。我們一向很善變地為永恆改寫定義，但往往只是物相在變遷，心因色而現，色因心而生，永恆存在於心色互動之瞬間，故而處處是永恆，只要隨時可見心。事實上，我抓不出任何鮮明的影像，即令藉助舊照片亦惘然，我不想讓所謂的回憶，相當於當下的死亡，以及靈體的麻木。因此，所謂 30 年的變遷，只是曠時攝影在當下的對比，以當下的語言，做法相的描述。

祝山線 1.6K 處，幾個大、小型標示牌指示著登對高入口，但碩大的「對高坡，450 公尺、15 分鐘」，易於誤導遊客以為即是對高岳，其實它只是到達對高岳 (山頂) 之

前的另一個山頭，況且，明明是山稜的突起點，却命名為「坡」，我實在搞不懂林務局的水準，就像在二萬坪曾經立了一個「七位殉職碑」。

▲ 對高坡牌示

　　日治時代阿里山森林鐵路初闢，進藤熊之助技師於 1914 年 2 月 11 日進行運材列車試運，在平遮那處翻車，傷重不治，日人在嘉義公園立碑紀念其殉職，且追諡爵位「從七位」，後來才遷移至二萬坪。而林務局竟然立碑為「七位殉職」，明明死一人，何苦要無中生有，增加六個人陪殉？只因無知，又不願查證或請教別人的案例甚多。奮起湖有座舊神社臺基介紹牌，上面書寫著該神社坐北朝南、遙望日本，這一遙望必須繞行地球一大周，才能望到日本的「背面」，真的很「遙望」；而一株樹的解說牌，竟然將中海拔常見的昆欄樹，說成全世界只有 2 棵，一棵在此，另一棵在澳門；甚至於到了 21 世紀，2011 年 4 月 27 日阿里山火車被大樹枝幹擊中翻覆，5 死百餘傷，28 日傳媒報導說是「青剛櫟」掉落之所致。神木站以上的森鐵沿線，怎麼可能出現低海拔的闊葉樹青剛櫟，莫非是森氏櫟的小孩突然變種為青剛櫟？這樣的林業單位不出事也難！

走上這條寬敞、平整的人工台階步道，我不得不說，它與登大塔山步道、巨木群棧道，同是目前阿里山區的三大最佳人行路徑，即令不符合自然韻律，但它們只是反應都市設計人的要求罷了。可惜的是，絕大多數來到阿里山的遊客，根本不會去使用它。4 月 16 日，我來回對高山頂的大半天中，唯一遇見的遊客是白種人。以現今祝山鐵路 1.6K 處登山口，走到第一個山稜頂的所謂「對高坡」，上坡牌示需時 15 分鐘，但下坡（回程）只要 8 分鐘；從對高坡往對高岳山頂，回

▲ 往對高坡步道

▲ 對高步道

程則約 18 分鐘，去程寬鬆走約半小時，它是經一下凹鞍再上坡登頂者。也就是說，全程上躋對高頂約 45 分鐘，回程約 26 分鐘。

　　祝山鐵路登對高口附近以西，屬舊阿里山事業區的第
3 林班，在中華民國元年前後，原始林木即已伐盡，且原
始林木之紅檜、扁柏、鐵杉及華山松等二級木的比例約為
35：60：5%，1914 年開始造林，第二次造林在 1921 年。
1956 年將造林木砍伐，且 1953 年及 1957 年曾進行殘材處
理，乃至於再造林等。

　　1982 年 1 月 30 日，我在今之「對高坡」做樣區調
查。當時的紅檜造林木高度在 8 公尺以下，另有少量的華
山松，兩者的覆蓋度分別為 60 及 20%。林下層在 3 公尺
以下，以玉山箭竹占 9 成以上覆蓋度，其次是紅毛杜鵑、
玉山假沙梨、南燭，其餘伴生物種如刺果衛矛、巒大蕨、
華山松小苗等，代表灌叢時代的剩餘。

　　歷經 30 年將屆，該樣區的檜木及華山松如今高度約
在 20 公尺上下，已經形成完整的人造林形相，原初陽性
灌叢時期的物種消逝，只在略微破空處苟延殘存，而原來
的玉山箭竹依然生意盎然，回到典型林下期的盛況。

　　對高坡往對高岳山頂 (涼亭) 下走再上溯的許多路段，
係沿著嘉義與南投兩縣的反插坡脊稜縣界而走，1982 年 1
月 30 日，我在此路段拍攝有「大正 6 年 3 月，營林局官
有林境界標」一支石製短柱，今已消失，可能在登山步道
修築當中被剷除，而不大可能被留存或移存下來。這一向
是台灣歷史的斷代悲劇。想起數年前，林務局林管處阿里
山工作站，將日治時代阿里山林場庫存的珍貴史料，全數
丟棄，我間接搶救了一、二冊孑遺，包括一冊阿里山檜木

▲ 左側即對高山頂陡峭的反插坡 (2009.12.12；小笠原山)

林發現者——石田常平的毛筆手稿，記載著何年何月那個人領取多少薪資等等的有趣史料。那批史料原本存放嘉義林管處，二次大戰期間，為恐遭戰火波及，特別上運到阿里山存放，奈何秀才遇到兵，只成廢紙也不如的惹人怨。唉！太多所謂的台灣史，從來的命運如此！我曾急籲林管處的人搶救保存，但已來不及了。更可笑的，後來，林管處人經由我丈人陳清祥先生轉達，希望取回該一、二冊史料。

　　此外，還有一些令人搖頭扼腕事，實在不忍心再數落。30 年來，我無數次表達要協助林務局、林管處，重

建阿里山自然暨人文史的軟體，包括代為培訓深度解說、
教育人才等等，一切但隨當初的有識之士如林哲勝課長
等，提前退休而夭折。2005 年以降，我淡出阿里山公共
事務，而一輩子深受阿里山天精地靈的庇佑與賜福，我亦
以《阿里山──永遠的檜木霧林原鄉》及《火龍 119──
阿里山 1976 年大火與遷村事件初探》，夥同零散雜文、
台灣植被誌若干章節，膚淺地回報永遠的阿里山。如今，
我頻常行走阿里山區，時而像是放倒的阿里山神木，或傾
墜的森氏櫟，也無風雨也無晴，但是，我還是走我的山林
路，因為，地文溫情款款的對話，我可終日流連忘返。

　　而 1982 年 1 月 30 日，在這條稜線上（東北走向西南）的另
一個樣區在此留下記錄。我之所以留下這些資訊，不在於
什麼專業，更無關學不學術，我老早就脫離了台灣許多混
口名利的假學術行列。事實上，這輩子我只在做一個台灣
人如何告知我們的下一代，我們土地上萬萬億億的生命，
一直在提供我們地文、生文的訊息，告誡我們居家的本
質、故鄉的密碼，以及我們靈性的歸依，而我們一直不肯
虛懷認清，最最真實的故鄉內涵，以及如何是我們幸福的
泉源。

　　1982 年初這脊稜上有個樣區，第一層樹高 10~15 公
尺，是伐木後的破碎林相，覆蓋度只有 45%，存有胸徑超
過 1 公尺的昆欄樹、斷裂的紅檜；灌木層高 2.5~5 公尺之
間，覆蓋度達約 95%，優勢灌木、小喬木，最顯著的是南
燭與玉山假沙梨，覆蓋度各占約 25%；其次是森氏杜鵑、

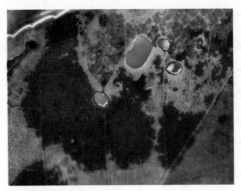

▲ 昆欄樹落葉

紅毛杜鵑、台灣杞李葚、台灣江某，各占 20~10%，當時的紅檜造林木覆蓋度只有 10~20% 間 (指稜線上)，其他少量伴生種如長尾葉越橘、阿里山莢蒾、擬烏蘇里瓦葦等；草本層或第三層高度 2.5 公尺以下，覆蓋度 100%，以玉山箭竹占絕對優勢，其餘都是少量伴生而已，例如台灣瘤足蕨、川上氏雙蓋蕨、台灣水龍骨、台灣鱗毛蕨、波氏星蕨、大枝掛繡球、玉山肺形草、玉山鬼督郵、矮菊等。

此樣區外，見有大葉柯枯死的巨木。而近 30 年之後，稜線上喬木多已竄高，只保留局部當年的灌木。在稜線下稍平緩的山坡上，當年的造林木如今已長成茂密的紅檜林，原來的陽性灌木 (如上述) 留存下來的，以南燭為大宗，形成紅檜林下的第二層小喬木，時值春季，新葉黃翠綠，見證 30 年的滄桑。

我無法下達南燭最耐陰而能留存至今的結論，因我不了解後來撫育造林木的過程中，作業人員砍除掉那些小樹、灌木。而真正相對耐陰的假長葉楠，少量地在人造林中長出。

另一個 1982 年初的樣區是紅檜原始林木被砍除之

後，以原先第二層闊葉樹之昆欄樹為主，大葉柯伴生的闊葉林。也就是說，在山脊凹陷地，原始狀態即紅檜的針闊葉混合林，其林下皆為茂密的玉山箭竹，這些林分都已變成紅檜人造林。

　　我之所以舉這些近 30 年前的樣區，旨在說明，阿里山區在南投、嘉義縣界的這條稜線，在如小笠原山、祝山，以及對高岳山頂之間，相對最高稜頂殆為台灣鐵杉林帶的殘存；稜頂下的上坡段，以扁柏林為原始植群；而凹陷地等較潮溼立地，以及中、下坡段地區，則以紅檜及闊葉樹的針闊混合林為大宗。然而，這條稜線的基質是典型的反插崩崖（南投縣）及順向坡的森林（嘉義縣），百餘年來由於

▲ 對高岳旁另座反插坡崩崖山

伐採檜木，大大降低了長遠年代以來的穩定性，加速且擴大反插坡的大崩塌，特別是祝山山頂改造成為觀日出的大平臺之後，山體表層的穩定愈形脆弱。因此，再經由 921 大地震 (觀日樓震裂後，拆除)，終於在 88 災變中，祝山東向反插坡大崩塌，對高岳也崩落幾條巨大的傾瀉帶。

　　更令人擔憂的是，2004 年 12 月 6 日我發現小笠原山附近及反插坡的森林下，玉山箭竹局部開花，2005 年 4~5 月全面開花，當時推估將死亡；另一真正全面大規模開花地區即特富野步道，而玉山箭竹在其海拔分佈的下部界的開花、結果與死亡，是大事件。個人將其視為氣候變遷中，植被帶向上遷移正在發生的大規模死亡現象，是全台從 1990 年代以降，先是零星林木 (帶或區) 的死亡，乃至往後必有令人駭異的「異象」發生。

　　可悲的是，國家研究單位投注數以億計的研究全球變遷，自 1990 年以降，却無人瞭解變遷最最關鍵的龐多死亡案例已發生？我從 1990 年代一直呼籲國人追蹤研究，設若從該年代開始探討，很可能如今也不必為筆筒樹屬植物的大量死亡而驚慌。凡此系列問題的病根，在於台灣社會的主流文化從來反本土，從來欠缺認同意識，遑論屬靈境界的文化貫通。如果仔細分析國家在學術研究的政策變遷，從量化到異化 (脫離研究本質) 已經不可收拾。

　　我擔憂的是，今之祝山到小笠原山這條短短的脊稜路，將在不久之後發生大崩塌，因為捍衛穩定性最後防線的玉山箭竹已經全面陣亡。我談的不是預測，而是事實，

雖然大崩塌還未發生。屆時，此條路線將出現新的大凹陷。看得清楚，所以黯然，特別是台灣人精神長城的傾圮速率。

對高坡與對高岳的中段大凹鞍附近，殆為大面積扁柏人造林。凹鞍再上登脊稜坡，則對高山頂在望，不過，這段路比前山遠。而對高岳本尊的上坡段，日本人在發動入侵中國的

▲ 對高岳冷杉造林地乃全國唯一的冷杉人造林

2 個月前，即 1937 年 5 月，完成在對高岳的台灣冷杉林造林試驗。這批林木，如今經過 74 年的生長，樹高約達 18~20 公尺，胸徑多在 50 公分以下。

依我認知，數十百年來，台灣的植被帶正往高海拔上遷，這片超過 74 年生的台灣冷杉林，座落於台灣鐵杉林已被淘汰將盡的對高岳，海拔被拉低了 5 百公尺以上，則數遍全台喬木，只有 2 種係生長在降雪圈者，即台灣冷杉與玉山圓柏，則增溫之後，冷杉的生長狀況如何？日本人為台灣留下了珍貴的試驗區，值得進行比對的研究。而今

之阿里山區零星種植一、二株台灣冷杉的地點，另有舊阿里山工作站、高山植物園、沼平公園，以及高山博物館後斜方。

我在此林相的告示牌略上側，翻越過柵欄，去檢視對高岳另兩座反插坡的小山頭。該兩山頭的砂岩、頁岩互層，自水平向上抬舉了 25~30°；反插坡的崩落乃自 9.21之後愈趨劇烈。它們的露頭，像極了兩艘驅逐艦的船頭，硬向虛空闖出凜然的威風；順向斜坡上，以尚未長出新葉的台灣赤楊林為大宗。而我之所在，乃東北坡向的陡峭懸崖頂，是謂凌虛卸風，雲霧則自陳有蘭溪溪谷翻湧上來。

告別空谷，我直上對高亭。久違了，這片天地。

這座山頭最典型的氣概，即從祝山北望。它以利落、毫不含糊之姿，從和社溪上游開闊不見底的萬丈溪谷中拔天聳立；也像是從半空中君臨而下，攢捧無限深淵，而一身傲氣。因為如此山勢而無與倫比，加上遙遙與全台最高山相峙，故而日本人命名為「對高岳」，許是如此，日本人在此設置了全阿里山區的二座神社之一，時間應在1906 年前後。

可笑的是，國府治台以後，神社當然拆掉了，1946年卻傳出曾有不法之徒，就在此地設置機器，印製假鈔而被捕獲，誠所謂殺風景。

1982 年 2 月 2 日，我第一次登上對高岳山頂，當時山頂除了一小座六角涼亭之外，密密麻麻的台灣赤楊等落葉樹為主要，而在 15×20 平方公尺的樣區內，第一層樹高

10 公尺以下，覆蓋度約 90%，有台灣赤楊 15 株、台灣紅
榨楓 5 株，樣區外紅檜、扁柏各 1 株；第二層高度 5~2.5
公尺之間，總覆蓋度約 40%，以紅毛杜鵑 (或日本人乃至後來
林務局栽種的埔里杜鵑) 及玉山假沙梨為構成，另如刺果衛矛、
阿里山忍冬等；第三層 2.5 公尺以下，總覆蓋度約 60%(因
為人跡干擾之故)，以玉山箭竹占絕對優勢，伴生如柃木類、
紅毛杜鵑、台灣懸鉤子、變葉懸鉤子、火炭母草、黃菀、
蔓黃菀、巒大蕨、矮
菊等，殆為灌叢、草
生地階段殘存者。

　　而依據口訪陳
玉妹女士，她曾在
1941 年登上對高
山，當時神社尚在，
她印象中最深刻的是
繁多紅毛或埔里杜鵑
花。故而推測，神社
拆除後，大約 20 年
間形成上述我所調查
的「台灣赤楊—台灣
紅榨楓優勢社會」。

　　至於在對高山頂
下四周，非人造林的
次生林，例如東北坡

▲ 吉野櫻葉片

▲ 尖葉楓黃褐葉

▲ 對高亭

　　向崩落地，則大抵為台灣赤楊的純林，林下則有五節芒、大葉溲疏、南燭、玉山假沙梨、高山新木薑子、刺果衛矛、蔓黃苑、台灣澤蘭、巒大蕨等。

　　後來，林局將步道拓寬，擴大規模改建涼亭，形成今之挑高、下空的二層木製亭。由於硬體擴大，當年建築時砍掉了幾株台灣赤楊等。如今，以登山步道直上來的長亭方向為主軸，主軸面向 E160°S，我在亭上計數，台灣紅榨楓有 4 株、台灣赤楊 15 株，高度長成約 15 公尺；第二層的玉山假沙梨高約 6~7 公尺。

　　長軸左側，方向 N66°E，台灣紅榨楓 6 株、外圍台灣

赤楊約 5 株，高度約 13 公尺；第二層有高山新木薑子、玉山假沙梨，高達 8~9 公尺。長軸右側，方向 S280°W，有 5 株台灣紅榨楓、外圍 10 株台灣赤楊。以上涼亭三面的林下，組成如玉山箭竹、五節芒、火炭母草、紫花阿里山薊、裏白楤木、高山新木薑子、南燭、台灣鱗毛蕨、刺果衛矛、擬烏蘇里瓦葦、矮菊等等，殆與 29 年餘前雷同，反映此地恆處於台灣赤楊—台灣紅榨楓落葉林，而不斷有人跡干擾的狀態。也就是說，1940~1960 年代殆為紅毛杜鵑、玉山假沙梨、南燭等灌叢時代；1960~1980 年代屬「台灣赤楊—台灣紅榨楓」優勢社會的落葉次生林；今則為該社會的老齡階段。往後，涼亭旁幾株台灣紅榨楓將老死，且目前看來並無台灣鐵杉、華山松等苗木存在，加上不斷遊客來來往往，故而仍將以次生林的循環方式存在，但長期如此，勢必增加由邊緣往內崩塌的概率。今之涼亭長軸前端，亭柱已略傾陷幾公分。

至於登山步道甫接涼亭階梯上來的兩側及無遮平臺旁，登樓梯右側的一株青楓，即 1982 年 2 月 1 日我調查的同一株；左側為昔日的台灣赤楊老樹，已呈生長衰退現象，其樹幹上攀附著刺果衛矛及擬烏蘇里瓦葦，還有地衣多種。此地甚潮溼，涼亭木製欄杆上也生長著一些莖狀地衣等。近旁有扁柏等人工植樹，而華山松，我相信是天然次生物種。

我在亭中小坐，諦聽上下四方的風濤聲浪。在此，聽得見來自玉山、玉山北峯的寒意，聞得出來自和社溪的溫

暖。所謂風濤，其實是各種氣息迴旋穿越各樹種不同造形的葉隙，由葉片集體吹奏的合音。

露天平臺整齊的木板上，密佈著台灣紅榨楓新葉初展之時，撐落掉下來的苞片，鮮紅妍美，不仔細看或誤認為落葉。地上則堆滿台灣紅榨楓冬季的落葉，已由曾經的殷紅轉為枯褐。

▲ 對高岳冬景 (2009.12.12；小笠原山)

30 年夠長、夠久遠，足以將所有的青春風化。我們頻常處於前瞻後顧，以及汲汲營營於當下所謂的積極。長壽的祕訣，一位百年人瑞說，不要忘記呼與吸。俏皮話握不住什麼，却可以反映健康怡悅的人生態度。大自然沒有多餘的教訓，我也沒有額外的矯情。

# 道德樹

## 5

## 榕樹 *Ficus microcarpa* L. f. 桑科 (Moraceae)

　　1863 年羅伯特·斯文豪 (Robert Sminhoe) 發表「台灣植物名錄」，殆為台灣植物在歷史上的第一份學名的名錄，其中，列有 4 個只鑑定到榕屬的物種，推測很可能包括榕樹 (轉引陳玉峯，1995；2007)。1893~1894 年來台採集的英國植物學家奧古斯汀·亨利 (Augustin Henry)，則明確採有台灣榕樹的標本，美國哈佛大學阿諾德標本館存有他的採集品 (Li，1971)。

　　榕屬植物 (Ficus) 泛見於全球熱帶地區，將近有 800 種。而榕樹在台灣歷來的文獻記錄中，則存在於印度、印尼、馬來西亞、菲律賓、華南、台灣、南日本、澳洲等地。筆者在夏威夷、印度、蘇門答臘、爪哇、泰國等地皆有見及。

　　金平亮三 (1936) 記載榕樹是全台平地到處散生，最最普見的樹種。其樹幹及枝幹的氣生根垂生地面後，形成支

柱根；枝幹衍展繁多分枝，可不斷擴大樹冠；葉橢圓至倒
卵形，長約 5~8 公分，革質，平滑，表面深綠色；隱花果
無柄，球形，徑 0.5~1 公分，熟紅；木材淡紅灰褐色，柔
軟，氣乾比重 0.55；民間以樹皮入藥；遮蔭樹種，民間盆
栽以矮生型老木為珍貴。

　　劉棠瑞 (1962) 敘述榕樹為常綠大喬木，氣根多數叢
生，自幹枝下垂，狀如馬尾，其長大而及地者，每亭立如
柱；全株平滑；葉有柄，革質，橢圓或倒卵形，先端鈍
或凹，基部鈍形，長 6~9 公分，寬 2.5~5.5 公分，表面深
綠色，側脈 5~6 對；隱花果無梗，腋出，雙生，球形，徑
0.6~1.2 公分，熟時紅褐或黃色，基部具有先端為鈍形之
苞片 3 枚。英文名 India Laurel Fig。

　　樹皮與氣根可以解熱及治肺癆。

　　後來的形態敘述大抵以上述為本，罕有人真正自行觀
察而描述，反之，日治時代的文本，除了形態描述之外，
多另有個人見解，閱讀起來，較有厚實感，例如：

　　1931 年，山田金治介紹恆春半島的海岸林樹木
之中，記載榕樹的日本俗名叫做がじゅまる，台語
Chhêng，排灣族俗名 Jarala'p。榕樹存在於內陸森林及
海岸林中，但海岸林及內陸的珊瑚礁岩上生長的榕樹類
中，以白榕為主 (註：僅指特定地區而已)，排灣族稱呼白榕為
Maroroje't。

　　排灣人常選用榕樹或白榕較巨大的氣生根 (支柱根)，做
為房舍的樑柱，而且剝取氣生根堅韌的樹皮，製作弓弦

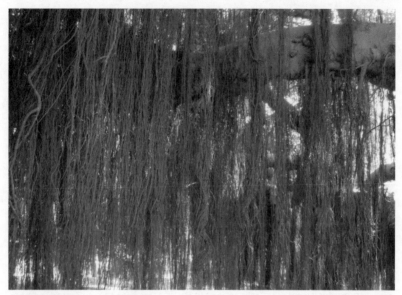

▲ 榕樹氣生根

(Tsaris)，或編製捕捉山羌的網子 (Suireng)，也用來在火繩槍
的火口處使用。並註明，以氣生根來扦插就可成活。

　　1936 年，鈴木時夫與福山伯明在敘述他們調查恆春
半島的東海岸植被時，提到海岸林瓊崖海棠的社會中，出
現有榕樹及白榕的巨木，且其報告中，榕樹的數量似乎較
多。依據筆者數十年野調經驗，白榕的數量有限，其演化
適應能力，遠不如榕樹。然而，白榕與榕樹之間，可能存
有雜交種，也就是說，兩種各自傳播花粉的小蜂之間，可
能發生種別性模糊的現象，或說榕小蜂鑽錯洞，引發雜交
現象也未可知。(註：台灣現今種植最多的白榕是外來族譜)

　　日比野信一、島田彌市 (1937) 在《天然紀念物調查報

告第 4 輯：仙腳石海岸原生林》中，特別強調榕樹苗木由
附生植物成長，氣根著地後轉變為纏勒植物，並勒死原寄
主樹，形成獨立的大樹，並且由粗枝條產生支柱根橫走，
延展樹冠幅達 32 公尺，故而列為植物奇觀。這是在其海
岸林的樣區內所見，不只如此，在砂丘上也見到苗木、幼
樹生長。仙腳石的大樹直徑約 1.2 公尺。

　　而匯集日治時代關於榕樹的木材資料者，即林渭訪、
薛承健 (1950)，其資料如下：「漢名稱為榕樹，日名為が
じゅまる，屬桑科。常綠大喬木，全省平地到處散生，
多植為庭蔭或行道樹。生長頗速，枝椏擴展，難成直幹
良材。木材淡紅灰褐色，柔軟粘韌，緊縮力大，不傷刀
刃，在乾濕狀態下，反張割裂少，施工容易。木纖維長度
多為 1.0~1.5 公厘，平均 1.493 公厘，寬度多為 20~25μ，
平均 22.0μ，長寬度之比 68。木材可提供製竹筏梘頭、俎
板、木屐等用。用之製造火柴桿尚多缺點，每 100 小枝重
7.50，不著火率 17%，點火稍難，全部燃燒者僅 8%，故
為著火後易熄之火柴，不合於用，全部燃燒每枝平均需時
39 秒，餘燼消失需時平均 26 秒，煤烟少，白烟甚多，爆
跳稍大，僅導管口斜切時發出爆音，灰份少，色白或黑。
木材燒成黑炭體積收率 65%，重量收率 24.5%，真比重
1.270，容積比重 0.426，硬度為 6，缺乏光澤，具木器之
音響，橫斷面有心裂。每以插條造成生籬及行道樹、庭園
樹等。」

　　榕樹在動物快速且有效的傳播，以及生育地龐大歧異

度的狀況下，加上人為刻意選擇栽培，因而形態的變異令人眼花撩亂，只要植物分類學者認定且發表，馬上多出了許多的變種或所謂栽培品種，例如廖日京 (1982) 的「進士榕 Ficus microcarpa L. f. 'Ching Su'」，其葉比一般榕葉大，倒卵形，葉先端近乎圓形；「宜農榕 F. microcarpa L. f. 'I-Non'」，具有蔓爬或匍匐莖，葉近乎橢圓形，且質地較厚。

　　而最常被人栽種的人工品種之一的黃金榕 (F. microcarpa L. f. cv. 'Golden-Leaves')，其特性即終年萌發金黃色的新葉，且日照愈烈愈明艷，成為台灣特有的植物景觀，它是在1950 年被選培植者，常以修剪成灌木為造景 (林文鎮，1981)。

　　雖然 1950 年即已選出黃金榕加以培植，但在植物分類學上的命名卻遲至 1974 年，由廖日京 (1974) 給予正式學名。廖教授命名的標本 (模式標本) 是 1974 年 3 月 30 日，採自墾丁公園內栽植的植

▲ 榕樹新葉

株，他敘述這一新栽培品種 (cultivar varietas) 與榕樹原種的區別，「在幼時葉全部呈黃金色，老後回復綠色而已。」廖氏這篇「台灣榕屬植物之訂正」文中，同時也訂正了榕樹的學名，在此之前，榕樹學名一向被誤用為 Ficus retusa，廖氏將之訂正為今之 F. microcarpa L. f. (註：L. f. 即林奈的兒子，由他所命名) 同時，廖氏亦重新組合厚葉榕樹的學名，他將 1963 年謝萬權氏命名的 F. retusa L. var. crassifolia Shieh 改訂為 F. microcarpa L. f. var. crassifolia (Shieh) Liao，因為依據命名法規，榕樹本種的學名既已訂正，其變種當然也跟著修訂。

所謂「厚葉榕樹」是指生長在鵝鑾鼻半島、花蓮和平鄉之山麓石灰岩礁上的族群，也被各地苗圃商採集植為盆栽。筆者在《鵝鑾鼻公園植物與植被》(陳玉峯，1984) 書中，並無將厚葉榕樹當成一個「變種」，而仍然視同榕樹本種，雖然在葉形、葉質或其他方面，的確與一般榕樹有別，然而，此乃生育地或環境壓力所導致，而且，此等族群與榕樹本種的常態之間，存有許多過渡型的植株，或同株樹內各枝葉仍有一系列變異存在。筆者認為「厚葉榕樹」是一類「生態型」，在植物分類上，似乎不見得需要處理成「變種」的位階。當然，此乃見仁見智的差別。

廖日京教授不僅將鵝鑾鼻公園內，榕樹多變異的族群鑑別出厚葉榕樹，甚至於 1989 年，又命名了另一個變種「鵝鑾鼻藤榕 (F. microcarpa var. oluangpiensis Liao)」，同時，廖氏亦將種在台大傅園內的蘭嶼榕樹的一些植株個體，命

▲ 榕的變異

名為「傅園榕 (F. microcarpa var. fuyuensis)」；又將採自中興大學植物園的標本，說是全台低海拔石灰岩地上都可見及的某些植株，並命名為「小葉榕 (F. microcarpa var. pusillifolia)」。凡此，在 1996 年出版的《台灣植物誌》第二版第二卷中皆予登錄。然而，筆者持保留看法，因為準此模式標本法下的命名，對一些高度變異的物種，將可產生繁多的命名，但不見得有何顯著或明確的學術意義。

除了這些天然變異、自然存在的所謂「變種」之外，人工選取、栽培的所謂品種，即栽培型變種，也就是除了前述黃金榕之外，廖氏也命名了「垂枝白邊榕 (F. microcarpa L. f. cv. 'Milky Stripe')」，說是「小枝垂下，芽苞呈牛奶色，葉形狹小，全年葉緣具淡黃牛奶帶與綠帶混合，葉背具多數腺體及葉柄呈牛奶綠色而已」；另一栽培

品種「黃邊榕 (F. microcarpa L. f. cv. 'Yellow Stripe')」，其敘述「與原種之區別，在於葉形稍小，幼時葉緣殆呈黃帶混合綠帶，但后呈全綠及葉背具有多數腺體而已」(廖日京，1974；Liao，1974)。而「黃邊榕」的另俗名叫「黃斑榕」，因為葉上具有黃白相間斑紋；「垂枝白邊榕」另俗名為「乳斑榕」，因其斑紋較淡、較白 (鄭元春，1991)。

其他樹木分類學者方面，例如劉業經、呂福原、歐辰雄 (1988) 則列有榕樹本種、厚葉榕 (F. microcarpa var. crassifolia)、小葉榕 (F. microcarpa var. nitida)；園藝栽培品種則列有黃金榕 (cv. 'Golden Leaves')、斑葉榕 (cv. 'Variegata')、垂枝榕 (cv. 'Pendulina')、圓葉榕 (cv. 'Panda')、白邊榕 (cv. 'Milky Stripe') 及黃邊榕 (cv. 'Yellow Stripe') 等。2001 年又自栽培變異選出所謂細葉正榕 (cv. 'Amabigus')。此外，還有滿月榕 (cv. 'Full Moon') 等等 (薛聰賢，2003)。

無論是自生變種或栽培品 (變) 種的性狀，以上記述，依筆者觀察，似乎很難禁得起嚴謹科學的驗證。

關於閩南人或台灣人對榕樹的稱呼簡述如下。

福佬話叫榕樹為 chhêng，讀如「傾啊」，中文字却多寫成「松」，筆者不知道是否恰當，而且，許多植物書籍都說榕樹別名為「鳥松」，是因為從清代以降，台灣人都知道鳥類幫榕樹傳播，因而別稱之？還是植物學家搞錯？因為筆者所知，「鳥松」是指「雀榕」及「大葉雀榕」，似乎沒聽人叫榕樹為「鳥松」。而台灣許多地名與植物有關，例如九芎林、蘆竹、樟湖、茄冬、苦苓腳、莿

桐……，却似乎無有「榕樹」，只有蔦松、鳥松、頂蔦松等等 (洪敏麟，1980)，也有可能古時候「不求甚解」，將一些榕屬植物混淆互稱？因此，有必要往古籍追溯之。

在此，僅舉謝阿才 (1963) 之《諸羅縣志錄名考》為例登錄之，以資參考：

「……菲律賓名‘ Marabutan ’；日名‘ Gazyumaru ’；《海物異名記》：『榕』作『槦』，言材不中主人也。或曰蔭覆寬廣，故謂之『榕』。《南方草木狀》：其蔭十丈，枝條既繁，葉又茂細。根如藤下垂，漸漸及地，便生枝節。鳥喙其實，墜地復生，名曰『鳥榕』。〔註釋〕：榕樹，《南方草木狀》別稱：小垂榕、金榕 (高雄旗山)；正葉榕 (潮州)；榕 (台北市內及郊外，台南歸仁、關廟、斗六、旗山、恆春等地)；正榕 (浙江平陽)、 (台北、羅東、三星、嘉義、新營、斗六、恆春、東港、花蓮鳳林、研海、台東等)；槦 (《海物異名記》)；細葉榕樹 (廣東)；鳥榕 (《台灣植物名彙》)。……栽培作行道樹，木材可製器具。氣根一名「老公鬚」，俗名「倒吊榕根」，名見《台灣民間藥用植物誌》，老公鬚用煎汁服之，可治淋病與跌打損傷；氣根用米酒及鹽焙製後，以水煎服之，以治腳氣病與骨節疼痛等。樹皮有止牙痛之效能……」

而《諸羅縣志》第 218 頁所附的榕樹資料，即〔註釋〕之前，《海物異名記》及《南方草木狀》那兩句話 (周鍾瑄、陳夢林、李欽文，1717)。

據此可知中文「榕」字的解釋，也對古人如何入藥，有了較明確的得知。然而，是「烏」榕，還是「鳥」榕，

仍有疑義待考；而「松」字是誰開始使用，也待解答。

　　數十年來台灣繁多植物介紹的書少不了榕樹 (隨意舉例如陳玉峯，1984；高雄市政府，1985；吳功顯，1990；歐辰雄，1991；楊遠波、呂勝由、施炳霖，1992；文紀鑾等人，1993；葉慶龍、洪寶林，1993，等等)，何況榕樹還當選過台北市的市樹 (1984年)，也是台中縣及澎湖縣的縣樹 (鄭元春，1991)，舉凡綠美化、行道、校園、公園、安全島、工業區、鄉間老廟宇……，全台平地以迄低海拔地區，人們大肆種植，鳥類更是頻助其傳播，無論屋頂、門鈴、牆壁、水龍頭、水槽、水溝、其他喬木身上……，只要稍有孔隙或相對潮溼處，榕子經由鳥類排遺，以附生植物的方式萌發，再轉型為纏勒植物，乃至長成大樹，且靠氣生根、支柱根，擴大林冠，向四面八方拓展，毫無疑問，榕樹是台灣低海拔最最普遍的鄉土樹種之一。許多離島也具有，例如龜山島 (陳益明，1994)。

　　然而，30 多年來，絕大部分介紹榕樹的資料大家抄來抄去，幾乎沒什麼內容可言，而應紹舜 (1979，152-155頁)敘述：「……花小，單性，生長於肉質的隱頭花序的內壁；雄花的花萼深 4 裂，裂片線形，長 1~1.2mm；雄蕊 1~2 枚，無退化雌蕊 (註：不確定打字有無錯誤？)；雌花的花萼深 4 裂，子房歪卵形；隱花果腋生，成對或單生、球形，徑 5~8mm，成熟時呈紅色，內壁上附有無數的瘦果，瘦果肉質，種子懸垂。印度、馬來西亞至澳洲。台灣，生長於全島低海拔 (至) 約 700m 處，極為常見……」可謂有自己的觀察與描述，而通俗性 (或美其名科普) 圖書中，介紹

榕屬植物的無 (隱) 花果，乃由寄生小蜂傳粉的現象者如鄭元春 (1991)。

▲ 榕樹無花果

關於年週期及形態上的變化，習稱「物候」方面如下。

1973 年 9 月至 1975 年 12 月期間，劉儒淵 (1977) 登錄台大校園樹木的物候，記載榕樹 3 月開花，全年都有無花果，果熟為 5 月中至 8 月下旬，但此數據很可能是引用廖日京 (1959) 的記錄。筆者認為觀察不仔細，但已經是較完整的記錄了。愈是常見的事物，往往得不到人們細細的觀察，是台諺「近廟欺神」之謂。

諸多介紹榕樹的書籍殆說花期 2~3 月，邱慶全、吳清吉 (1966) 記載林試所北港防風林工作站標本園的榕樹，3 月中為花蕊期、4 月中為盛花期、5 月上旬為落花期及成果期、7 月上旬果熟。但蘭嶼的記錄則說是在 8 月開花 (楊勝任、張慶恩、林志忠，1990)；雙流森林遊樂區的介紹，敘述花期 3~8 月，果期全年 (葉慶龍、洪寶林，1993)。而鍾永立、張乃航 (1990) 記載，4~6 月為開花期，8 月為採種期；1 公斤 (乾？) 無花果約有 7,300 粒；果熟時由白 (？) 轉紫紅色，擊落法或地面撿拾，晒乾搓去外殼收集種子。由於種子細

小,無法用水或吹風去除粃粒,故發芽率甚低。不宜大宗貯藏;種子發芽適溫 25°C,發芽約需 12~30 天,發芽一般百分率約 10%。

事實上,全球熱帶至亞熱帶地區的榕屬植物 (無花果類植物),絕大部分是終年產生無花果。無花果樹的隱頭花序開花時,得靠高度特化的小黃蜂 (一般約0.2公分長) 傳粉,小黃蜂必須進入無花果中,將牠的蛋下在無花果托上的小花才能完成生活史。原則上一種榕屬 (無花果) 植物就有一種獨特專屬的小黃蜂,榕與小黃蜂相互為命,缺一不可,不過,愈來愈多的例外被發現。

無花果將要受粉時,會釋放出特定揮發性的化學物質,讓該種的小黃蜂辨識。1998 年北婆羅洲因為受到聖嬰現象影響,引發嚴重的乾旱,導致許多無花果物種停止開花,因而短命的相關小黃蜂滅絕,無花果樹後來也無法產生種子。之後,由未受乾旱影響的地區引種,花了 2 年時程,該等小黃蜂才又重建族群,無花果樹也恢復種子的生產。

由於終年不斷有果實產生,無花果樹可以是許多鳥類、哺乳類的救命仙丹,年內有時候,無花果是牠們唯一的合宜食物。可以說,無花果是許多動物「度小月」的主食,平常也可以是重要的點心;無花果物種是許多生物賴以維生或賴以為居的植物,如果它消失,必將連鎖引發系列物種的死亡或滅絕,因而無花果植物被尊稱為「關鍵物種 (keystone species)」(陳玉峯,2010)。

　　榕樹即無花果的一員，它也終年開花結實，與它特有的小黃蜂(或稱榕小蜂)共生演化。因此，它無所謂花果期在幾月，但有盛花、盛果期乃至少量無花果的多數時程。茲以大肚台地一株約 20 年生的榕樹為例說明之。

　　該樹靠著朝向西 290 度北的牆角長出，樹高約 13 公尺，一般得在早上 10 時之後樹冠才照得到直射陽光。2008 年間，筆者以頻常掃地得知，該榕樹終年長出新葉及落葉，且該年有 3 次大落果，分別在春、夏、秋。旁側其他生物也附帶說明之。

　　2008 年底暖冬，榕樹旁的楓香在 12 月底已伸展少量新葉。12 月 31 日下雨以降，開始進入冬感期。

　　2009 年 2 月 23、24 日楓香雄花穗大掉落，而榕樹在 3 月 27 日至 4 月 4 日的 9 天期間掉落成熟無花果，大落期則集中在 3 月 28~30 日的 3 天，4 月 5~7 日則少量至不再明顯掉落，4 月 8 日則去年的柳丁在果菜市場消失。榕樹在 2009 年的春季大落果即此。

　　2009 年 7 月 21~31 日的 10 天期間，為該榕樹的夏季大落果。

　　2009 年 8 月 7~8 日莫拉克颱風重創南台，台中則吹焚風。8 月 10~13 日，楓香受焚風吹襲面的樹葉大掉落，也刺激楓香作年內二度萌長新葉，且二度開花於 8 月 28~31 日期間，9 月 1~2 日則雄花穗落光。但榕樹看不出有何顯著影響。

　　此之前，綠繡眼在 7 月 11~20 日期間完成年度雛鳥巢

內餵食、離巢後餵食等行為。

2009 年 10 月 11~14 日，只有 3 天，該榕樹作秋季大落無花果，推測有可能受到焚風影響，無花果減量，且落果期縮短？

2009 年 10 月 10 日起，果菜市場出現此年度柳丁，以迄月底，一台斤 9 元；11 月 1 日起 1 斤 8 元；12 月 1 日起 1 斤 6 元，乃至隔年 1 月 10 日皆然；2010 年 1 月 15 日起，1 斤 7 元；2 月 20 日之後，1 斤 9 元；3 月 6 日起，1 斤 11 元，以迄 4 月 15 日柳丁在市場上消失(註：筆者購買處為台中市西屯區已知最低價位的水果攤)。

2010 年 2 月 7~21 日殆為楓香的花期，2 月 7 日起花穗外的苞片開始掉落，也就是花序伸展且開花，2 月 11~21 日為雄花穗掉落期，且落花高峯在 16 日，而 12 日因為下雨，導致最大量的苞片掉落。故而依據最大落花日判斷，2010 年比 2009 年的花期提早了 7~8 天。又，2010 年 2 月 22 日楓香新葉完全長成，25 日則去年舊葉殆全落盡。

榕樹在 2010 年 2 月 10 日前後，掉落了一些未成熟的無花果，且持續到 2 月 20 日為止，原因不明，也無法推測與 2009 年的焚風相關。此番落果並非春落果。

2010 年 3 月 13~18 日為榕樹春落成熟果期，掉落鼎盛日在 3 月 15~17 日。較之 2009 年的春落果鼎盛日，提前 13 天。

2010 年綠繡眼提早在 4 月 22 日開始做巢，4 月 30 日

至 5 月 2 日每天下一個蛋。5 月 12 日孵出了 3 隻雛鳥，5月 16 日尚未開眼，18 日已開眼，23 日小鳥離巢。以離巢日為準，2010 年較 2009 年提早了約 53 天，很奇怪？

2010 年榕樹的夏季成熟果掉落期發生在 7 月 1~20日，較之 2009 年提前了約 20 天。

2010 年榕樹秋季大落果期為 9 月 22 日至 10 月 3 日，且集中在 9 月 24 日~30 日。較之 2009 年提前了約半個月。

2010 年市場上出現柳丁是在 9 月 22 日，較之 2009年，提前 18 天。價格就各時段而言，皆比 2009 年每斤貴了 2~3 元或貴了約 3 分之 1 的單價。

準以上紀錄，筆者推論或歸納如下：

1. 就日期而言，動、植物的生理週期，2010 年皆較2009 年提前。就楓香、榕樹而論，花果期「提前」約 1~3週，推測皆屬可容許的誤差範圍，似乎不叫「提前」，然而，綠繡眼提前了 53 天，差距未免太大，有待持續觀察。

2. 在台中大肚台地的單株觀察，榕樹似乎可確定或推測者，一年可有 3 次成熟無花果的大掉落期，即春、夏、秋季大落果。落果時期引來大量平地常見鳥種，例如綠繡眼、朱頸斑鳩、白頭翁、台灣藍鵲等。

3. 過度推論：接近赤道地區的榕樹一年將有 4 次或四季大落果期；在榕樹分佈的北界，一年或將只有 2 次大落果期？其與聖嬰現象的相關、氣候變遷的影響、颱風或乾濕季的變化，乃至於其他環境因子的影響，實為甚有趣的

議題，值得進一步觀察研究，特別是其與小黃蜂的共生演化現象，必定存有許多有意義的生態現象待解。

　　此外，終年長新葉、掉舊葉的榕樹，雖然天天落葉，但仍有密集大落葉的現象，筆者只依據不定時掃地、殘缺的記錄，例如 2009 年 5 月 20~26 日，有 7 天的大落葉；6 月 15~21 日亦為大落葉期。而 2009 年冬春之交，東海大學牧場與東海湖之間有株小徑木的榕樹，出現 7~10 天的全數葉片落光的怪現象，筆者推測係病蟲害的可能性使然 (陳玉峯，2010，39頁)。總之，台灣平地最常見的鄉土樹種的榕樹，值得研究的題目很多。而台灣無花果樹種之與動物食物的研究亦值得深入探討，廖日京、田中進 (1988) 只記載台灣獼猴吃食榕樹果實。許多的鳥類食餌也與榕樹的供應相關，鳥類方面的調查必然與榕樹的傳播緊密相關。

　　陳仁昭 (1981) 記載，榕樹擬燈蛾 (Agnais ficus Fabr.) 危害榕樹的現象有增加的趨勢。秋季在屏東較常出現，雨季即變少，可能跟這種蛾是在土中作繭有關。此蛾的幼蟲長約 2.5cm，體黑色，雜有白色斑紋，其上著生黃褐色的長毛。牠們吃榕樹葉，嫩芽及嫩枝也吃，吃得很凶。

　　1979 年 3 月 24 日謝煥儒 (1986) 採自墾丁的榕樹病葉，經鑑定為新記錄的榕樹炭疽病 (Anthracnose of Indian Laurel Fig)，病原菌為 Glomerella cingulata。危害情形：最初在榕葉上產生褐色略近圓形的小斑點，時而由葉緣或葉尖開始，再擴大為橢圓形或不規則的病斑，老病斑轉變成灰褐色至灰

白，其上散生多黑色的小點，也就是病原菌的分生子褥 (acervuli)。

　　榕樹、相思樹、大葉合歡、銀合歡、黃連木等許多樹木，也會罹患一種世界性的著名的木材腐朽病，菌種 <u>Ganoderma applanatum</u>，俗稱樹舌或扁芝，可在枯木中腐生，或寄生在生立木上，主要係危害靠近地面的樹幹基部及根部，造成木質部或木材腐朽。初期，被害部位常呈褐色至暗褐色，且隨著腐朽的進展，材質變淡色，終至白色至淡黃色，變成柔軟的海綿質。活樹被害時，在腐朽材的周圍常有暗褐色的變色帶，是為特徵。被害樹生長勢變衰弱，後期葉片變小且黃化。被害木易受風倒或整株枯死。其樹幹基部會長出半圓形的子實體，其上面為灰褐至暗褐色，下表面白色至淡黃色。子實體呈多孔狀 (謝煥儒，1986)。

　　試驗顯示，榕樹葉受到 0.5ppm 或 1ppm 的二氧化硫烘燻時，氣孔開度皆有縮小反應，1ppm 濃度較明顯，而其氣孔反應甚迅速，無烘燻後，恢復亦迅速 (許博行、陳清義，1990)，與其他樹種相比較，榕樹抗空汙 (二氧化硫、氟化物) 的能力屬於良好級 (許博行，1992)；許博行、陳明義 (1991) 以彰化市台化廠附近、彰化縣花壇磚業區、高雄仁武大社石化工業區，以及對照組中興大學校區內，檢測植物耐空汙的能力。花壇汙染區榕樹的釋氧量只有對照組的 68%，在 10 種比較植物中居第 3 名，次於茄冬的 71%、羊蹄甲的 70%，遠大於樟樹的 22%；在台化汙染區的榕樹為 72%。

▲ 榕傘（嘉義圓環，2011.1.17）

葉面積可以顯現葉子的發育程度，對照組平均每片葉面
積為 11.14 平方公分，大社者為 10.32(93%)，花壇者只有
8.47(76%)。就 14 種植物的葉面積比較而言，在大社工業區
榕樹居第 2 名，僅次於海檬果；在花壇則居第 3 名。許博
行、陳清義 (1991) 敘述，榕樹的釋氧量較少受到季節的影
響。

　　在人文方面，榕樹與台灣人淵源流長。1980、1990
年代，台灣掀起「珍貴老樹」的風潮，本質上乃本土運動
的側支，但因植物相對上較不具備政治的敏感性，因而受
到官方的大力支持，老榕樹也在這波流行中占盡風頭。

　　而日治時代，台北帝國大學陳列展示台灣及南洋群島的植物研究成果當中，在攝影幻燈片中列出的，台灣平地代表性巨木有 4 幀，包括「台南州新化街」的榕樹、芒果，「台中州埔里」的茄冬，以及「台北市新公園」的雀榕 (台北帝大理農學部植物分類、生態教室及附屬農林專門部植物學教室，1936)。

　　吳功顯 (1989) 調查台東縣、花蓮縣各校園所謂古齡樹種，胸徑最大的一株是初鹿國小的刺桐，達 170 公分；第二大的，是水璉國小的榕樹，有 136 公分。陳明義、楊正澤、陳瑩娟 (1994) 敘述，1992 年資料顯示，林班地的老樹除外，由各縣市政府列報出的老樹計有 852 株，株樹以榕

▲ 榕樹行道樹 (高雄，龜山)

樹占最多，其次如茄冬、樟樹、楓香、雀榕、刺桐、銳葉楊梅、薄姜木、櫸木、朴樹、榔榆、木棉、芒果等。以台中市為例，36 株老樹當中，榕樹就占了 22 株，61.1%(林栴顯，1994)。許多地區的行道樹，株數最多者亦為榕樹，以台北市為例，1980 年的行道樹調查，仍以榕樹之 28,766 株為最多，占 27%，其次為樟樹 16,624 株，占 16%。該年在李登輝市長任內，市府遴選市樹、市花，榕樹為 9 種候選樹之一。而高雄市的榕樹行道樹，以五福路、成功路、漁港路、臨海路為主 (路統信、鄭瓚慶，1983)。

諸如林栴顯 (1994) 的《台中市珍貴老樹的歷史源流與掌故傳說》一書，在此等年代談及人樹感情的文章、書籍甚多，但在深度與哲思面向，很可惜似乎一直停滯在表層，而未能切入到人地關係或土地倫理，乃至生態保育的核心議題。1999 年 9.21 大地震，乃至 2009 年 88 災變等等，人樹關係有了更深刻、內化的故事，民間如黃淑梅導演等，留下了一些珍貴的鏡頭。

由於過往台灣人對老樹與大樹，或說生長速率不清楚，頻常誇大大樹的樹齡，更有許多神話式的傳說，在此略之。而澎湖白沙鄉通樑的巨榕，傳說係康熙 12 年 (1673年)，來自福建的商船遇海難，船上有盆榕樹植栽隨波逐流，最後漂流到白沙的保安宮前，被當地人撿起而定植，在強風及海鹽侵襲下，形成著名的植物奇景 (蔡振聰，1985)。如果傳聞屬實，則推估此株榕樹樹齡當超過 340 年，但筆者尚未考證前仍持疑。另如北部淡水多株老榕

樹，據稱乃荷蘭人所栽植 (郭風，1952；劉棠瑞、應紹舜，1971)。

　　然而，清代以降的方誌等，提及榕樹者所在皆有，遠比植物學上的記錄早甚多，這面向筆者尚未一一整理出。至於台灣民間過往迄今，最常利用榕樹的民俗，或以端午節最為大家所熟悉。筆者小時候，每逢端午，左鄰右舍及我家，都以細竹筒，裝插榕枝葉、艾草掛在門柱上，說是可以避百邪。台灣慣習研究會 (1901) 記載，除了門柱之外，「……不分男女老幼，皆將艾草及榕葉插在頭上，表示勇健……」；2010 年端午，筆者家門口的榕樹，有人來索取大把枝葉。

　　春節期間，「乞丐執榕樹枝，以紅線貫串銅錢掛在枝上，口唱：『新正大發財，錢銀滾滾來，一文分年年春，狀元子、舉人孫；一文分生男子孫……』挨戶乞錢。」(台灣慣習研究會，1901)

　　榕樹在盆景方面的運用遠自清代或更悠遠，各式各樣的「祕雕」族繁不及備載，榕樹可謂集植物被虐待史之大成。一種榕樹萬千風情，正面歌頌不消說，負面訛傳亦不少。有些台灣人視榕樹為「陰」樹，加上電影樹精妖怪少不了與榕樹相關，因而有人不喜歡或忌諱住宅前後植有榕樹。一些市民還因為榕樹根系沿著排水溝「侵門踏戶」，鑽破抽水馬桶，而向市府申請挖除之。

　　曾經有人向筆者詢問，榕樹在地面上凸起的根塊該不該填土保護，其實，榕樹不只氣生根、支柱根的向下生長發達，老樹根也會向上生長，隆昇若板根或盤糾現象，並

不需要填土。總之,台灣人與榕樹交情匪淺,只要是台灣人,即使不會唱流行歌「榕樹下」,至少都曾接受過榕樹的庇蔭。台灣人不認識榕樹者,可視為奇蹟或怪胎吧!

在藥用方面,除了零星前述之外,島田彌市 (1934) 記載,取氣生根以水煎服,可治淋疾、打撲傷等,且若取氣根以酒及鹽烘焙後,加水煎服,則可治腳氣病、骨節痠痛等;山田金治 (許君玫譯,1957) 敘述排灣族 (恆春下) 的榕樹俗名叫 Zyarazyatubu,而高雄潮州郡的 Botanro 社、Kasinro 社及 Pasuboku 社人,取榕樹 (氣生?) 根,夥同內冬子的葉片煎服,治療受傷;俞作楫 (1951) 記載,榕樹皮製藥,有固齒止痛之效。不過,看起來似乎沒什麼道理或依據。

島田彌市 (1934) 也說,榕樹葉適合用來飼養家兔,而筆者看過山羊最厲害,見綠葉就吃,榕葉也吃得津津有味,又,日本人祭拜時,也以榕樹枝葉沾水洒用。當我們以手採摘榕枝條時,其樹皮很難扯斷,往往拉出長長一縱帶,顯見其韌皮可利用,故而澀谷常紀 (1940) 將榕樹列為「台灣纖維植物」之一。也有人利用榕木材製傢俱或薪炭 (劉棠瑞、應紹舜,1971),其枝、幹亦可做為種植木耳的段木 (林文鎮,1981)。

顏正平 (1968) 調查縱貫山線鐵路彰化至竹南段落,將榕樹列為防風定砂物種之一,其認為以榕樹椿木用在鐵路下方邊坡為宜。甘偉航、陳財輝 (1988) 介紹台灣防風樹種 28 個分類群,認為榕樹耐旱、耐鹵,抗風力強,沿海村屋防風普遍栽植,但砂丘乾旱處生長差。而在港後荷包厝

的立地，其導電度為 0.7~1.4mmhos/cm，pH 值 7.9~8.1，榕樹可自生，其表耐鹽碱的能力。而 1980 年代，台灣多論及都市林，其中，視榕樹為行道、綠籬、蔽隱、防風、防空汙、防噪音等等之優良物種 (林文鎮，1983；陳明義，1983)。

至於在植被生態方面，相關報告繁多，日治時代即將榕樹列為台灣熱帶林的指標物種，例如佐佐木舜一 (1928) 指低海拔 0~600 公尺為「榕樹帶」，但其以榕樹代表榕屬的多種樹木；伊藤武夫 (1929) 指海拔 200 公尺以下的熱帶林以榕樹為代表；山本由松 (1940) 則以榕樹等為台灣亞熱帶雨林的特徵物種。而台灣研究史上第一份植被帶的報告即本多靜六 (1899)，他是第一位提出「榕樹帶」的學者，用以代表台灣海拔 450~600 公尺以下地區的植被帶。

國府治台以降，柳榗 (1970) 的「熱帶雨林群系」中，列有「榕樹山黃麻過渡群叢」、「楨楠類過渡群叢」，然而筆者認為如此劃分單位乃因樣區研究太缺乏之所致，而不予認同。蘇鴻傑 (1992) 則將台灣中部山地植群之北面坡向或溪谷地，海拔 5 百公尺以下者，列為「榕楠林帶」。凡此，詳見陳玉峯 (1995；1997) 等。

以下，僅以筆者長年野外調查的經驗，簡述榕樹的生態。

榕樹在形態 (morphology)、生活型 (growth form 及 life form) 的變異幅度極大；生長速率隨著不同生育地而有極端的差異；就生態幅度 (ecological amplitude) 而言，在熱帶、亞熱帶

地區或範圍內，幾乎無有其他任何植物所能及；其與小黃蜂共生演化，提供鳥類、哺乳類食物，且藉動物排遺或無意間攜帶而迅速、高效率地傳播，也就是在植物與動物相關面向，允稱全台第一顯著；其可單獨形成純林社會、矮盤灌叢社會，亦可逢機伴生於其他植物社會，更可短暫時段寄存於不相干的社會，它的身分從流浪漢到極團結的獨立國度皆能自由揮灑；它與台灣人文歷史緊密相關，它被人類高度利用，亦高度利用人類。它是遷居外國、流離異鄉的思鄉精神的寄託，它是有形暨無形的資源或財富植物，它也是原住民如鄒族通往神界的橋樑或聖樹，它的樹葉可以是台灣耆老的口琴，它全株的乳汁是原住民口香糖的原料，它是某企業的圖案標誌，它被運用在盆栽、公園綠地、分隔島、行道、庇蔭、防風定砂、薪柴、藥用、神鬼祭儀、防空汙或各類汙染……林林總總，從屬靈到搖錢樹，榕樹直是台灣國樹。總之，榕樹在生界演化史上正進入千變萬化的發展期，是最最活躍、生機旺盛的代表，也是氣候變遷、嚴峻考驗的未來，最有希望的生命之一。毫無疑問，它是最台、最夯、最酷、最賤、最高貴、最孥無能及的台灣子民。台灣早就可以成立「榕樹學」、「榕學」，並成立「榕學同好會」、「榕協會」之類的研究、發展單位矣！

　　1. 榕樹根、莖、葉、花、果實、種子的詳實研究尚未進行，遑論其變異，筆者認為迄今為止，形態與植物分類學的探討必須充分檢驗與討論，屆時有必要重新訂正。

2. 榕樹由鳥類排遺的種子，多以附生植物為初期生活型，且隨著著根位置的生育地條件，作生長速率、生活型的調適，許多植株在小苗時段，莖基即開始膨大，究竟是否與寄生菌類有無共生或其他生態相關，值得研究。

3. 常態下，榕樹種子若萌發於離地或空中的基質上，一開始是附生植物的生活型，然後氣生根下伸，並纏勒原本其所依附的基質，形成所謂纏勒植物，故其附生只是起初階段，因而生態上另名之為「半附生植物」。若纏勒的基質是其他樹種，最後可能勒死寄主，然後榕樹自己已獨立成樹；若纏勒的基質是礁岩或其他岩塊，是謂「岩生植被」的類型之一。

4. 榕苗萌長後，端視立地基質暨其所處環境因子之總和效應，決定其最終發展的極限。生長於海岸岩塊上者，樹形高度由當地盛行風的風切面所限制，或成匍匐型，或為矮盤灌叢狀，或是灌叢中等體型，乃至小、中、大喬木等連續變異的呈現。海岸地區足以展現此等變異者，包括如台中港附近的行道樹，呈現半邊旗型樹的現象，有若最高海拔岩生植被的玉山圓柏。就植物、植被形相 (physiognomy) 而言，台灣最高山稜與海岸，有異曲同工的現象。

5. 就全台 1,200 餘公里海岸線地區而言，榕樹族群或形成優勢社會 (dominance-type) 的數量或程度，以西南隅最為盛。由環境因子檢視，愈是乾旱型或年度有 3~5 個月乾燥期的地區，且立地基質岩生或土壤層化育愈不佳者，榕樹

愈能取得競爭的優勢度。黃守先 (1974) 亦提及南北兩端海岸的岩石或岩隙上，榕樹為優勢樹種之一。

　　6. 榕樹優勢社會幾乎形成單種優勢且林冠超過 10 公尺以上者，即如高雄左營蓮池潭南方的龜山，其乃古老高位珊瑚岩礁小山，可謂岩礁立地的亞極相 (subclimax)，其榕樹氣生根亦發展成支柱根，而橫走擴展樹體；高雄柴山 (打狗山) 亦存有高度相當，以及小喬木型的榕樹優勢社會，高度分別約 8 公尺及 5 公尺以下；東台海岸南半部如石梯坪海岸火山集塊岩上，存有高度 1.6 公尺以下的矮灌叢社會；鵝鑾鼻半島臨海高位珊瑚礁岩，則依不同風切面高度，形成不同高度的榕樹及其他海岸物種的混合社會；蘇花公路台 9-176.8K(崇德隧道南口) 至漢本車站 (台9-151.7K) 之間，所謂的清水斷崖路段，其海崖或內陸陡峭岩壁上，以及東澳、粉鳥林漁港及海中石塊上，存在榕樹優勢社會，以及台灣梣與榕樹等的組合型社會，例如台 9-171.2K 臨海大石塊上、台 9-176.4K、台 9-168.5K 等；宜蘭北關海崖及岩生立地、草嶺古道入口，鼻頭角、野柳、金山海岸及獅頭山的砂岩塊等，亦存有小面積榕樹或其組合型的優勢社會(陳玉峯，未出版)。

　　此即自然狀況下，榕樹優勢社會誠乃台灣西南半壁岩生 (含礁岩) 的指標社會，且在潮溼的東北半壁，藉由岩塊立地，或海岸生理旱地，從而小規模應運而生。如果土壤化育愈佳處，則榕樹頓失優勢。

　　就全台而言，榕樹優勢社會的代表地，允推高雄左營

龜山。

7. 在人力干擾下，榕樹形成的大樹 (通常不老，相較於台灣山林) 若無近鄰遮蔭下，可發展出半桃圓形的密閉樹冠，著名者如二高東山休息站的「老樹」；獨大單一樹幹的大樹如東海大學內許多榕樹；矮小 (人工修剪下) 橫向擴展型如澎湖等。它們往往形成單獨大樹的生態系。

8. 榕樹與台灣歷史、人文的全面調查暨文獻彙整有待展開，此面向足以提供環教及生態保育的介面窗口。

至於榕樹予人的感性方面，就筆者而言，它偏向厚重、質樸、用情過深，因而反撲時帶有甚恐怖的性格；它蘊涵覕腆與憂鬱的後勁，它適合金石結盟、永誓不渝，它全身流滿濃稠且白色的血液 (乳汁)；它過於老成持重，且善於經營滄桑。也不知道何等標準下，有人說：「就美的觀點以論，榕樹實無風緻可言……」(路統信、鄭瓚慶，1983) 榕樹顯然地一點兒也不風騷，它是優良的防風、抗風物種，那天，若有人發起票選「道德樹」，無疑地，榕樹將上榜。

- 文紀鑾、何東輯、彭仁傑、黃士元、曾彥學 (編)，1993，南投一集集植物之旅手冊，台灣省特有生物研究保育中心出版。
- 山田金治 (許君玫譯)，1957，台灣先住民之藥用植物，台灣研究叢刊第 43 種，台灣銀行經濟研究室編印。
- 台灣慣習研究會，1901~1906，台灣慣習記事，台灣省文獻委員會譯編 (1984~1992)，南投市。
- 甘偉航、陳財輝，1988，台灣之防風定砂植物，現代育林 3(2)：58-65。
- 吳功顯，1989，全台灣地區校園環境美化之研究 (二) 東部地區校園環境美化之研究，行政院農委會 77 年生態執行第 21 號。
- 吳功顯，1990，校園常見植物解說手冊，行政院農委會、國立屏東農專編印。
- 林文鎮，1981，台灣環境綠化樹種要覽，農發會林業特刊第 1 號，行政院農委會印行。
- 林文鎮，1983，都市林之樹種，中華林業季刊 16(3)：243-257。
- 林楠顯，1994，台中市珍貴老樹的歷史源流與掌故傳說，行政院農委會、省府農林廳、省文獻委員會、台中市政府編印。
- 林渭訪、薛承健，1950，台灣之木材，台灣特產叢刊第 7 種，台灣銀行金融研究室編印，台北市。
- 邱慶全、吳清吉，1996，主要防風定砂植物開花結實及種子成熟期之初步調查，台灣省林業試驗所訊 226、227：2124-2126。
- 周鍾瑄、陳夢林、李欽文，1717，諸羅縣志，台灣文獻叢刊第 141 種，台灣銀行經濟研究室編印，台北市。
- 洪敏麟，1980，台灣舊地名之沿革 (第一冊)，台灣省文獻委員會編印，台中市。
- 俞作楫，1951，台北市動物園樹木誌，林產月刊 11(5)：15-21。
- 柳榗，1970，台灣植物群落之分類 (III)：台灣闊葉樹木諸群系及熱帶疏林群系之研究，國科會報告第 4 號，1-36 頁。
- 高雄市政府，1985，高雄市之綠化與美化——本市常見花木簡介，高雄市政府印行。

- 許博行，1992，植物抗都會區空氣汙染的機能與選擇——以二氧化硫為例，都市園藝研討會專集，59-63頁，台大園藝學系發行，台北市。
- 許博行、陳清義，1990，二氧化硫對不同綠化樹種葉片擴散阻抗的影響，中華林學季刊 23(1)：51-61。
- 許博行、陳明義，1991，台灣綠化樹種淨化空氣效應之檢討，環境綠化通訊 14：26。
- 許博行、陳清義，1991，台灣中南部植物耐空氣汙染能力之篩選，環境綠化通訊 14：21-23。
- 郭風，1952，台灣之行道樹，台灣林業 1(3)：14-16。
- 陳仁昭，1981，台灣若干木本植物新害蟲調查，中華林學季刊 14(3)：65-75。
- 陳玉峯，1984，鵝鑾鼻公園植物與植被，墾丁國家公園管理處出版，墾丁。
- 陳玉峯，1995，台灣自然史—台灣植被誌（第一卷）：總論及植被帶概論，玉山社出版社，台北市。
- 陳玉峯，1995，台灣自然史—台灣植被誌（第一卷）：總論及植被帶概論，前衛出版社。
- 陳玉峯，1997，台灣自然史—台灣植被誌（第二卷）：高山植被帶及高山植物（上）、（下），晨星出版社，台中市。
- 陳玉峯，2007，台灣自然史—台灣植被誌（第六卷）：闊葉林（二）下冊，前衛出版社。
- 陳玉峯，2010，前進雨林，前衛出版社，台北市。
- 陳玉峯，未出版，台灣自然史—台灣植被誌（第七卷）：海岸植被（上）、（下）。
- 陳明義，1983，都市林之經營與管理，中華林學季刊 16(3)：263-267。
- 陳明義、楊正澤、陳瑩娟，1994，珍貴老樹解說手冊，台灣省府農林廳、中華民國環境綠化協會出版。
- 陳益明，1994，龜山島生物資源與地質調查報告書，台大植物學系印行。
- 黃守先，1974，台灣之沙丘及其植物社會，生物與環境專題研討會講稿集，109-117頁（1974年3月9日生物研究中心舉辦）。
- 楊遠波、呂勝由、施炳霖，1992，澎湖防風定砂植物簡介，台灣省林業試驗所編印。

- 楊勝任、張慶恩、林志忠，1990，蘭嶼地區植物資源特性之調查，屏東農專學報31：143-178。
- 葉慶隆、洪寶林，1993，雙流森林遊樂區常見植物，國立屏東技術學院、林務局屏東林區管理處編印。
- 路統信、鄭瓚慶，1983，都市行道樹，中華林學季刊16(3)：287-302。
- 廖日京，1959，台北樹木生活週期之考察(一)、(二)，台灣森林9：23-24；10：17-31。
- 廖日京，1982，台灣榕樹與女貞之新栽培變種，台大農學院研究報告22(2)：21-24。
- 廖日京、田中進，1998，台灣獼猴之食餌樹木，台大實驗林研究報告2(3)：59-65。
- 廖日京，1974，台灣榕屬植物之訂正，台大農學院實驗林林業叢刊62：73-88。
- 劉棠瑞，1962，台灣木本植物圖誌(上)、(下)，台灣大學農學院叢書第8種、林學叢書第1種，台北市。
- 劉棠瑞、應紹舜，1971，台灣的行道樹木，森林5：1-25。
- 劉業經、呂福原、歐辰雄，1988，台灣樹木誌，國立中興大學農學院叢書第7號，台中市。
- 劉儒淵，1977，植物物候的觀測，森林10：64-80。
- 歐辰雄，1991，台灣常見的綠化植物簡介，環境綠化通訊14：44-48。
- 蔡振聰，1985，澎湖常見植物介紹，台灣博物4(1)：50-53。
- 鄭元春，1991，認識縣市花樹，國立台灣科學教育館出版，台北市。
- 應紹舜，1979，台灣木本植物彩色圖鑑(第壹卷)，作者自行出版，台北市。
- 謝阿才，1963，諸羅縣志錄植物名考(六)，台灣省立博物館科學年刊6：83-108。
- 謝煥儒，1986，台灣木本植物病害調查報告(11)，中華林學季刊19(1)：103-114。
- 薛聰賢，2004(2刷)，台灣花卉實用圖鑑(第14輯)，台灣普綠出版部出版，員林。

- 鍾永立、張乃航，1990，台灣重要林木種子技術要覽，行政院農委會、台灣省林業試驗所印行 (林業叢刊35號)。
- 顏正平，1968，台灣山線鐵路沿岸水土保持植物調查，農林學報 16、17：181-213。
- 蘇鴻傑，1992，台灣之植群：山地植群帶與地理氣候區，中央研究院植物研究所專刊第 11 號，39-53 頁。

----

- 山田金治，1931，恆春半島の海岸林木，台灣山林會報 69：12-20。
- 本多靜六，1899，台灣ノ森林帶こ就テ，植物學雜誌 13(149)：229-237；13(150)：253-259；13(151)：281-290。
- 日比野信一、島田彌市，1937，天然紀念物調查報告第四輯：仙腳石海岸原生林，台灣總督府內務局印行。
- 台北帝國大學理農學部植物分類、生態學教室及び附屬農林專門部植物學教室，1936，台灣竝に南洋群島植物研究資料，台北帝國大學理農學部印行。
- 佐佐木舜一，1928，南湖大山の森林植物帶に就て，台灣山林會報 31：16-24；32：12-33；33：8-34。
- 金平亮三，1936，台灣樹木誌 (增補改版)，台灣總督府中央研究所林業部印行。
- 伊藤武夫，1929，台灣高山植物圖說，台灣植物圖說發行所，台北州。
- 島田彌市，1934，新竹海岸仙腳石原生林の植物 (IV)，台灣博物學會會報 130：58-111。
- 鈴木時夫、福山伯明，1936，アローエ海岸林の研究 (II)，植物及動物 4(5)：19-25。
- 澁谷常紀，1940，台灣纖維植物總覽，熱帶農學會誌 12(4)：297-304。

----

- Li Hui-Lin，1971，Woody Flora of Taiwan，新陸書局出版，台北市。
- Liao Jih-ching，1974，Morphological studies on the family Moraceae in Taiwan (2) Introduced species，Memoirs of the Colledge of Agriculture N. T. U. 15(2)：117-146。

# 三千煩惱絲

## 6

　　菩提達摩從印度東來中國傳法，他有沒有落髮？中國佛教為什麼非得幹掉儒教堅持「身體髮膚受之父母」的頭髮？法與髮有何相干？原本自然髮蛻變為法中的什麼象徵？一部「髮經」太有學問了，我不談，至少佛陀的造像沒落髮。

　　我說貨真價實的頭髮，只限於一個人一小段時間的部分「髮事」，而且只是支離破碎的記錄，但在我來講，可算是刻骨銘心的「帶髮修行」。

　　2007 下半年我開始學做家事。細節不論，反正就是生活起居、一個房舍內外的雜事。必須強調「學習」，因為我用化學實驗室洗試杯的方式洗鍋鏟，不到一年就出問題了。

　　2008 年 7 月 19 日起，左手腕從隱痛轉劇痛，貼什麼沙龍狗皮膏藥當然都無效，拖到 8 月 29 日受不了，找大醫院骨科，醫生一看只說：「哈！媽媽手！」一副嘲笑模

樣，接著針筒就往痛處灌了一劑類固醇，給了我約一周天的無痛期，嗣後疼痛依故。折騰年餘，最後在夜市賣油膏攤販的建議下，去看中醫師，中醫師妙手拉扯我的大拇指一下，果然半個月後痊癒。

　　就在左手大拇指乃至關節劇痛的期間，我修行「髮經」門。

　　S 大約每週洗一次長髮，洗淨烘乾過程的前後梳髮。她將掉落的髮絲，撿拾較長者放在紙袋內，累積經年，數量可觀。S 惜髮如金，而我幫她整理之。

　　面對一袋袋散髮，真不知如何下手。於是，在腦海中操演滿意的一次之後，2008 年 8 月 20 日，我找來一些厚

▲ 煩惱絲有前後之分？(2009.1.30；印尼)

紙版，在紙端剪出幾道切口，俾供釐出的頭髮暫時夾放，另在桌緣依每公分劃出刻度，用來計量每根髮絲長短，依最長、長、中、短4大類匯集。

但是我還是遲遲不敢動手，只面對著一團團捲曲的黑髮發呆。

直到9月8~10日3天動手嘗試，9月24日至10月13日期間，凡夜以繼日全天候挑撿的日子計18天，嗣後，加上10月16~22日7天，完成全數十餘袋長髮的料理，整理出整整齊齊的人髮，或足以編出一頂真人「假髮」，而原本即已老花的視力，也在過程中惡化。

到底我整理出幾萬根煩惱絲已無從計量。當我動手時，我只能從自己訂出的程序啟動。先是，從一大團不亂的亂髮中扯出一小團；從該小團中撿出端頭拉出，一路無阻礙抽出的，就量長短，依類夾在厚紙版的缺口中，缺口中累積稍多髮絲後，即整理成小束，取出置放於平面盒中。

抽絲途中，頻常遇上糾結者，我一抽，小團髮堆就緊縮，此時，手指與探針並用，將小團在糾結處鬆放，從外而內或從內而外，很像猴群相互理毛的過程，或所謂的抽絲剝繭。於是，拉、放、緊、鬆，另取端頭，反覆操演。過程中，可以看見許許多多所謂的結是如何形成的，也考驗著如何解套。處理過許多髮結後，獲知若干原則，甚至也感悟到，所有的結都是後加的，自然界並不打死結？

對結使力後叫死結，結要解，永遠只能採取柔軟與鬆

放。如果使力可以解決的，原先根本沒有結，或只是假結，不幸的是，人們習慣打結，太多的起心動念都在穿針引線，編織麻煩。

　　無論多根或單根頭髮的死結，打開的原則都一樣，我備有實驗室的尖嘴鑷、探針與縫衣針，盡量找出結點的小空隙處插入，再鬆動其周遭。單根頭髮的死結最難纏(怪、怪！明明要解結，為什麼我要使用難纏這字眼？)，因為結點太細小。我用放大鏡檢視，有些死結比針尖還小，我還是在硬紙版上，用最細小的針，逢機下插，偶而還讓我刺穿結心。

　　結心穿刺且固定在紙版之後，再用鑷子朝反向施力寬鬆，如是解結。有時，難免戳斷了髮絲，或功敗垂成。

　　像這樣，一天十幾個小時，我重複著同樣的操作，而它不可能只是一項工作、一個任務，或某種天殺的責任，它只能是一種隱藏的儀式，扮演著某種生命的本質或悲劇的張力。一根根細細長長的烏絲，從天國垂降到地獄，從所有二分意念、意志的極端相互較勁，而那些死結在獰笑，穿戴著各式各樣的面具，也夾雜一生走過的陽光與灰暗，破碎的喜悅與憂傷。

　　紛紛擾擾之中，念念血拼。東方與西方、塵土與出世、上帝與撒旦、慧能祖師的三十六對法，等等，列隊在根根髮絲上混戰。死結之所以難解或無解者謂之我執。在我一生當中，思想、精力、能量或種種條件，常情上皆屬最鼎盛的時期，竟然完全丟下，從頭學習任何常人皆足以勝任的打掃、煮飯、洗碗、清馬桶的工作？

　　就像我每隔一、二天打掃門庭、馬路的落葉，行路人及泊車人丟棄下的尿片、煙蒂、便當盒、黏糊糊的塑膠袋、半杯冷熱飲、半裸上下體圖案的檳榔盒、吸毒者的針筒……，狗遛人的大小便，寒流凍死的鳥屍，等等。我先將人的垃圾挾起，再愉悅地掃著柏油路面上的榕樹、楓香、櫸榆與薜荔的落葉(我堅決反對在泥土地上掃落葉)。

　　我規則地依塊斑面積橫掃，順著風向掃、逆著風勢掃，我掃著一種專注與虔敬。一陣強風席捲後，剛掃淨處又鋪上一層鄰家飄滾過來的落葉，或是我剛集中的堆葉。我不予理會，仍按原步調，持續原作業。我開始計算陣風的頻度與清掃速率，得出每分鐘大枝條擺動 10 次以上的日子，我得放棄清掃；也算出家門口左側那株中喬木的榕樹，在 3 月天尋常無顯著大風的日子，每天掉了約 5 百片葉子，平均每隔 2 分 58 秒落下 1 片。這數據來自每隔一段時間掃集葉片數的抽樣，符合統計學許可的標準偏差。然而，這些數據來自我分心時的慣習。

　　所謂虔敬地掃落葉，指的是一心不亂，手腳動作與呼吸、心跳，形成一種韻律。我掃也不掃，我在禮佛。當我分了心，或雜念逸出，我就掃出偽科學或假科學的一堆數據。

　　科學不僅是一種特定時代的社會典範或價值標準，也是試圖找尋秩序的背後或原理，更要洞燭失序的秩序與秩序的失序之間的統一原理。科學不僅是生命的某類態度，也得領悟秩序的根源是心跳。

　　我的髮結與解結，能說的，殆即分心時刻，慣習的觀察與數據、敘述的鋪陳，是指月之指，非月、非非月。人類的語言到得了的地方，通常只在大氣層之內。

　　於是，在我凝視、漫看、悲「觀」、喜「見」，或純粹地觀察這些髮絲，我看見毛囊在生產髮毛的過程，它夜以繼日地製造蛋白質分子鏈，而幾乎可以確定全球沒有一個人的頭髮切面是完全的圓形。如果各股分子鏈及其分泌填充物的產生是大致均勻的，則各股分子鏈螺旋增長的速率幾乎是均等的，則長出的頭髮是直線的；如果任何幾股分子鏈穩定增長的速率較快或慢於其他各股，則髮絲是波浪捲曲的；如果更多股是快速或遲緩的，最大是一半數量時，則形成如非洲黑人的典型圓捲髮。

　　頭皮皮下毛囊生長各股分子鏈的速率歧異，提供人類在全球不同緯度、不同陽光或輻射強弱下，經年累世的調整、適應與演化。

　　於是，由外觀的檢視，我不相信存有可以「修補」既成頭髮的「修髮劑」之類的東西，那些外在物質的功能言過其實。毛髮一旦風化，憑藉市售的產品不可能復原。

　　於是，我又犯下調查習性的過失，計量頭髮的點滴。

　　先是，2008 年 8 月 25 日，S 洗髮後，撿起的頭髮數量，長 16、中 47、短 63，以及丟失者估計大於 30 根，合計這次洗髮掉了約 156 根，比例約 1：3：4：2。

　　2008 年 10 月 5 日一次洗髮撿起的掉髮量，5 公分以下者不計，依 1 公分為刻度，6 公分者 3 根、7 公分 2 根、

8 公分 2 根、9 公分 4 根……，101 公分 1 根，合計 157 根。

10 月 25 日洗髮後，再梳頭所掉落者，包括 1 公分以內全數收集，合計 245 根，如下表：

| 長度 | 1 | 2 | 3 | 4 | 5 | 6 | 7 | 8 | 9 | 10 | 11 | 12 | 13 | 14 | 15 | 16 |
|---|---|---|---|---|---|---|---|---|---|---|---|---|---|---|---|---|
| 根數 | 20 | 13 | 17 | 10 | 9 | 8 | 9 | 3 | 3 | 4 | 6 | 5 | 4 | 5 | 3 | 0 |
| | 17 | 18 | 19 | 20 | 21 | 22 | 23 | 24 | 25 | 26 | 27 | 28 | 29 | 30 | 31 | 32 |
| | 3 | 6 | 2 | 1 | 2 | 5 | 2 | 3 | 4 | 1 | 4 | 0 | 2 | 2 | 3 | 3 |
| | 33 | 34 | 35 | 36 | 37 | 38 | 39 | 40 | 41 | 42 | 43 | 44 | 45 | 46 | 47 | 48 |
| | 2 | 1 | 1 | 3 | 2 | 5 | 2 | 2 | 3 | 5 | 2 | 3 | 4 | 1 | 0 | 2 |
| | 49 | 50 | 51 | 52 | 53 | 54 | 55 | 56 | 57 | 58 | 59 | 60 | 61 | 62 | 63 | 64 |
| | 1 | 0 | 4 | 2 | 2 | 3 | 4 | 1 | 2 | 1 | 1 | 2 | 0 | 0 | 0 | 3 |
| | 65 | 66 | 67 | 68 | 69 | 70 | 71 | 72 | 73 | 74 | 75 | 76 | 77 | 78 | 79 | 80 |
| | 1 | 0 | 1 | 1 | 1 | 2 | 0 | 1 | 0 | 1 | 1 | 1 | 0 | 0 | 2 | 0 |
| | 81 | 82 | 83 | 84 | 85 | 86 | 87 | 88 | 89 | 90 | 91 | 92 | 93 | 94 | 95 | 96 |
| | 2 | 0 | 0 | 1 | 0 | 0 | 0 | 1 | 0 | 1 | 0 | 1 | 0 | 1 | 0 | 0 |
| | 97 | 98 | 99 | 100 | 101 | 102 | 103 | 104 | 105 | 合計 | | | | | | |
| | 1 | - | - | - | - | - | - | - | - | 245 | | | | | | |

所有量測的髮組次，都是依此類表格一根根頭髮量計後登錄，而且絕大多數的落髮都是具有髮根（略膨大的端點），而非斷髮。也就是說，一般梳落的頭髮，皆由毛囊生長點處脫落的。

準上表可知，梳髮時掉落的，愈短的掉愈多，但非正比關係，且依每公分遞增而呈多、少、多、少或少、多、少、多的上下起伏現象。如果一個人的頭髮的生長與掉落呈現平衡的數量，則前述多、少或少、多的現象暗示每隔一段特定時間，頭髮的生長與掉落必有月份或特定時段的

數量差異，也就是說，如同植物的生長，呈現季節差異等。關鍵點在於頭髮的生長速率必須得知。

後來 (2011年) 我量知 S 的頭髮生長速率，平均每個月長出約 2 公分，則我將左表的刻度調整為 2 公分，那麼從 2、4、6……到 98 公分之每刻度代表每個月，則其落髮的根數分別為：33(1公分者20根加2公分者13根，往下類推)、27、17、12、7、11、9、3、9、3、7、5、5、4、4、6、3、4、7、4、8、5、5、2、1、6、5、5、3、3、0、3、1、2、3、1、1、2、0、2、2、1、0、1、1、0、1、0、1。

依據一般生物生長現象，較短的 (年輕) 數量通常愈多，理想化的曲線是反 J 字型的圖形，則上述數據並不符合反 J 型，顯然的，S 頭髮的生長及掉落，必有季節或月份變化。

要找出符合反 J 型圖的模式，我得再依每 2 個月、每 3 個月、每 4 個月等為刻度，檢視之。

每 2 個月為刻度的數據 (根數) 依序為：60、29、18、12、12、12、9、10、7、11、13、7、7、10、6、3、3、4、3、2、3、1、1、1、1。顯然不符。

每 3 個月為刻度的數據依序為：77、30、21、15、13、13、19、12、12、11、4、6、3、5、2、1、1。也不符合。

每 4 個月為刻度者：89、30、24、19、18、20、17、9、7、5、4、2、1。有點符合，但中間有個數字反常，或許可以推測 S 頭髮的生長與掉落，可能與每隔 4 個月為一

生長季者相關，或說，台灣人 (如S) 的頭髮生長或掉落，可能可分 3 季而非 4 季。

若以每年為刻度，則數據為：143、52、33、11、1。符合。也就是說，S 的頭髮最長為 100 公分左右，她的任何一根頭髮最久可存在 5 年。或再推論，任何人放任頭髮一直生長，由其終極的長度即可算出他的毛囊壽命；隨意推演，人類頭髮毛囊的壽命約自數個月至 8 年 (以最長頭髮在 2公尺以內)。

我當然不能只憑一次梳掉的頭髮，遽下這些過度推論，何況梳髮習慣、年齡、性別、不同族群、營養狀況、環境條件、個體遺傳差異……，林林總總的變數都尚未討論與校訂，然而，我還可以繼續推演種種發揮。只是好玩。或許一般人認為無聊，但我打賭，愈是常見或習以為常的事物，通常我們愈是無知。

我們的頭髮一直在更新。S 的頭髮在 2008 年 11 月 2 日洗頭之前梳髮，掉落下 73 根，長度從 1 公分到 79 公分。接著洗頭後加上梳髮，掉了 236 根，長度由 1 公分到 100 公分。洗頭前後，她合計掉了 309 根 (表格及數據不再列出)。

2008 年 11 月 9 日，洗頭及梳髮合計掉了 289 根。

11 月 14 日及 11 月 22 日，2 次洗頭及梳髮各自掉了 260 根及 260 根 (恰好完全一樣數字)。

據此，S 洗一次頭及梳髮，掉落的頭髮數當在約 250~310 根之間。

　　此外，未洗頭的平常日，S 在 2008 年 10 月 9 日一次梳髮掉了 68 根；10 月 10 日的一次梳髮掉下 32 根；10 月 11 日的一次掉了 102 根；10 月 13 日的一次掉 197 根；10 月 17 日的一次，掉下 90 根。

　　而 10 月 12 日，S 在早上梳一次髮掉 29 根、中午及晚上各梳一次，該日梳髮 3 次，合計掉了 72 根。

　　據上，S 每天 (非洗頭日) 一次或多次梳髮掉落者，分別為 32、68、72、90、102、197 根，這些數據無法下達精確的結論，但我估計，S 平常日每天掉髮量約在 100~200 根之間；總估計，S 每天平均掉髮 170 根 (粗估)。

　　還有其他若干數據，因我並非真的要探討，故而無法給出有意義的結論。於是，我必須設計調查的方法與步驟。我剪出幾個紙版上 1×1 公分的洞，我想量算 S 頭皮上每平方公分有幾根頭髮，至少在各部位取樣 10 處，然後量算球面 (頭) 面積、頭髮披覆面積，算出 S 約有幾根頭髮，從而推算更新率等等。

　　然而，在生人頭皮上計算很困難，又不能取樣剪下來。折騰幾次後我放棄。至此，我確定髮事是有些麻煩，更不必說是「結髮」事！我只能告訴你，要結髮，總得付出大代價。

　　反正，我在 2008 年秋，修習了大約 1 個月的「髮經」，一根根整理了好幾萬的長髮，分別裝盒呈交給 S，好讓她珍惜地保存，也意外地得知人髮的些微資訊，差不多可以正式進行頭髮的研究了。

　　活著免不了有戲劇性的進展。

　　2009 年 1~2 月間，S 與我前往印尼勘調蘇門答臘的熱帶雨林。2 月 10 日我們前往棉蘭市 (Medan) 北方的巴拉灣 (Belawan)，搭乘狹小的木板船，長約 4 公尺，寬僅 1 公尺，簡直就是獨木舟，我們要調查紅樹林。

　　狹窄的船身擠上連船東共 5 人。下水後，S 坐在大家公認的最佳位置，也就是小船中段的木板上，乘客沒人知道下方就是馬達傳動軸之所在。船東拉動馬達後，突然 S 發出一陣哀號，所有人都不明就裡之際，S 的長髮從木板空隙，被整股絞捲入傳動軸，她的上半身早已平貼船板，頭部扭曲而頭皮正要被扯離之際，船東跳下水關了馬達。

▲ 斷髮之河 (2009.2.10；印尼)

　那場景很嚇人。岸上圍觀的人送來一把剪刀。痛楚中只能剪斷，我勉強轉動了幾圈生鏽的鐵軸，救回數公分長度，然後狠狠地剪下，但 S 受傷的部位不只是頭皮，包括頸肌延展至雙腿，凡被劇烈拉扯的肌腱，當下盡已麻痺。

　驚魂未定中，船東開始整理傳動軸上的亂髮，一團團扯出，拋棄在水中。我看著水面上飄浮的亂髮團，腦海空白。

　S 面無表情，只說繼續前進。馬達重新啟動，飛速穿梭於紅樹林間，數公里後，我下達回航，緊急通知棉蘭的友人。飛車返回中，先在小賣店要了冰塊冰敷 S 的頸部，轉往醫院。

　S 是乘坐輪椅上下飛機回台灣的。回台後就醫，前後年餘始痊癒。

　2011 年 3 月 9 日，距離出事日，差 1 天滿 2 年 1 個月，我量度斷髮處的再生長，長度約 48 公分，平均每個月長出約 2 公分。只要頭皮、毛囊活著，它們就繼續生產髮絲，非關無明與有明，它們是終極實相之一，不是煩惱。

# 末日建言

**7**

～一個桶子之所以叫做水桶或尿桶，是在使用過後才知道(也得看看使用人狀況、境遇及逢機的總和，有時是莫名其妙而決定)；達爾文的演化論一個半世紀以來之所以惹人厭、被詬病，並不是因為它的錯誤，而是因為它不是狹義的科學(航髒的科學、不三不四的科學)、不能預測(天文學家能夠告訴我們幾萬年後的日食，準確到分秒幾乎不差，卻沒有任何生物學家可以確定象鼻在3千年後的命運!)、無法重複作測試、推翻上帝、迫害道德(信仰、情感、慣習)等等。生命沒有定律(laws)、不可逆……，我們不是我們的經驗、智慧之所生；從歷史災難中，我們從來沒有得(學)到完美的教訓，通常只有幸運的人(生存者)美美的相互鼓勵與溫情。

「死了數十萬人叫做統計數字；死了一、二個人才謂之悲劇。」這是人類重大的弔詭之一。

洶湧海水摧枯拉朽般上撲，汽車像寶麗龍游走，長在地上的房子有如稻穗被收割。駭人的畫面上傳來小男孩平靜的聲音，問父親：「我們能做什麼？」父親回答：「我們不能做什

麼。」……2011年3月11日海嘯襲擊日本。

天然災害只是自然現象，從人本觀點才叫災難，沒有什麼啟示，只是災難。數學概率上不等於0的，在現實世界代表的意義，就是隨時隨地都有可能發生；全球各地的末日預言、台灣「王老師」的5月21日「大預測」，跟你看這段文字之際，發生浩劫的機率沒有不同。

1999年9月21日台灣大地震之後，在災區做調查。我整體的感受之一：只要台灣人將地震、颱風等自然劇變當成災難的一天，台灣就沒有真正的本土文化。

道德的精義之一，在於不會將自己的苦痛、失望、失敗、痛恨、詛咒，包裝成為集體的不幸。任何人在遭逢一切的挫折、困頓與悲慘之際，只要還不會怨天尤人，就不算失敗，也還擁有高尚的美德與修為。

當數理、科學、常識上是顯著正確的，現實上公權單位或決策者該做、能做而不做的，叫做災難。國家的災難是社會結構、特定歷史背景、文化習氣等等，隨著一代代決策者徇私的程度、貪婪的比例、智慧遠見的高下、良知道德的水準，以及不可逆的逢機，累積加成而埋鑄下來的，凡此權勢者的執私、放縱或愚蠢，往往才是災難的原因。

菩薩畏因、眾生畏果；環保要在因地做，而不是在果地亡羊補牢。但如今，因地、果地皆得拚命地做。要不要核電、石化、面板……，通常不是技術或存活的問題，而是價值的抉擇～

▲ 小塔山夕照

　　在美友人簡淑津女士傳來赴美首場演講的題目：「從日本地震、海嘯角度環顧環保諸議題」，我想我能講、該講的科技或 know how 的東西不多，毋寧在 know why 或文化的層面著墨，於是，零散的念頭紛沓雜來。

　　事實上人類的存在是數十百萬年來，無數次超級天災、地變淘汰過後，天演而出的，我們的基因黑盒子當中，甚至儲備了數十億年對生命的浩劫洗禮過後的，最深沉的記憶或經驗。日本這次 311 不算什麼，台灣的 921 更微不足道。問題出在，現代工技文明設計出來的都會空間結構、人口分佈、特定利益下的恐怖災難源 (例如核電廠、飛

▲ 斜方複葉耳蕨

彈等等)……，人類往往是自己麻煩的製造者，即令解決問題的能力也是可圈可點。

然而，發展成為現今科技文明、工技理性、資本主義、民主制度、功利思想等等西方優勢，是晚近 2 千多年來的偶然 (不管上帝是否帶有特定意義或目的)，更且，是奠基在數千 (一說8千) 年來，地球空前穩定的氣候及地體，乃至外太空來的干擾很可能最低的時期之上，以致於現今文明可由農業、游牧及商業文化中發展而出。

也就是說，稍把時空的尺度放大，現今文明是在地球生界發展史上，晚近 8 千年地球「最不正常、最穩定時期」的成果，地球有可能正要回復正常的不穩定的「常態」，而且，終結掉不正常的穩定期的因素，很大的部分或比例，正是人類現今文明所締造。我所知道的地球生界的「失序」，殆以 1990 年或前後為分水嶺。1990 年以降，台灣從高山以迄海邊的自然生態系，開始出現不明原因的大量死亡事件，例如檜木、鐵杉、玉山箭竹、馬尾松、杉木……，儘管有些事件所謂專業可判斷出自何種病蟲害，但其背後存有更關鍵、更巨大的氣候或環境的大變遷之成因；30 年來，台灣的海邊植物向北遷移了 30~80

公里。而對照全球各地的研究報告，台灣與世界同步，但台灣的「災難」通常是或將是世界平均值的2倍左右。

　　並非危言聳聽，21世紀地球的環境因子的極端現象，有可能是20世紀的10~60餘倍，過往歸納科學數據所建立的預測模式，很可能都無用武之地。

　　以我過去的「本行」術語來說，地球生界今後類似正處於「平衡中斷理論」(Punctuated Equilibrium)的節骨眼，也就是將傳統達爾文演化的漸進論 (gradualism)，加上地球內外災難說 (catastrophism) 的合成，以致於科、屬、種的出現，彷彿都是跳躍式地「猛然出現」。如果21世紀人類沒有滅絕，有可

▲ 稀子蕨

能我們已經發展出從來不曾出現在歷史上的新道德、新價
值觀，我們已經開創了現今人類不曾存在過的善。

　　依我 30 多年來台灣的研究調查經驗，以及對世界各
地的有限理解與體會，日本人對天災的防備、救難、善後
與復建，堪稱全球或人類史上第一。從地震第一時間內飛
上天掌握資訊的自衛隊直昇機，中央政府立即啟動救災應
變，事權統一而指揮一條鞭且純熟穩重；4 分之 3 的地面
部隊立即就位趕赴各災區。幾個小時後，政府宣布，災民
到商店購物只消簽名，費用全由政府買單；受傷者可以立
刻就醫，完全不需證件、金錢，安定生民的任何措施無可
挑剔。

　　最最令人動容的，災民的言行舉止，流露出直似哲學
家、思想家、文學家、藝術家的氣質，他們的災難早已內
化成為文化的一部分或文化本身，講句刻薄話，日本文化
簡直就是在為亡國滅種做準備或量身訂做。面對 311 時，
唯一的敗筆是政府沒能掌控的核電廠。**核電廠本身生產最
強大的電力，却毀在因停電不能自救，這就是最大反諷。**

　　日本人最大的錯誤，在於明治維新以來的國家總目
標，在於西化、科技化融入了霸權的價值觀，在於樣樣爭
第一的經濟帝國主義，百年來，日本政策將自己打造成為
一座座核電廠。日本人足以以日本人、日本文化為榮，但
忘了應以自己的政府為恥！日本擁有種種傲世的成就，但
人民的幸福指數不成比例；日本的 A 片如入化境，但日
本人的「性」福分數位居末段班。

　　若以上述的標準看台灣，我早該無地自容或立即自殺，試想台灣是什麼樣的政府？美國呢？遑論中國！因此，我不能往生界歷史或時空角度再談下去，我得回到主辦單位給我的考題，從日本 311 的觀點談環境保護的種種議題。我相信出題的人具有大慈悲、大智慧，不只是想在任何技術面、檢討面跟我討論，也丟給我在人類價值終極處，或屬靈的部分讓我發揮。

　　因此，在現實或唯物科學面，如果是我，現在最想做的是，收集日本這一次海嘯過程中，歷史上拍下最龐多的紀錄片，至少 1 千片以上，分析、歸納、找出可以做為研究、規劃、反思的繁多問題或議題，做為世界各國參考、援用的材料，就像我在 9.21 大地震之後所做，最平常、基層的調查與認知(請參考陳玉峯，2000，《土地倫理與921大震》)，乃至系列國家終極定位或宇宙觀的層層思惟。同理，光從系列影帶，足以帶出環境保護的種種省思，或層層階級的建構 (hierarchy)。至於台灣，來自海的威脅，遠比來自山上水庫潰決的危機低太多。

　　何謂環保 (包括自然生態保育)？從特定角度、層級檢視，**環保乃每代人面對世代資源與權力的分配問題，當然是全球政治的問題，是人生態度及終極價值觀的議題，是整個生界公義的議題**，例如 1998~2000 年台灣搶救棲蘭檜木林之際，我特別強調我們不只在搶救任何天然林的天賦樹權、自然平權 (依循自然律演化的平等權，即令生界本身沒有人類所謂的平權)，我們其實也在搶救我們文化的根系、活水源頭。

這系列、層級的議題包括：任何當代人得享有免於被汙染，或理應擁有健康生存的環境權，合理開發三要件（符合國家或社會整體經濟利益或成本的開發、不能少數人受益多數人受害，以及不能這代人受益但後代人受害），國土保安系列問題，自然生態保育諸多議題，世代資源銀行或下代決定權議題，地景觀光或景觀議題，人地情感、土地倫理、認同暨終極歸依（聖山）等信仰或屬靈議題，科學研究暨科哲等系列議題……；運動同時，我亦探討自然或天然森林的 8 大價值議題等等（略）。

　　只就現實、簡要來說，半個世紀以來，環保議題是全球公認講述最頻繁的議題之一，但實質改善或問題本質改變的程度却乏善可陳，而且，就投資利益比而言，堪稱最不敷成本者；就全球人類共同命運、共同危機及最大公義而論，更是數一數二的困境，但迄今為止，欠缺有效規範及制裁的力量出現（請參考「側談人間佛教與生態倫理」拙文）。這是很殘酷的人性與國際關係、制度、法規等等大難題。因為富人、強國總是有辦法利用人性弱點，拋棄垃圾及毒物到窮人、弱國的家園；1970~1980 年代，台灣撿拾第一世界的資源垃圾，造就戴奧辛、綠牡蠣、遍地毒汙之際，當時，台灣社會的道德水準很可能比現在高出甚多！

　　過往 30 多年，除了針對環保議題型的運動投入、各種弱勢及政治運動的關懷之外，我花了最大的心力及時間在人才的培育，包括體制內傾家蕩產賣屋及募款 3 千萬元，在大學設置生態研究所、生態學系；在體制外舉辦了

7 個梯次的「環境佈道師」培育營隊，但值得安慰的是，許多現今台灣第三代的環保健將，乃至於一些默默在各地進行草根教化者，他 (她) 們的深根、發芽、茁壯，或都與之相關。

2007 年我辭職離群，自我再教育與沉澱，投入台灣宗教、台灣人精神、信仰、價值的認知與再學習。新近幾個月，大致理解台灣普羅基層或人民的特徵。估計大約半數或以上的台灣人，在價值底層或信仰上，仍然根植於大中華的皇權帝制思想體系，這也是為何 4 百年來，從無意識的無政府主義，歷經 5~6 個 (外來) 政權統治，始終無法建立主體性，或在屬靈層次上，從來與台灣土地生界未曾連結的根本原因 (請參考「報馬仔——談台灣的隱性文化」、「台灣人的宗教觀——斷章取義引介李岳勳先生的《禪在台灣》」、「《整頓世局》？——如果濟公、天公、媽祖眾神佛也反核、做環保」、「自然與宗教簡介」，等等)，而我正努力的方向，少了些批判，多了在傳統正面的深掘與鼓舞 (例如拙文「神主牌——台灣人與靈界的橋樑」、「禪除所宗——台灣精神與人格」、「報馬仔或抱馬仔？」、「笨港報馬仔——文化的演化」等等)，畢竟，全台灣的寺、廟、宮、壇、祠、堂等等宗教、信仰場域，全國總數量遠比所有各級學校的總和多甚多，我相信，諸神、佛、仙、濟公、扶鸞、牽魂都談保育、環保之際，台灣可以貢獻給人類的力量將大大提升。

現在，我正要開創一座民間學院或書院 (略)。

環境保護不只是以科技解決科技所帶來的問題，更

根本的，是人類文明歷史及文化的體質的大改變議題。現代文明只是剛剛要嘗試學習與大自然的巨變和平共處，但人類對環境劇變或危機的集體夢魘與恐懼則與日俱增，原始的「末日預言」更是蜂湧而出。

▲ 月桃

　　幾乎全球所有人種都有大自然反撲、末日預言的現象，從原始人到今人，這些天譴之說都具有共同的目的：懲罰罪惡、剷除壞人。近年來沸沸揚揚的馬雅末日說，今年 5 月 21 日台灣島要斷成南北兩截，等等，罄竹難書。創造生物學名二名法的植物學家林奈 (Linnaeus, 1707-1778)，也曾收集數十篇這類故事，寫在給兒子的筆記中，直到二次大戰之後才出版，書名《天譴 (*Nemesis Divina*)》。在大師林奈心目中，大自然會履行天意、神意，任何人做壞事，騙得了人騙不了天，如同台灣人所謂的「三尸神」針孔攝影機，無時不刻「全都錄」，

而且一定會報應。所有大自然的災難都是為了報復不道德的行為；現代學者、評論家却譴責末日說具有「將詛咒包裝成預言的特質」。

我分析 2009 年 88 災變之後，高雄仁武鄉「西慈宮」的一本「善書」《整頓世局》，它以扶鸞著書，反覆「期待」超級大地震發生，殺掉壞人，還給好人可以生存的一片天地為目的。其實，1980~2000 年間，台灣的電線桿上到處張貼了「天國近了」，現今還在宣說(重疊或之前，最多的標語是反共，包括「匪諜無孔不入」等等)。凡此，基本上與原始人的宗教情懷如出一轍，它的緣起，乃有生就有死，有「正常」就有「意外」，有白天就有黑夜，年週期、季節週期、日週期，都永遠彰顯著生死、毀滅與新生，於是，在無奈、恐懼、絕望之下，反覆流傳這等無聲或有聲的嘶吼。即令如日本，東京都知事石原慎太郎一樣在 311 之後爆出「天譴說」。

我的重點在於，天譴也好、末日也罷，這股永世的力量，可以賦予環保巨大的助力；**末日不是恐慌，而是對人類希望的永恆性建言。**

演講不是撰文、著書，而是人與人面對面的溝通，演講人要講也要演，而真正的演，是為當場即興的創作，開創講者本身從未存在過的新智慧。我期待火花，這場演講的主要內容，將隨現地氛圍作調整與變化。

# 「山林書院」第一梯次高雄營隊招生

本營隊提供台灣山林、土地、生態、環境、人文、宗教的全方位傳承
找回台灣主體、靈魂，培育泱泱格局的台灣地球公民！
提供學員超過 2,400 張授課、演講、解說等
公益教育珍貴圖片資料，另有多冊贈書

　　陳玉峯教授自 2007 年 7 月辭去靜宜大學教職後，勘旅印度、搶救印尼雨林、觀察歐美日等，並專心學習佛法，探索台灣宗教信仰的源流，貫串從自然、土地到人文、宗教的根源，洞燭由生界到文化如何傳承與創建。

　　2012 年始，陳教授開始致力於籌辦民間「山林書院」。正逐步整理一生調查研究、整體探索的資料、影像或成果，製作生態、環教、宗教、文化等等解說專輯或教材，並準備分階段開設各種研習營隊，轉移知識、智識、台灣精神與人格等，以培育新世代智能、社會人格，找回台灣主體、靈魂，培育泱泱格局的台灣地球公民！中、長期目標為建立永久基地，進行台灣山林、土地、人文、宗教的全方位傳承。

　　本營隊為「山林書院」第一梯次之密集營隊，亦為「山林書院」之基本課程，分為 5 天、8 天課程二種，提供學員選擇。「山林書院」第一梯次營隊後將持續舉辦進階營隊，於週六、日擇期分科辦理。

　　歡迎渴欲深度瞭解台灣自然、土地到人文、宗教之人士報名參加。我們將「審慎挑選學員」，更期待有識、有心人士或單位贊助本營隊及「山林書院」創建及營運經費！

**營隊主旨：**
1. 提升自然情操、生態知識或本土認知。
2. 以最短時程，讓學員習得第一手台灣山林生態資訊，擁有立即可以解
　 說、上課、講演的教材或能力。(提供課程中所有數位圖檔、深度解說)

3. 接軌土地、自然、宗教、科學或全方位文化現象，洞燭台灣政、教底蘊，倡導全境生態學。
4. 恢復、振興台灣精神與人格，找回台灣主體與尊嚴，並傳承、創發台灣學。
5. 全面關懷、實踐全球環境運動、弱勢運動。
6. 培育泱泱格局的台灣地球公民，養成身、心、靈健全的世界人。
7. 隨緣渡化生命困境；莊嚴國土，成熟眾生。

**提供學員自行授課、演講、解說等非營利的公益教化材料**（第一梯次）：

1. 「田野及社會現象調查」約有 406 張解說圖檔，包括自然精美景觀及生態照片，乃陳教授一生研究調查的方法論簡介。
2. 「台灣山林（災變）與生態保育」約有 288 張圖片解說檔，主述土石流成因、機制及森林的相關，且論述生態綠化原理。
3. 「自然影像」講授生態攝影小技巧，提供精美照片範例約 240 張。
4. 「文化或宗教」提供數十張照片解說。
5. 「阿里山專業解說輯」系列：

　　〔阿里山專業解說〕百餘年開拓史總釋出系列：陳玉峯教授將他研究阿里山 31 年的經驗、學術理論及珍貴圖像記錄，首度公開傳承予有緣、有心、有識人士。本梯次傳予菁華系列包括：

• 阿里山森林遊樂區深度旅遊、生態解說輯：提供全套阿里山生態、人文深度解說圖片及說明，讓您具備超越現今阿里山解說的水準與內涵，擁有這套解說輯，您可以成為最具深度的導覽者。
• 阿里山公路興亡史：本梯次給予歷史發展與現況概說輯。
• 阿里山林內線鐵路及其上下生態系解說輯(一)：眠月線滄桑。

本輯提供 2009 年 88 災變前後，眠月線珍異的歷史記錄，特別適合進階層次生態解說，以及環境或生態保育運動人士研究、進修、應用的素材。

**2009 年中，陳教授感應到大塔山腰眠月線即將再度崩解，特於 2009 年 5 月 11 日及 16 日，兩度沿眠月線鐵路拍下歷史照片輯。該年 88 災變果然重創眠月線，耗資 1 億 2 千餘萬元的 9.21 復建工程明隧道，不幸在 10 年未曾使用的狀況下，再度崩落。為此，向監察院檢舉、告發⋯**

2009 年 10 月 10 日帶公共電視前往明隧道崩落處解說。

- 阿里山、自忠、新高口、塔塔加鞍部長期變遷輯 (一)：本梯次集中於玉山國家公園塔塔加遊憩區，自 1981 年至 2012 年的調查摘要，乃至玉山前峯、大竹山的生態解說 (引用資料：《台灣植被誌第五卷：台灣鐵杉林帶(上)》p.370-452)。附帶解說新中橫自阿里山至夫妻樹之間的定點歷史變遷，例如萬歲山下、自忠 (兒玉)、特富野步道、新高山、鹿林神木、塔塔加遊樂區、塔塔加鞍部…

- 阿里山區遊樂區邊緣景點及步道解說輯：本梯次僅摘要附屬於 1. 項解說輯之內，地點或路線如大塔山步道與大塔山頂、對高岳步道及山頂、祝山、萬歲山、小笠原山等。

　　本梯次學員結業之後，凡有心投入阿里山區研究、解說、進一步瞭解等，將再度定期或不定期提供後續的進階、補充課程，此乃因陳教授 30 多年的資料甚多，俟其陸續整理出的資料，提供給學員。

　　五大類合計約提供珍貴歷史、景觀、紀錄等等圖片 1 千張。

6. 附贈先前環境佈道師提供的「台灣自然史、自然資源開拓史、保育運動、環境運動或相關系列」圖片約 490 張。總計 (包括重複使用圖片) 約超過 2,450 張，殆為史無前例的傾囊相送。

**主辦**：地球公民基金會、台灣生態研究中心
**協辦**：高雄市龍華國小、高雄市教師會、台灣生態學會
**時間**：A. 室內課：2012 年 7 月 25(三)~29 日(日)
　　　　B. 野外實習：2012 年 7 月 30(一)~8 月 1 日(三)
**地點**：室內課／高雄市龍華國小 (高雄市鼓山區大順一路858號，捷運1號出口步行約10分鐘)
　　　　野外實習／阿里山區、新中橫、玉山山塊，夜宿阿里山
**對象**：▶各級學校教職員
　　　　▶有志於生態暨環境教育專業解說者
　　　　▶有心弘揚台灣文化，具備熱誠奉獻情操者
　　　　▶其他特殊志趣，或有心瞭解台灣宗教文化者
**方案**：▶A 方案：5 天課程／2012 年 7 月 25(三)~29 日(日)。

▶B方案：8天課程／2012年7月25(三)~8月1日(三)。

▶阿里山野外實習課程不提供單獨選修，僅接受全程參與學員。

(註：阿里山區珍貴史料史無前例傾囊相授，不參與絕對可惜！)

**提供資料：** 營隊手冊(講義)、光碟(本課程所有圖檔及專業解說)、贈書等。

**報名方式：** 名額約200位，由地球公民基金會暨陳玉峯教授甄選。

**報名甄選：** 2012年4月10日~5月30日報名；6月1~6日甄選；6月16~30日候補遞補作業。(8天全程參與者優先錄取)

**師資簡介：**

### 陳玉峯 yfchen.prof@gmail.com

台灣生態學者；民間自然保育、文化改造的代表性人物之一。專業研究台灣山林植物生態與分類，積三十餘年山林調查經驗，從事生態保育運動與教育、社運、文化暨政治運動、自然寫作、生態攝影、社教演講等。2003年榮獲第二屆總統文化獎－鳳蝶獎，近年來鑽研台灣宗教哲學。現職玄奘大學宗教系客座教授；台灣生態研究中心負責人。

### 陳月霞

出生於阿里山，曾任阿里山高峯山莊莊主、台中市社區婦女成長協會理事長、勵馨基金會台中站顧問、台灣婦女團體全國聯合會理事、行政院新聞局中小學優良課外讀物評審委員。長年從事攝影、寫作及兩性、親子、社區、環保、自然教育等工作，有極為豐富的各系列演講經驗。現為台灣生態研究中心負責人、台灣生態學會常務理事、台灣民族誌影像學會理事、台中市社區婦女成長協會常務理事。

### 蘇振輝

地球公民基金會董事、楠弘貿易公司董事長、台灣獨奏家室內樂團團長。長期關心台灣生態環境問題，尤其重視山林保育的課題，亦贊助音樂與藝文活動，對於提升台灣的人文素養亦不遺餘力。2007年與志同道合的朋友共同創辦了地球公民協會，擔任理事長，並促進2010年地球公民轉型為基金會。

## 楊博名

地球公民基金會董事、愛智圖書公司總經理。長期投入優質兒童讀物的出版工作，關懷弱勢者；熱心襄贊環保、藝文、動保運動之發展。2007 年共同參與了地球公民協會的創辦，擔任副理事長，2010 年促進地球公民轉型為基金會。

## 李根政

現任地球公民基金會執行長，1988 年於高雄市教師會創立生態教育中心，2003 年籌設台灣生態學會，擔任首任祕書長；2004 年，天下雜誌列為陽光世代之「共生世界守護者」代表人物之一；2005~2007 年擔任環保署第六屆環境影響評估委員；2007 年辭去教職，創辦「地球公民協會」，擔任執行長；2008 年，獲中央通訊社 2008 年十大潛力人物獎；公共電視台「有話好說・南部開講」節目主持人；2011 年地球公民協會轉型基金會，續擔任執行長。

## 蔡智豪

環境運動工作者、環境佈道師，長期投入台灣環境政策監督、台中大肚山森林生態保育、生態志工培訓、環境意識教育…等；學經歷：靜宜大學生態學系碩士、生態學家陳玉峯教授研究助理、靜宜大學生態學系助教、第 8 屆立委選舉台中選區候選人；現任：台灣生態學會祕書長、靜宜大學啄木鳥環境工作隊指導老師、海星少年關懷協會理事。

課程表：

| 日期／時間 | 課程 | 講師 |
|---|---|---|
| **7/25**(三) | | |
| 8:30~9:00 | 始業式 | 地球公民基金會<br>蘇振輝董事、<br>楊博名董事 |
| 9:00~12:00 | 自然生態暨社會現象調查 | 陳玉峯 |
| 13:30~17:30 | 全球暨台灣災變與前瞻 | 陳玉峯 |
| **7/26**(四) | | |
| 8:30~12:00 | 台灣山林(災變)與生態保育(I) | 陳玉峯 |
| 13:30~17:30 | 台灣山林(災變)與生態保育(II) | 陳玉峯、李根政 |
| 19:00~21:00 | 問答、交流 | 陳玉峯、李根政 |
| **7/27**(五) | | |
| 8:30~12:00 | 自然情操與教育 | 陳玉峯、陳月霞 |
| 13:30~17:30 | 土地倫理 | 陳玉峯 |
| 19:00~21:00 | 問答、交流 | 陳玉峯 |
| **7/28**(六) | | |
| 8:30~12:00 | 台灣的隱性文化 | 陳玉峯 |
| 13:30~17:30 | 台灣宗教、台灣精神與文化底蘊 | 陳玉峯 |
| **7/29**(日) | | |
| 8:30~12:00 | 台灣人(I) | 陳玉峯 |
| 13:30~17:30 | 台灣人(II) | 陳玉峯、蘇振輝、<br>楊博名 |
| **7/30**(一) | 野外實習—阿里山專業解說訓練<br>(含夜間上課) | 陳玉峯、陳月霞、<br>蔡智豪 |
| **7/31**(二) | 野外實習—阿里山專業解說訓練<br>(含夜間上課) | 陳玉峯、陳月霞、<br>蔡智豪 |
| **8/1**(三) | 野外實習—阿里山專業解說訓練<br>(結業式) | 陳玉峯、陳月霞、<br>蔡智豪 |

註：原則上課程時間排定如上，必要時將有增刪，視提供給學員教材內容做彈性調整。

# 「山林書院」，看營隊前引

陳玉峯

自然生態保育、環境保護、自然情操、土地倫理或生態旅遊等等，
不僅是知識教化、科學教育，更是人格的培養、價值改造的教育，
它們奠基於屬靈最深沉的宗教情懷與人心的終極來處，
並對生界未來世代做承擔。

敬愛的朋友們，誠摯地歡迎大家結此因緣。

我們每個人、每個心靈體，都是一種快速變遷的活體場域，彼此之間、彼此與天地萬物或環境之間，每一瞬間，都在進行著立體、多維次的時空、動態、網狀、交互影響，而且，我們之所以會對別人的思想、觀念、行為或話語，感受共鳴、激賞、驚嘆、震撼或認同，通常是因為我們本身具有同樣或類似的意識、見解或想法，只不過我們尚未用心提煉它的深層意義或付諸行動而已！我相信此刻我們的際會，必定存有先前的許多因緣，更且，必將牽動往後的社會變化。

感恩諸位朋友賜給我分享智性、感性與靈性的機會。

這八天密集的課程，不盡然可以馬上讓您脫胎換骨，至少我有把握，只要您願意用心，憑藉二千數百多張台灣第一手生態、文化等圖片資料，加上文字或口頭解說(假設您願意全程錄音、存檔下來)，消化過後，您必然可以將之轉化為您的教材及解說的內涵。我檢討、反省過往七個梯次「環境佈道師」的經驗，如今，我會放下個人解說、演講的「精彩度」，而將重點擺在如何讓您盡可能吸收與轉化，同時，類似「售後服務」的概念，營隊結束，一段時間之後，我樂於辦理定期或不定期的問題疑義解答，也就是說，各位朋友將這些教材重編或取捨，且施用於上課、解說教育的過程中，遭遇任何困難、疑問等，我們可以再度(多次)聚會研討或解疑。此外，願意深入研究、研習進階類型的人，我將提供更深度的探索、更廣泛地區生態的研究班，只要您願意，我會竭盡所能，奉獻到底！

從事教育的許多人很怕講舊的內容，然而，我們每天都在看舊照片、舊事物。您看到的陽光是 8 分鐘前從太陽發射出來的；夜晚觀

星，是宇宙最古老的舊照片，有些星光是數十億年前的痕跡。任何語言、文字、講演、解說的內涵，無一不是「過去式」，重點在於啟發當下、現在及未來「進行式」！我們從來不是自己的經驗、智慧之所生，但是，上帝也從沒創造有經驗的人，而就在此刻的每一瞬間，我們都可重構、新建新生的自己，從而改造新社會。

前年我去參加一個親戚兒子的婚禮。親戚的兒子是台大醫科畢業的高材生，婚配的也是菁英中的菁英，因而不能免俗地，找來一大堆所謂名流要來致辭，親戚也強要我說話。而大部分致辭者都是恭維、催促「早生貴子」，好像結婚只為了「幹那檔子事」，因此，輪到我上台時我說：

「我實在不知道結婚的意義是什麼？我更不瞭解生命的意義能否用講的？一個杯子之所以叫水杯、茶杯或尿杯，一個桶子之所以叫水桶或尿桶，是在使用過後才知道！同理，在生命裏頭找意義(find means in life)，通常只會找到霧中花、水中月或顛倒夢想，不如面對生命去過活它 (find means to life)，從而自己決定出何等的意義來！你們結婚的意義是什麼，就看你們如何面對與過活而定，幸福不是由祝福而來，但我還是衷心地祝福你們！」唉！覺悟總在滄桑後；真相總在意料外；做過深入研究後，才知道自己一無所知啊！台語說：要知，要知早就好額了 (早知道就富有了)。可以重來、重複演出的叫戲劇，永不回頭的叫人生。

雖然如此，「緣起性空」還是人間悟，且隨時、隨地、隨人悟。何謂教育？何謂解說教育 (interpretation)？何謂環境教育？何謂老師？何謂解說人員？一定義就死在句下，說是一物便不中。因為許多情境、狀況，眼睛能說的比嘴巴多很多，也有更多時候，我們都被視覺、聽覺、五感六識及大腦經驗記憶所欺騙。1980 年代初葉，我在剛成立的墾丁國家公園訓練解說員，自己也常充當解說的任務，當時，我強調解說就得是 enjoy yourself，你可以自己講得很享受，至於享受的內容與要件，複雜得很呢！後來我說解說或教育就是：「食髓知味、樂於分享、當下創造、適可而止的活體表演藝術。」

個人經驗中，解說或教育的內容有三大類或傾向，其一，知識、技術或理性的演繹，包括事實以迄認知的陳述，這面向幾乎是所有上課

最多、最常見的共同特徵，也最簡單，最被視為理所當然；其二，情感、感性、直覺等等的分享，這面向有時得看八字、看場域、看臨場的氛圍而定，像我，幾十年來一直有個「溫柔的遺憾，也就是無能與許多朋友分享我在自然林野所獲致的驚異、感動、喜悅、冥思、啟示或悸動」，更有一些況味、情境，的確只在孤獨中呈現；其三，靈性、信仰或宗教哲思的體悟與分享，這面向頻常是唯心與抽象，太多這類的分享是假相、催眠或妄念，更常是雞同鴨講或只因誤解。

本營隊的內容三者兼俱，我不確定我們可以進臻何等程度，但願個人身、心、靈的狀況可以差強人意，幸運的是，我們的內容有大半談自然、土地與生界，那是我們的原鄉，「如果我們可以從哲學、文學、科學、藝術，得到先哲的肯定與慰藉，我們更可以從自然生界得到終極的溫暖與和諧，就像我們的老祖宗之所以歌、所以頌、所以興，絕不會從蒼白大地所產生。」

而在尋常話裏，解說人員或教育者需要的要件例如：

1. 豐富、深廣、正確、客觀的內容。
2. 旺盛的企圖心、熱誠或使命感。
3. 身心維持在最佳狀況，盡可能以正面鼓舞為導向。
4. 當下創發、聯想、比喻……
5. 幽默感與活潑智能……
6. 語言技巧、身體語言的延展：制高點、察言觀色、觀機逗教……
7. 不斷自我反省與修正。
8. 整體而論，解說或教育最最重要者，在於具足大慈悲、大智慧與本願力。
9. 其他……

預祝我們可以在這八天當中，很具活力地相互學習，而「我不可能告訴你，什麼是真理、什麼是生命的意義，但可以確定的是，我們都想知道，都欲追尋什麼是真理、什麼是活著的意義。透過不斷的辨證、體悟，以及隨時的驚喜，我們始終在接近真理、親炙真理。這種感覺及過程叫做學習」。

附註：知識、文本與解說的差別，可延伸閱讀陳玉峯，2007，台灣植被誌第九卷：物種生態誌(一)，前衛出版社，17頁或全書。

◀▲ 茄冬紅葉

◀▶ 黃金葛綠葉

▲ 小白菜

▲▼ 薜荔黃葉

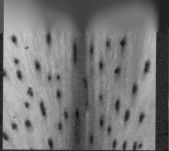
▲ 香水百合

▲ 菩提樹

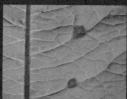

▲ 腎蕨

▲ 崖薑蕨

▲ 皺葉酸模

▲▼ 馬來鐵線蕨

▲ 印度牛膝

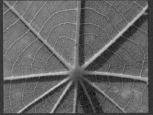
▲ 血桐

▲ 酢醬草

▲▼ 恒春厚殼樹紅葉

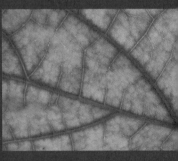

▲ 附生的崖薑蕨（雲森瀑布；2010.12.8）

▲ 青楓

▲ 構樹

▲ 楓香

▲ 樟樹

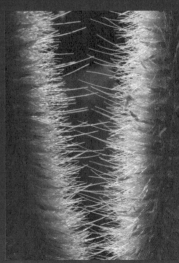
▲ 象草

▼ 青苧麻

▲ 野牽牛

▲ 馬纓丹

◀▲▼ 銀合歡

◀ 桂花

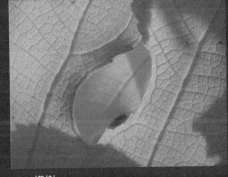

◀▲ 構樹

▼ 蒲葵　　　　　▼▼ 欖仁　　　　　　　▲ 印度橡膠

▼▼ 朱蕉

▲ 黃連木

◀▼ 朱槿

▶ 黃椰子

▲▼ 變葉木▶

▲▼ 廣東油桐

▲◀ 番石榴

▲ 槭葉牽牛

▲ 南天竹▶

▲▲ 青楓

▲ 青龍

▲▲ 彩葉草

▲ 非洲鳳仙花

▶ 矮牽牛

▲▼ 聖誕紅

▲ 虎尾蘭

▲ 山煙草

▲ 尤加利

▼ 山煙草

▼▲ 甘藷

▲ 山煙草

◀▲ 洋吊鐘

洋紫荊

▲ 紅莧菜

▲ 朱蕉

文珠蘭

▲ 山黃麻

山櫻花

▲▼ 棕櫚

▲ 鳳凰木

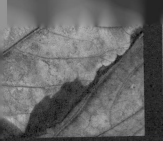

大花咸豐草

▲ 無患子

▲ 欅木

小膜蓋蕨

▲ 火炭母草

▲ 火炭母草

瓜葉菊

▲▶ 地衣

▲ 山黃麻

▲▼ 阿里山十大功勞

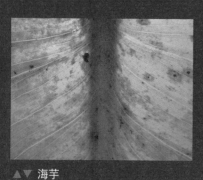

▲ 觀音棕竹

▲ 毛地黃

▲ 蜘蛛百合

▲ 虎兒草

▲▼ 海芋

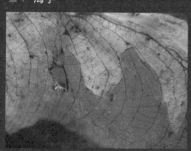

▶ 裏白

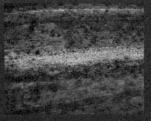

▼▲ 五節芒 ▶

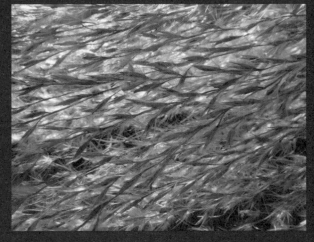

▲ 台灣江某　　　　　▲ 台灣八角金盤

▲ 金絲竹 ▶

▲ 蔓黃苑

▲ 勳章菊

▲▼ 第倫桃

▷ 菊花

▲▼ 翅子木

▽ 白紋核果芋 ▷

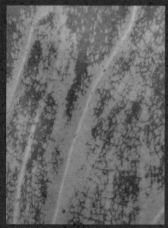

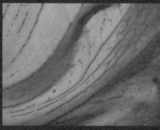

◀▲ 火焰木

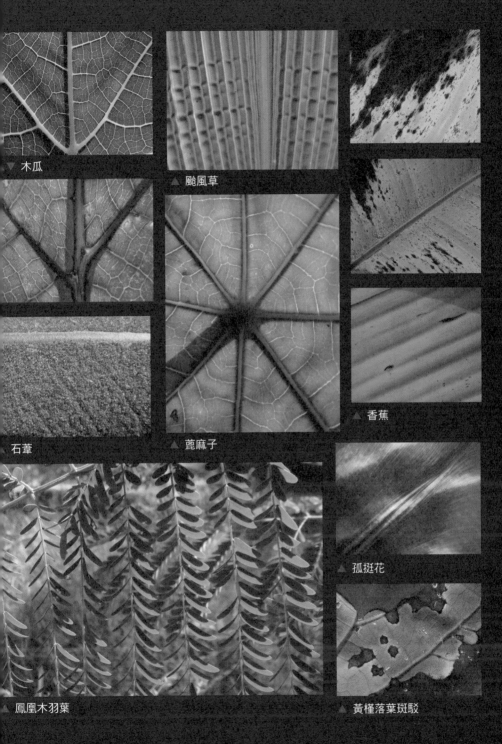

木瓜

颱風草

石葦

蓖麻子

香蕉

孤挺花

鳳凰木羽葉

黃槿落葉斑駁

# 輯二 台灣的宗教

17 側談人間佛教與生態倫理

16 《整頓世局》？──如果濟公、天公、媽祖眾神佛也反核、做環保

15 台灣人的宗教觀（北美篇）

14 台灣人的宗教觀──斷章取義引介李岳勳先生的《禪在台灣》

13 笨港報馬仔──文化的演化

12 報馬仔或抱馬仔？

11 禪除所宗──台灣精神與人格

10 神主牌──台灣人與靈界的橋樑

09 報馬仔──談台灣的隱性文化

08 自然與宗教簡介

# 自然與宗教簡介 3

~我旅行的時間很長，旅途也很漫長。天剛破曉，我已驅車起行，穿越廣闊的世界……，也留下痕跡。離你最近的地方，路途最遙遠；最簡單的音調，需要最艱苦的練習……旅遊者需要在每個陌生人的門口敲門，才能敲開自己的家門；人要在時空逆旅漂泊，最後才能走到最深邃的起始處~**改寫自泰戈爾**

~沒有宗教能夠脫離自然而存在；宗教是綁繫人類到自然的鏈環；宗教移除人類心中的自我，讓人得以了知及經驗他與自然的合一~**阿瑪**

~寬容是一道神諭，上帝已經明確希望有多種宗教……上帝喜歡人們用不同方式表達對祂的忠誠，基督徒用一種方式，希臘人用一種方式，埃及人用另種方式……~**泰米斯·提厄斯**

本來就這樣、只是這樣 (just so；公理？自明之道)，不需要加以解釋、說明的叫做自然。動、植物、一切生命、非生命，乃至天體之不假思考或複雜思考的，也是自然。開始

思考，且需要為自然做解釋，殆即你在此當下，狹義的不自然。

　　所有語言能及、不能及的任何一切的總和謂之自然，無論存在、不存在或非存在，畢竟，我們能用來溝通或認知的媒介極為有限與薄弱。

　　依據人類感官、心智對宇宙中所有物質、能量、現象的察知，乃至描述、思考之後，開始將人從自然中漸次抽離出來，特別是意志或人本中心的概念愈來愈強之後，人與自然就明顯區隔，但直到工業革命以降，人力使役自然力的能力突破了人體極限，對自然的毀滅，超越了人力所無法抗拒，於是，形成人為與自然的分水大嶺，導致人與自然對決的困境。

　　而隨著數萬年來，人種在全球各地區的分化，以及各自文化、文明的躍進，人類對自然的概念、觀念的差異，漸次地可大分為唯心的自然觀，以及唯物的自然觀。前者盛行於東方；後者發達於西方。其基本的差異，在於思考與認知的方式前者內求、後者外訴。

　　所謂內求、外訴大抵區分如下。

　　人的五官，眼有視覺、耳有聽覺、鼻有嗅覺、舌有味覺、肉身除了很少部分之外有觸覺，加上能感之覺，或謂「五官六感」，即佛教的認識論所謂的認識、認知的主體之「六根」，或稱「內六處」，也就是人能感受、思考的官能及心力，簡化說成認知，當人將大部分感官、觀察力，集中在自己之外的事物、現象，例如觀察一株樹樹

形、樹葉、樹幹、枝葉、花果等，是何形狀、顏色、質地、排列方式、數量、測繪、比較、找出重點特徵……，仔細統計、歸納等等，進行所謂客觀的描述，得出結論或推論等，進而思考、研究該樹與環境因子的相關……，是謂科學或唯物科學式的認知途徑，如此方式的自然觀謂之「唯物或科學的自然觀」。

相對的，當人觀察到外界事物，無論從其所見 (色)、聞 (聲)、嗅 (味)、嚐 (味)、覺 (觸) 之所感，他將注意力、思考等，集中在任何一個感覺機能向內心走，例如眼前的一株樹，從眼睛所呈現出的形象等，到內心如何「識」其影，以迄「心」的成像、成識的過程，從而感悟到我們所「見」的任何形相，不過是感知的一種恆在變動的影像，而且，所有的現象，正是心力的一種「幻覺」而已，因而「萬法唯識」，再進一步，內溯到心「意」的運作方式，且探索終極處的「靈」。於是，這條循著感官作用向內心溯源的路線，不同的人在不同的階段，會有不等程度的深淺，更且，從其最深處再走出來，敘述這些進出過程中的經驗談，殆即所謂「經、律、論」的呈現。如此，這類內走的自然觀，或即「唯心或唯識的自然觀」。

事實上以上只是一種傾向的分類，任何人都瞭解唯心中有唯物、唯物中有唯心，只是不同的程度或傾向而已。唯物的觀察也可進臻唯心的感受，例如近年來對海中章魚的觀察，已經瞭解到牠的認知方式截然不同於人的認知系統，而牠的「思考系統」在皮膚，牠具有某類「高等智

慧」，平行於我們「心的作用」。這暗示著唯心思惟的無常體悟，也可由唯物思惟中得到印證。

不過，人類進行唯心或唯物傾向的思考之前，沒有此等區別，人以所有本能面對自然與自己。

依據唯物觀點的證據顯示，大約在 10 萬年前前後，人類驚訝、恐懼、無助、求生於無常的自然界中，開始他們對生、死的思考，而以壁畫的方式，留下最初宗教的證據，同時，他們對自然界一切現象的畏懼、敬仰、讚嘆、無知的感受下，也漸次形成「神」的概念，或所謂自然現象背後的某種東西，掌握住自然界一切變化的「超自然的力量」。有別於現今大家所熟悉的「宗教」觀念 (雖然沒有二個人有完全一樣的觀念)，我將之稱為「前宗教 (prereligion)」，凡此原始人類對宇宙、自然萬象的整體觀，遂可謂之「原始的自然觀」。此一漫長的時期中，人類受制於自然環境的全方位制約。

據說，早期人類並不相信死亡是自然現象，就像新不列顛島上原住民的一個神話所說，善神坎比娜娜要祂那愚蠢的弟弟，到人間去告訴人類：「把皮剝下來，就可以免去死亡。」另外告訴毒蛇說：「你們必定要死。」結果，愚蠢的弟弟搞混了，他將長生不死的祕訣告訴了毒蛇，却把陰森的死亡送給人類，從此，人必須一死。

對死亡的恐懼，一般咸信起因於對死亡暨之後的不可知，以及其原因的不可思議，從而寄望於「神助」，或歸於神的國土，由是，宗教信仰產生。然而，與其說死亡是

宗教之始，莫若說恐懼是宗教之母，而且不只恐懼，包括
生命永遠存在的迷惑、不安、失望、寂寞……，只要進行
由具象到抽象的思考，無不是宗教的緣起。自然界有無窮
的驚訝，就有無窮的神明寄生；自然即宗教，宗教却往往
非自然。

　　前宗教時期，例如全球舊石器時代或原始文明的孑
遺，最重大的特徵便是豐腴的女體塑像，而常被暱稱為
「維納斯」，她們的共同特徵是身軀豐滿、乳房發達、肥
腴肚身 (甚至是懷孕現象)，考古學、比較民族學、宗教學的研
究共同認定，這些「維納斯」代表原始人祈求豐收的象
徵。迄今，出土的最古老「維納斯」石雕，年代約在 2 萬
5 千年前，位於奧地利的維倫多弗。

　　南亞印度的舊石器時代，約在 5 萬到 1 萬年前，例如
北印及北迴歸線貫穿的中央邦首府博帕爾 (Bhopal) 市周邊地
區，發現數千幅南亞最早的視覺藝術的原始洞窟壁畫，內
容即游獵生活，表現出狩獵、巫術、戰爭、舞蹈等等，充
滿生殖崇拜的性交場面、生殖器官，象徵祈求豐收、人種
繁衍的順利。

　　即令 20 世紀全球各地的原始部落或原住民族，依然
存在著生產、生殖、種族圖存的基本前宗教現象：

　　　麻六甲群島的原住民，認為樹木開花即懷孕期，嚴
　　禁大聲喧譁、火燒，或其他干擾樹木安靜的行為。

　　　印尼的 Amboyna 城，在稻米開花時，不准人們在

周遭大聲喊叫，否則收成會受影響。

祖魯族的巫師(藥劑師)將壯年夭折的男士的生殖器油煎之後，研磨成粉末，撒在田裏，祈求豐收。

爪哇的農夫與妻子們，為了保證稻田肥沃豐收，就在田裏交配，他們認為植物生長、結實與婦女的生育是同一道理。

北美印地安人認為其失敗的主因，歸罪於白人將樹林夷平。他們認為伐木是十足的謀殺行為。

對樹木、瀑布、江河、山嶽的崇敬，乃亞洲遺留下來最古老的宗教觀。

世界各地原始部落幾乎都在播種季節裏，實施「亂交節」，一者做為倫理的寬容期(回憶早期時代性關係的自由)；二者讓不能行人道的男人欲使妻子生育的方法之一；三者代表春天到來，土地解凍，種子萌芽，預期量產豐盛。「亂交節」例如非洲剛果的 Cameroon 族、好望角的 Kaffir、蠻族 Hottentot；中南非的 Bantu，而參加節日狂歡的人，禁止與自己的配偶性交。

類似的節日，出現在歷史的文明中者，例如希臘的酒神(Bacchus)節、羅馬的農神節(Saturnalia)、中世紀法蘭西的 Fe'te des Fous 節、英格蘭的五月節……

這等生殖崇拜，誠乃原始人類的共同思惟模式，以及普遍的巫術行為，就印度河文明而言，發展到了距今約 5 千~3 千多年前的「哈拉帕文化」(Harappa；以哈拉帕及莫亨佐達

羅雨城遺址為代表)，更有許多原始生殖崇拜的形象標誌，例
如大量小型女體的地母神、後世濕婆神原型的「萬獸之
王」圖案、陽具崇拜、靈魂不滅及輪迴思想、以樹木為居
處的男夜 (藥) 叉 (Yaksha) 及女夜 (藥) 叉 (Yakshi) 等等，甚至於
在距今約 3,500~3,000 年前被入侵的印歐民族雅利安人 (游
牧文化) 消滅之後，其生殖崇拜的農耕文化仍與雅利安人的
自然崇拜文化，相互交融而構成原始多神教的吠陀教文
化，其在約 3,500~2,700 年前，留下許多的鄉土守護神 (神
農及夜叉)、繁榮女神、母親女神等神像。

　　而雅利安人的游牧文化則以龐雜的自然現象神為特
徵，他們將自然界現象神格化，視整個宇宙為神的活動大
舞台，概分為天界、空界及地界。三十三天自然神包括
日、月、星辰之神；空界如風、雨、雷、電之神；地界如
山、河、草、木、人間萬象、與人為敵之活物諸神，複雜
得不得了。

　　換句話說，從「原始的自然觀」進入「宗教的自然
觀」，賦予自然界任何現象皆可存有神的活動，當然也流
行著未知、神祕、超自然異象、禁忌、圖騰的口述與遺
跡，但「原始的自然觀」與「宗教的自然觀」不見得有明
確的分界，甚至於時空交錯，我只是用來區別原始人類進
展到特定文明、文化的規模或程度之分而已。然而，有些
民族幾近於沒有宗教、沒有圖騰、偶像及神，埋葬死人也
沒有任何儀式，甚至連迷信也不存在，但這些是例外。

　　另一方面，由於人類係由群居型靈長類演化而來，靠

著智力的突出，發展出群體求活、綿延不絕的合作方式，以及節制個人的繁多策略，早於宗教而存在的倫理，或群體規範個人的秩序與規則，其變遷的速率遠比宗教為快。宗教並非倫理的基礎，却有助於倫理的維護，且使用神話與禁忌這兩個手段來維持倫理。神話、禁忌、倫理約略為原始人類的法律。

　　前述，土地、地球幾乎是被任何原民視同偉大的母親，而語言、文字，頻常是代表原始或無意識信仰的紀念物，故如物質 (material) 與母親 (mother) 便有高度的相似度；宗教的拉丁字源即含有「連接、連結」的意義，連結人與土地、人與神、人所來自、人與終極歸宿的橋樑；中國文字的「鬼」，古意即「歸」，也就是生命死亡之後，歸去其所來自的地方。

　　規範群體的個人之外，積極面更需團結的共同特徵，圖騰便是幫助部落團結、認同的象徵物，透過許多祭禮、儀式顯示，恐懼很可能是圖騰的根源。而相對於脆弱的人體，許多動物是人們強壯有力的嚮往，故而動物崇拜也形成動物神，或圖騰的具象。

　　人面獸身代表人對動物力的神往例證之一，許多的人神係由動物神蛻變而來。圖騰隨著文明、文化演進也漸次脫離動物，却依然活躍到現今許多國家的國徽之上，例如獅、鷹等等。毫無疑問，如今的國旗、國徽，正是如假包換的圖騰，故而損毀自己的國旗是禁忌、違法。

　　《聖經》中藏納刻有摩西十誡石頭的盒子叫「約

櫃」，正是基督宗教的大禁忌，是來自宗教、神話維持信徒倫理的神諭。許多人視宗教為對超自然能力的想像、崇拜與迷失。

　　如同前述，原民都以特定膜拜的形式或儀式來敬拜男女的性，特別是對婦女與土地，視同豐盛的情愛與生產，連帶的，一些動物如乳牛、蛇也被膜拜，其被視為具有高度生殖神力的象徵。蛇在伊甸園的神話中，毫無疑問地，即男性生殖器崇拜的象徵，也表示性慾是一切邪惡的來源，却也是種族圖存的基本機制。而性的覺醒即是善與惡的智識之發端。

　　原民倫理最大的使命，頻常是對性的規範。然而，從崇拜性力、生殖、生產而來的 (母系社會)，到倫理強力規範性行為之過程，貞操觀念是相當晚近才發展出來的，是發展到父系社會財產制度才形成的偏見中之偏見。

　　附帶說明，賣淫現象或色情行業並非「古老的行業」，相對的，它是相當「年輕」的行業，也就是父系社會中，男性霸權視妻子是其財產、所有，由其權威的延伸，才產生「貞操」觀。原始人類的少女不怕失去貞操，只害怕不能生育。法國小說家 Amatole France(1844-1924) 說：「倫理是一個社會中，所有偏見的總和。」而非洲的倫理殆與衣服的多少成反比。

　　人類從靈長目演化而出，且隨地球大氣候變遷，由非洲向全球各地遷徙、適應、分化，形成各不同亞種，從而漫長地歷經舊石器、新石器時代，且從完全受到自然環境

的制約，乃至形成文明、文化的累進過程中，人從純自然，走到神格化的自然觀以降，第三階段便進入顯著改造自然的時代，也就是各種農業文化、畜牧或游牧文化、商業文化之締造各地區的文明時期，包括現今全球各大宗教的形成，我將之稱為「文化的自然觀」階段，從而漸次建構、完成本文一開始所謂的東、西文化大相逕庭的唯心與唯物觀之分道揚鑣。

西方主流可以自蘇格拉底、柏拉圖、亞里斯多德以降的唯物科學、工技理性的系統為核心；東方則以南亞印度及中國兩股唯心文化為代表。而我所謂「文化的自然觀」時期的發軔，在西方大致上是由泰利斯 (西元前640~546年)、德謨克利特 (西元前約460~370年)，以迄亞里斯多德 (西元前384~322年) 時代所開創，且經培根 (西元1561~1626年) 的歸納法、實驗或實證主義而底定，終至 20 世紀邏輯實證論而大成。

泰利斯是個商人，他相信事物是怎樣就是怎樣，「從不去想他應該是怎樣」的實事求是的人，他不像當時絕大多數的希臘人，凡是遇到自然界讓人驚訝的現象，就忙著按照自己的樣子想像、創造一堆神明、神話來解說。他勇於將所有的自然現象都看成在他之外，有種永恆規律或永恆意志在表現出種種現象。他仔細觀察天體運行，並成功地預測了西元前 525 年 5 月 28 日的日食，當時，波斯人與利迪亞人正在慘烈地廝殺，兩軍因為日食而停戰。泰利斯還有個趣聞留下來，有次，他以自製的天體望遠鏡，專

心觀察天象而不斷後退，結果掉到水溝裏去。旁邊的女奴笑他：「連地上的水溝都看不見，還想看那麼遙遠的東西！」無論如何，他永遠是個偉大的天文學家。

泰利斯很清楚，沒有兩軍殺伐而只是兩隻狗打架，日食照常會發生。他首創以自然的作用去解釋宇宙、自然的複雜現象，包括一切神祕的事物，而非神在指使；在物理學方面，他希望探求各個特殊事物、事件的自然原因；在哲學上，他期待找出對宇宙的自然解釋。他及他的學生們所開創出來的思潮，被後人稱之為「愛奧尼亞學派」，他也被尊稱為「哲學之父」。

他帶領出人類文化史上，思考藉由感官外尋，釐析出自我想像之外的客觀探討，他正是唯物科學的始祖。而到了亞里斯多德，則差不多囊括了現今所謂自然科學的大多數科門，即令該時代的內容以今之眼光看來，許多部分實在很幼稚。

西方這套思想或自然觀，當然是人類追尋真理的一大系統，更是現今稱霸世界的科技理性的主流派。美國哈佛大學的校訓標榜著：「與柏拉圖為友，與亞里斯多德為友，更要與真理為友。」其校徽為 VERITAS，也就是拉丁文的「真理」。

20 多年前筆者在思考何謂人類所謂的真理時，將之分為幾類：上述的數理邏輯的真理 (包括物、化一切定律等自然科學的真理)；宗教信仰上的真理；普遍人性、情感、祈使句型的真理；非現今認知、智能上得以陳述的真理或其他。

　　這套唯物主義的思潮，後來却與猶太教內部改革運動的一派「相結合」，錯綜複雜地衝突與妥協。蔚為現今橫掃全球的基督宗教文明，房龍 (H. W. VanLoon, 1882-1944) 的名著《寬容 (Tolerance)》，戲劇化地敘述了基督宗教發展史。

　　羅馬人征服了歐、亞、非洲大部分的文明與半文明的世界，基督教的興起却征服了羅馬帝國。羅馬帝國「並沒有」處死耶穌，是基督信仰的母體法利賽人借刀殺人，將耶穌送上十字架。西元 64 年羅馬皇帝尼祿燒毀羅馬的貧民窟，得到耶穌真傳之一的使徒保羅，似乎也在這場歷史大火中消失，但這場大火却燒出基督宗教走上世界的大舞台。耶穌殉道約百年後，信徒們收集耶穌的一些短傳、使徒的信件原稿，合成《新約》，且在羅馬帝國衰敗的過程中，基督徒漸次掌控政治。可以說，羅馬帝國為基督教鋪好世界化的康莊大道，基督徒却消滅了羅馬諸神。

　　反正，唯物科技最後變成基督宗教締造世界文明的特徵，而個人曾經深受美國歷史學者林懷特 (Lynn White)1967 年一篇在 Science 雜誌上的文章，「生態危機的歷史根源」的影響，十幾年間相信，破壞地球生界、消滅自然生態體系的罪魁禍首即基督宗教，近幾年來我才認知，至少某種程度以上，基督宗教也替唯物史觀背負了黑鍋，不過目前我還無能為此深論。而台灣人若想了解此間弔詭，也可去看部《聖殿春秋》四集的電影，或可做為思考歐洲既然是唯物科學的起源地，又為何得渡過漫長的神權、黑暗的中世紀。

　　因此，我所說的「文化的自然觀」當然包含宗教文化而不可分割，但我認為工業革命之後，西方的自然觀或可稱之為「科學的自然觀」或「唯物科技的自然觀」更恰當。

　　而東方的唯心文化兩大系統之一的印度，不僅與歐洲 (西方) 文化具有共同的血緣祖先 (印歐民族)，也不乏唯物思想的創發，例如婆羅門教六派正統哲學之一的「勝論派 (Vaisesika)」，也有相當深度的數理邏輯者如「正理論 (Nyaya)」，但整體而言，印度 3 千多年來却是從宇宙現象走向內心，挖掘最深沉、最高等級的神祕主義唯心論。

　　眾所周知，5~6 千年前帕米爾高原以西的中亞雅利安人 (印歐人)，一股朝西北遷入歐洲，締造上述唯物基督宗教文化；另一股朝東南，先形成印伊人，再分化為波斯及印度文化。

　　西元前 1,500 年前後，翻越阿富汗地區的開伯爾 (Khyber) 隘口，入侵印度的雅利安人，帶著族繁不及備載的自然神讚歌或《吠陀經》(Veda)，大約分 5 批殖民於五河地區。他們征服了印度河農業母系社會文化的原住民 (達羅毗荼人等非常複雜的先民)，以千年時程，完成人神大車拚，在確保雅利安人統治者白人優越的目的下，利用神權創造人類史上最最根深蒂固的階級劃分、種姓制度，代表原住民的農業鄉土守護神、繁榮或母親女神漸次淡出，多神信仰中，三大男神勝出且入主神殿。而大約在西元前 9 世紀前後，「吠陀教」演變成「婆羅門教」，也就是最高階級的

婆羅門神職人員凌駕一切，充分表現出「祭祀萬能、婆羅門至上、吠陀天啟」的絕對神（人）權。

　　約在西元前 1,000~500 年間，神權神職人員腐敗，屈居第二階層的政治統治階層剎帝利，在各小國或部落國王的鼓吹下，從事文化大革命，發展出各式各樣的菁英思想，於是，由外求神明轉向內在神明或自我靈性的追尋；由客觀神權轉變為內在精神的修行實踐；漠視吠陀天啟的權威，轉向理性推演及內在真理的體驗，形成強烈的神祕主義，環繞在業報輪迴、如何解脫及人我關係三大主題的深究。

　　也就是說，王權伸張，但貴族、王族本來就是統治階級，他們不需要社會革命，他們只要精神勝利。他們將原

▲ 靈鳩山的靈鳩斷了嘴喙，象徵末法時代？(2008.4.19)

▲ 阿占塔的佛像依然莊嚴 (2008.4.10)

住民民間信仰的業 (Karma) 及輪迴思想 (Samsara) 吸收，將之與「梵我」等白人神權，巧妙結成圓熟的解脫論。而包括耆那教 (Jainism)、順世論 (Lokayata)、道德否定論或無因無緣論、命定論、七原素論、不可知論及釋迦牟尼的思想，伴同 16 個主要的國家大混戰。

　　於是，自然神權大轉向，形成人們向內在心靈探求的主流趨勢，2,500 多年來，婆羅門教轉化成印度教；佛教盛行、密教化、被印度教融化；耆那教持續以小教方式長存；回教、基督宗教入侵；新興錫克教；原始在地宗教始終散存，無論如何，印度始終呈現宗教與哲學或思潮的統一性，且不管世局如何變遷，印度文化永遠都是神權、宗

教、我靈等唯心思想。我到印度的實地感受才瞭解，龐多的印度人根本還活在 2、3 千年前的情境，而且，許多原始宗教之崇拜，保護動、植物的行為及思想依然盛行。

東方的唯心文化自然觀另一大體系即中國。

20 世紀的許多中國文化研究菁英，習慣用東、西方比較的方式說明中國文化的特質，也以環境決定論的角度，說明中國農業文化以靜定、保守、不假外求、反復不捨於農地之上，思考也是唯心、內向，但在西方由自然發展成宗教的，在中國只發展成倫理；中國人不相信死後的天國與未來世界，而人生態度秉持生順死安，心思恆向內看而「一念萬年」。後來的輪迴、業報、往生淨土等等宗教思惟，盡屬外來。錢穆 (1951) 的《中國文化史導論》、唐君毅 (1978) 的《中西哲學思想之比較研究集》等等，殆即夾帶著西方列強入侵、不平等條約屈辱下的圖強氛圍，試圖找回中國尊嚴下的文化研究。他們確定，中國沒有主、客觀的分別，沒有唯物論，沒有機械論，不會向外界現象世界找本體。他們談了許多的天人合一、天人合德、天人無間、天人相與、天人一貫、天人合策、天人一氣……，即令他們相信「舉頭三尺有神明」，但「天高聽卑」、「天理即良心」、「民之所欲，天必從之」，且「人定勝天」。天與神的地位老早就淪落人間、地上，是佛教引進之後，神明才又借屍還魂。

中國哲人、思想家沒有絕對的神權或高高在上的天，神與人最相像，看重人倫遠勝於神與人的關係，對祖先及

聖賢的崇拜高於其他神明，而且，徹徹底底是現世主義、現實主義、對價關係的宗教觀。

▲ 嘉義慈濟宮的神雕 (2011.1.17)

歷代中國思想家等，並沒有將天人合一的觀念當作一論題，也沒有特定嚴謹的推理或推論，更無所謂證明，只是用一些話語去指示、暗示，或用其他道理來涵攝而已。而且，唐君毅說：「中國思想家本來就不重視自然的知識，當然沒有找尋關於自然知識根據的必要。」

新近筆者也辨證所謂「人定勝天」的天，其實並非唯物的自然，而是宗教觀，這「天」

▲ 無常也有常 (嘉義慈濟宮；2011.1.17)

是「神」，並非動植物山川大地。

就我數十年閱讀、感受與台灣經驗，中國文化本身就是一種超級唯心論的信仰或隱藏的人本宗教。表面上崇尚

自然，實際上否定自然本身的自然，因而只是愛園林思想遠勝於唯物自然。人本主義的假山、造景，表達出無論再怎麼美麗的自然景觀，不過是「風景如畫」，而不是「畫如風景」，其以貧窮文化、唯用主義以及唯心我執為基調。因此，中國詩文之寫自然文學為世界之冠，乃在道家思想的影響下，以山水、田園、記遊、隱逸的描繪最為興盛，是謂「老莊告退而山水方滋」，而寫自然之詩文如陶、謝、王、孟、韋、柳等等，另有《山海經》、《詩經》等，直到明朝徐霞客 (1586-1641年) 才算是以相對客觀、唯物方式，較明顯地敘述自然，相當於今之地理勘查。

　　因此，筆者無法肯定中國「倫理人本的自然觀」可以保護自然。

　　關於中國文化中相關於「自然」者，我只舉一、二個例子說明之。

# 1. 《詩經》

　　最早的「周頌」大約出現在西周初葉 1 百多年間，最晚完成的詩作約到春秋中葉之後，《詩經》的成詩時間即在西元前 1,100~500 年間，作者無可考。

　　310 篇詩分為三大類，即風 (15國風，計160篇)、雅 (105篇，但小雅中之6篇有目無詩) 及 頌 (40篇，分周頌、魯頌、商頌)。詩作來源有周公獻給成王的詩歌 (豳風、鴟鴞)，有為典禮特製者 (例如清廟、文王、鹿鳴)，有貴族的詩作，有史官採集的民間歌謠，孔子說：「小子何莫學夫詩？詩可以興，可以觀，可

以群，可以怨；邇之事父，遠之事君；多識於鳥獸草木之名。」所謂的鳥獸草木正是唯物自然的部分。

我不喜歡中國歷代正經八百的詮釋，例如《漢書》藝文志所謂的：「古有采詩之官，王者所以觀風俗，知得失，自考正也。」遑論道學家如朱熹之極度扭曲《詩經》的男性霸道。而斐普賢 (1977) 的《詩經研讀指導》總算還給《詩經》一些原貌，例如召南的「野有死麕」：

「野有死麕，白茅包之；有女懷春，吉士誘之。

林有樸樕，野有死鹿，白茅純束；有女如玉。

舒而脫脫兮！無感我帨兮！無使尨也吠！」

朱熹竟然將之解釋為「南國被文王之化，女子有貞潔自守，不為強暴所汙者，故詩人因所見，以興其事而美之」；「乃述女子拒之之辭，其凜然不可犯之意，蓋可見矣」，斐普賢大罵朱熹為：「掩耳盜鈴的大謊話！只因這篇是在二南之中，認為是詩的『正經』，不敢作『淫詩』來解釋它。」於是，斐普賢的白話文語譯為：

「野地裏有隻死獐，白茅草把它包裝；有個姑娘正懷春，年輕男子誘他做情人。森林裏有些小樹，野地裏有隻死鹿，用茅草捆作一束；有姑娘嬌美似玉。『別著急慢慢兒來喲，別把我圍裙硬拉開喲！別驚動狗兒叫起來！』」

也就是說，男生猴急，不懂得調情硬上弓，女生得調教他慢慢來。而詩就是點到為止，戲劇也一樣，不能再寫下去，否則就只是 A 片。台灣歌仔戲中，男女兩情相悅，在布幕床前放了兩雙男、女鞋，配合一點合宜的音

樂，數十年前的觀眾就已心滿意足。而男女演員幕後喝茶去了，獨留大戲在觀眾的腦海中悶燒，張力足夠。

《詩經》的技巧或所謂的賦、比、興，它是中國文學的源頭，但其內容中的動、植物、林相、山川自然景觀等等，距離我所感悟的自然情操、自然哲學太過遙遠，無論《毛詩草木鳥獸蟲魚疏》、《毛詩名物解》、《毛詩品物圖考》等等名物學，甚至於現今台灣還有人在出版《詩經》的植物圖書，凡此，以及中國歷代的《本草綱目》、《南方草木狀》……，乃至現代中國園藝界的《中國花經》等，都欠缺唯物科學的深入與詳盡，更乏屬靈境界的內溯與合一的深度。

閱讀《詩經》，我會揣摩 3,200~2,600 年前的中國古環境，它雖然以農業經濟體系為主體，但原始森林或自然生態系必然仍多所存在，而《詩經》入詩的所謂「自然生命」，或乃人本中心敘述中的背景襯托，我建議讀者，不妨可藉由欣賞台灣客家的古老山歌，更能體會《詩經》在遠古的情境。而如「昔我往矣，楊柳依依，今我來思，雨雪霏霏」等，真乃真性情唯美且多意向的文學或造境至品。

## 2. 老子的《道德經》

老子一「書」5 千字，可謂集中國史上的「創造性的模糊」之最之一。它開宗明義的「道可道，非常道」，就筆者而言，相當於《金剛經》的困思邏輯、西方邏輯實證

論始祖的韋根斯坦的「沒有真假值」的語言。

　　歷來談論老子的文字汗牛充棟，何止億萬，更有龐多的人視其為「師法自然」的開山。我的友人，已往生的孟祥森先生，在 1986 年間曾經接受玉山國家公園委託，撰寫保育文學或散文論述。我帶他去楠梓仙溪及其他的自然山林野地，同他解說自然生態體系。結果，他寫出來的書卻是以老子來演繹生態保育，恰好與我的觀念南轅北轍、大相逕庭。

　　事實上，很多很多華人認為老子的「自然」，相當於自然界的自然或唯物的自然，而我完全不敢苟同。我寧可贊同如余培林 (1973) 之認為，老子思想的形成，是先有政治論，後有人生論，最後才有宇宙論，並且，他的宇宙論的建立，其目的也只是為了解決人生和政治上的問題。

　　《道德經》大半都在談人生修養和政治方術，根本非關自然，許多所謂的「自然」，不只非自然，直是反自然。

　　我將《道德經》逐段檢視，挑出直接寫出「自然」兩字的有 6 處，間接談到自然現象或比附於人的，約有 18 處。

　　「……為者敗之，執者失之。是以聖人無為故無敗，無執故無失。民之從事，常於幾成而敗之。慎終如始，則無敗事。是以聖人欲不欲，不貴難得之貨；學不學，復眾人之所過。以輔萬物之"自然"，而不敢為。」

　　有心作為，必有所敗；有所執著，必有所失。因而

聖人無所為而為，所以無所敗；無執著而做，所以無所失……聖人所要的就是沒有欲求，也不重視珍貴的物質；他所學的即無知無識，用來挽救眾人離道失真的過失，以輔助萬物的自然發展，而不敢有所作為。

此地的自然，是順其本性，不刻意的自然，當然不是唯物的自然。

「有物混成，先天地生。寂兮寥兮，獨立而不改，周行而不殆，可以為天下母。吾不知其名，字之曰道，強為之名曰大。大曰逝，逝曰遠，遠曰反。故道大，天大，地大，人亦大。域中有四大，而人居其一焉。人法地，地法天，天法道，道法"自然"。」

有個像混沌的東西，在天地創生之前就已存在了。它無聲無息無形體，獨立超然物外而永恆，運行於宇宙之中而永不停止，它是創生天地萬物的根源。我不知其名，姑且叫它為「道」。勉強形容它，可說大無止境，無止境的大必然是運行不停，且傳之久遠，傳之無窮遠必然又返回原來的出發處。所以說，道大、天大、地大，人也大。宇宙中有四大，人是其一。

人要效法地無私載，地師法天無私覆，天依循道的衣養萬物不為主，道則師法"自然"。

這裏的「自然」必須是宇宙終極原理、諸神之神，超越任何人類文化所能瞭解、形容的某種東西也不是的東西。這個「自然」當然包括唯心、唯物的自然，講了也等於沒講的不知所以然，並非自然實體。

其他的「希言"自然"」、「我"自然"」等，相當於河上公所謂的「只自當然也」，可以說，老子的「自然」是形而上、神祕中的神祕，說是一物便不中的超唯心的，可以是任何原理之上者。說了也沒說。

## 3. 吉藏的「草木有性論」

吉藏 (549-623年) 是中國佛教史上創立「三論宗」(龍樹的《中論》、《十二門論》及提婆的《百論》) 的人，他是安息人，中國人稱為胡人。

「三論宗」是繼「天台宗」創立後，中國佛教史上的第二個宗派，但只短暫存在。

▲ 有宗無教、有教無宗、有宗有教、無宗無教

　　6~10 世紀間，中國佛教人士曾討論一個議題「佛性論」，也就是一切眾生都有佛性，都能成佛，則非人的動、植物、鬼神精靈、瓦礫石塊有無「佛性」？或說，一切有情、無情眾生天然本具的圓滿的基本性能的具體稱謂。

　　今人釋恆清法師寫了一篇「草木有性與深層生態學」(1996)，探討佛教的自然觀與西方的生態哲學 (深層生態學) 之間的關係，他認為吉藏、湛然、法藏、澄觀到良源 (日本人) 諸法師的「草木也有佛性」，也可成佛，乃平等及尊重生命的思想，「可給西方人建立新的生態哲學何種的啟示」？

　　筆者討論這篇論文，批判這些言說，認為凡此「說法」，不論什麼「理內、理外」，「殆屬人學而非草木本身或其給人的靈悟，或說該等立論傾向於讀書 (經等) 悟道，而非實參、實證悟理……」(詳見陳玉峯，2008，「台灣佛教之與環保、保育前論之一──以1990年代兩次佛教研討會為例」，台灣人文‧生態研究10(2)：1-44；收錄於陳玉峯，2010，《印土苦旅──印度‧佛教史筆記》314-364頁)。

　　也就是說，由人本、唯心思惟去推論的敘述。而我的因緣則適合由唯物唯心無分別的角度，去探討這面向。

　　以上對中國的唯心自然觀的舉例淺說，只是用來說明唯心、內溯、想像、形上玄學的「自然」，其相關於自然的實體等較為薄弱，是人學也。

　　以上簡述人類從原始現象中，經由神格化、想像化、

擬人化的宗教的自然觀，發展到兩大類型或傾向的，唯物自然觀與唯心自然觀等，東、西文化的自然觀。而唯心自然觀在東方印度及中國，又發展成為宗教哲學一致的自然觀 (印度)，以及人本文化唯心的自然觀 (中國)，因而我在讀中國古典思想，乃至近世 (20世紀) 的中國思想家的著作，頻常認為中國文化本身就是一種沒有宗教信仰型式的宗教信仰，不管它是穿上倫理或家天下的外衣。

而關於西方思想、哲學或宗教史的背景，我建議讀者可研讀平易近人、趣味橫生的通俗著作如威爾・杜蘭的《西洋哲學故事 (另譯西洋哲學史)》、房龍的《寬容》等。然而，要了解西方唯物自然科學的自然觀，不能不對愛因斯坦的「廣義相對論」以降，包括量子力學、弦論，到現今唯智主義的霍金的思惟，做些基本的認識，而且，對唯物自然科學的生物學，特別是達爾文演化論 (請參考陳玉峯，1996a，《展讀大坑天書》，162-167頁)，以及唯物自然科學研究的方法論 (請參考陳玉峯，2004b，《自然學習者的教育觀》，45-52頁) 等，最好具備若干程度的瞭解。在我心目中，要對宗教、人類心智、屬靈內在的深掘，近世以降的西方科哲等發展的內容，必有助於更進一層次的啟發或觸發。即使你很難抽出時間及專心來閱讀，至少現今電視上自然頻道如「發現」、「動物星球」、「國家地理」等等，乃至於公視、原住民電視節目，或任何相關者，不妨亦以愉悅而無刻意的方式欣賞之。

至於東方汗牛充棟的圖書，個人偏好如唐君毅等 20

▲ 作者參訪普林斯頓大學愛因斯坦研究室 (2010.7.1)

世紀中國思想家，包括新儒家、佛學如印順導師等等大師級著作，值得參考、深入研讀，但也不要忘了新近例如李日章 (2008，《還原儒家告別儒家——形塑後現代台灣心靈的第一步》，康德出版社，台北縣，台灣) 的批判等等，自覺型的好書。

　　此外，東方的日本文化也是很有趣的範例，因為日本的「八百萬宗教」直是「萬物有靈或泛靈論」的自然宗教，夥同自然與人為 (或文明) 究竟有無界限或不同，亦有必要做初步的認知 (請參考陳玉峯，2011，《山・海・千風之歌》，84-93頁)。

　　接著，我想談台灣的自然與宗教，特別是自然，正是

我一輩子浸淫之所在，而宗教則是 4 年來的專注。然而，此等內容繁多，在此，我只先列出大題綱。

**一、台灣的唯物自然史**

    1.台灣生界的舞台

    2.台灣自然史

    3.台灣的自然印象或自然之旅

    4.台灣自然資源開拓史

    　一以阿里山、玉山區為例

    5.台灣的環境運動、自然保育史

**二、台灣的自然與宗教文化**

  二 -1.台灣原住民的自然與宗教文化

    1. 泰雅 (植物文化)

    2. 布農 (火耕文化)

    3. 鄒 (塔山)

    4. 賽夏 (山棕)

    5. 魯凱 (大、小鬼湖)

    6. 其他

  二 -2. 在台華人宗教史

    　一以興隆淨寺的歷史為例

    1. 荷蘭時代

    2. 明鄭時代

    3. 清朝時代

    4. 日治時代

    5. 國府時代

　　　6. 台灣的隱性文化

　　　7. 台灣人的宗教觀

　　　8. 台灣人的人格與精神

三、自然與宗教情操

　　三-1. 由唯物到唯心到全境之個人體悟

　　　　　—由研究調查、觀察、歸納、推理與體會自

　　　　　然到宗教情操的案例

　　　1. 鼻頭岬尖的土地、人與天

　　　2. 大尖石山頂的內在省思

　　　3. 野調時與野生動物的際遇

　　　4. 南仁山頂研究的發心

　　　5. 阿基米德式的唯物真理的體會—南仁山

　　　6. 玉山頂山神的考驗與還願

　　　7. 不入山就有罪惡感的研究倫理

　　　8. 採集倫理的形成

　　　9. 海邊石頭與百貨公司櫥窗

　　　10. 森林運動的根源與悲憤

　　　11. 玉山「台灣石」的故事

　　　12. 濁水溪鐵板沙的故事

　　　13. 台灣冷杉林的故事—它不是它，它只是它

　　　14. 鳥嘴山的沉默

　　三-2. 眾生相的際遇或法界故事

　　　　　—訪調故事、文獻及其他

　　三-3. 自然文學、藝術與宗教情操

## 四、台灣自然、宗教全境學教育

### 四-1. 山林書院

1. 台灣文化智庫村

2. 弱勢運動領導人的進修

3. 基層教育人員的培訓

4. 教材製作與供應

5. 自然農場

### 四-2. 社會關懷與國際村

### 四-3. 台灣的自然信仰

1. 自然道場

2. 台灣自然宗教

# 報馬仔

## 9

　　春節前，2011 年 1 月 31 日，昭慧法師、性廣法師來台中探望我，她們隨手捎來一罐糖，裏面一包「金光豆」(花生外裹一層糖衣，有白及粉紅兩顏色；客家人謂之苙花糖)、一包花生飴 (很像新港飴，差別在於主材料新港飴用麵粉，前者使用太白粉)，是某政治人物送給昭慧法師，而她轉送給我。

　　該花生飴在日治時代的名稱叫「北港飴」，是清代以降拜神的糖果。有意思的是這包糖的塑膠袋上的圖案，正是我故鄉北港媽祖廟，每年農曆 3 月 19、20 日，媽祖遶境遊行隊伍中，以銅鑼聲預告信徒媽祖聖駕 (神轎) 即將到來的「報馬仔」。

　　我說「有意思的是」報馬仔的圖案，它解說了全身裝扮飾物的象徵意義如下。

　　扮演報馬仔的人身穿唐衫褲，頭戴「紅纓帽」，象徵「嚴守崗位、認清本分」；戴「眼鏡」，意即「明辨是非」、「辨忠奸」；他得留有八字型的「燕尾鬚」(上唇的

鬍子），代表「言而有信」、「不妄語」；左肩扛著一根長扁擔，左手抓住前端以固定，前端下繫一「銅鑼」，河洛話諧音「重勞」，代表「勞心勞力」、「勞苦挑重擔」；左腳褲管摺起，腳丫穿破襪，小腿下前方貼著三塊狗皮藥膏，「蓋住傷疤」，象徵著最最隱晦不明的某種事件、東西，是謂「天知、地知、我知」。

　　報馬仔肩上右後方的扁擔端，上綁著一把「長傘」，意在勸世人「長善」、「永遠做好事」；下繫一把韭菜、一隻豬腳及一個錫做的酒壺。「韭菜」代表「長長久久」，「豬腳」意即「知足」，「錫製酒壺」象徵要人「惜福」；右手拿著敲鑼棒，這是報馬仔的工作或任務，告知世人媽祖來了；腰間繫了一根「旱菸管」及一個「菸草袋」，前者代表「感恩」；後者意為「代代相傳」；而右足打赤腳，象徵「腳踏實地」。

　　容或各家解釋會有小差異，但基本的含意殆如上。

▲ 隱性文化的自我隱性

這些以物體寓意的手法包括：**諧音聯想**（北京話「燕尾鬚」三個字推演為四個字的「言而有信」；河洛話「銅鑼」諧音「重勞」；北京話直接的諧音如「錫壺」即「惜福」；減字諧音「韭菜」只取「韭」即「久」（河洛話、北京話都一樣）；河洛話音字合併諧音如「豬腳」等於「知足」）、**諧音加推理或不相關的臆測**（例如「旱菸管」的「菸」諧音「恩」，還得推想成感恩；「菸草袋」只取「袋」等於「代」，再推成「代代相傳」，等等）、**純象徵**（例如「紅纓帽」）、**會意**（例如戴「眼鏡」看得清楚；打赤腳之腳踏實地等）、**隱喻**（即狗皮藥膏貼在傷疤之上，不知真假、不明所以，難以推論或聯想），**等等**。

如上解釋似乎可推知，這是從明末、清代、日治到國府時代，至少2、3百年時空的雜揉體，而非只限於某短段時間形成的傳統或習慣，雖然上述造形、寓意，據傳乃1956年所創造。

奇怪的是，上述象徵採用了諧音、寓意、假借等等手法，今人無從想像或體會，甚至於質疑幹嘛不直接寫字、講明就好了？何其囉嗦地打啞謎？而且，最神祕的，是那3塊狗皮膏藥！

借這個例子，我想說明的是台灣的隱性（形）文化，一個最普遍存在的現象，卻似無人查知，或說絕大部分的人以反常為習常、正常。然而，這部分若未能明辨、洞悉，則台灣歷史、文化的詮釋，恆滯留於文筆奴所建構的黑洞；主體自覺很難開發或創建；無論台灣制度、形式、表象如何自由，我們的心靈永遠未曾真正的解放；人性始終部分被扭曲、被禁錮；完整的本質無法發揮；靈性永遠被

殖民；宗教的體悟、感悟，乃至菩薩道的徹底實踐，也可能存有若干陰影，遑論最最曲折離奇、模糊隱晦的台灣宗教、信仰史，而台灣文化的精髓、本質也無法明揭於世。

我必須先強調，這裏不是在談真理、是非對錯，而只講現象，只談台灣歷史共業的浮光掠影。

台灣華人史上，最早期即無意識的無政府主義，然後進入歐荷 38 年、明鄭 22 年、清朝 212 年、日治 50 年、國府 56 年、民進黨 8 年、國府再執政 3 年，依個人見解，以權宜劃分，將 1987 年 7 月 15 日解嚴，當成民主與專制的分水嶺，則可以說，1987 年之前至 1622 年期間，正是形塑這套台灣「隱性文化」的外力操作期，乃至成形暨蛻變。

我所謂「隱性 (形) 文化」先簡述如下。

首先，它起源於任何專制強權支配下，被支配者所生活出來的，有別於強權主流的地下文化。如果此一地下文化，經由支配者予以經營、改造，特別是宗教、信仰、價值系統、生活型等等，且形成納入支配者相對的顯性文化之中，即形成該社會的某種特定階層的文化，而該「隱性文化」消失。

全球最成功、最根深蒂固，歷經 3 千多年來仍然屹立不搖的例子，即印度達羅毗荼人等等原住民族，被雅利安人轉變成首陀羅 (Sudra，不潔、賤役的階級)、吠舍 (Vaisaya，普羅農、工、商階級) 等階級，他們已經失掉原文化的主體性，且原宗教、信仰的菁華，例如業 (Karma)、輪迴思想 (Samsara)

等，已被巧妙地融匯於婆羅門教（乃至於後來的佛教、印度教）的
「解脫論」之中，在屬靈、不可思議的原主體性已經消
失，也脫離了我所謂的「隱性文化」。

相反的例子如蒙古人征服中國之後，被統治的漢人原
文化不但沒有被消化成階級等，反而吃掉了蒙古統治者的
主體文化。

因此，「隱性文化」的第二個特徵在於主體性、靈性
的本質或元素並未消失，只是轉變為地下化、模糊化，甚
或無意識化，但其至高的價值依歸或主體，依然健在且代
代傳承，而且，必須寄託在特定的象徵之上。

「隱性文化」的第三個特徵即特定象徵的「應現」或
存在，其通常存在於宗教或某種信仰之上。以台灣而言，
大抵是「反異族的民族情結」所「應化」、「應現」出
的「媽祖信仰」、「王爺信仰」或「禪宗信仰」（李岳勳，
1972）。「媽祖信仰」原本是中國「反元復宋」所創造出來
的神話，隨著閩南人士來台而轉移，且主要因清朝的操
弄，「媽祖信仰」還分化成反政府與尊政府的兩大派；部
分「王爺信仰」則是「反清復明」的象徵。無論「媽祖」
或「王爺」，本質上皆是「禪宗信仰」。

基本上台灣的隱性文化最主要係由明鄭敗亡的反清所
產生，因而全台民間信仰的廟宇，以王爺廟的數量居冠。

然而，這些台灣宗教史上最隱晦的象徵，依我所知，
似乎只有李岳勳先生獨具慧眼而予以拆穿，目前為止，我
尚未見過類似的見解，這部分以後再予解析，在此，我只

是要點出歷來主流或顯性文化中，多如牛毛的一味怪罪台灣人是逋逃藪、好動亂、三年一小反、五年一大反、十年一大亂等等，其實只是就外來政權統治者的角度的苛責，背後，實乃明鄭系統潛伏下來的隱性文化使然。

到了日治時代，日本文化一來禪風甚強；二來從割讓以降，日人即視台灣為永久占據地或領土；三則日本的自然文化深入土地、基層，我認為台灣若讓日本繼續統治到21世紀，則隱性文化也會消失。

綜合言之，台灣的隱性文化之所以長存，正因為外來政權更替頻繁之所致。

台灣的隱性文化是在國府治台之後，228事件、白色恐怖等等，再度將其激化、突顯而出。也就是在被移民、被殖民、被奴役、被區隔、被鄙視之下，綿延、蛻變了將近4個世紀。

做為隱性文化的第四個特徵在於自身歷史、文化的解釋權，從來操弄在外來政權手中；第五個特徵即土地倫理、人地關係、自然情操等等主體性的根源，不斷遭受否定、剷除或隔離。

個人在青、少年時代一直存有一個若隱若現的困惑，也就是在我們鄉鎮的生活中，廣大普羅的人、事、時、地、物、言語等內容，與我所受教育的內涵，似乎存有莫名的落差，當時我沒有什麼國家的觀念，也不懂什麼統治與被統治，或一切政治相關的思惟，然而，就像所謂的「詭浪」，大海上如果海底是均勻的，則海浪波動的傳導

是規律的；海底如果有深溝、山巒，則在其後，浪因加成效應，而猛然出現瘋狂巨浪。只要基底存有大落差，表象的大動盪隨時有可能突發猛暴。(可以思考一下，為什麼超過一甲子的228，到了2011年還是得走上街頭！)

　　1980年代，我將台灣社會長期給予我的感受，依據生物遺傳學的顯性與隱性基因，對偶成一個人的遺傳特徵，代表台灣人實質上受到兩股文化力量的牽扯。當時，我所謂的顯性文化即主流文化，也就是統治強權所賦予或認定的文化內容，它決定了生計、生活、社會結構、整個體制或文化現象的內涵或形式，我個人從小到大讀書、做事、思考方式、價值觀等等，都被它所規範。然而，在此過程中，在鄉野民間，存在著另類被主流所排斥的、被鄙視的，所謂很土的、沒知識的、迷信或無知的、保守或守舊的、不知變通的、落伍的、貧窮的、社會底層或邊緣的，歷來最欠缺文字記錄的，幾乎見不得檯面的，販夫走卒的生活型等等，我將之稱為隱性文化。它斷斷續續、若隱若現的，恆存在於我生活的周遭，且多半都是可憐的、低賤的、流離失所的人們所扮演，他們幾乎是自生自滅，像極了我在2008年前往印度所見的，沒有戶籍、到處流浪，如同野生動物的流民。

　　當年，我不瞭解從上階層到下階層，都存在著龐大的隱性文化。事實上，上述的流民文化，其實很大的一部分是社會福利、國家富裕之後就能解決的，並非我現在指稱的隱性文化。

　　1990 年代暨前後，我由環境 (特別是森林) 運動、生態調查的在地經驗及體悟，從而界定台灣原住民的土地倫理：一群特定人群，生活於特定地區，經由該地環境的制約，歷經代代之間摸索出來且傳承下來的生活型，既有利於集體的繁衍，亦有助於立地的健全穩定，這些生活型 (例如布農的火耕文化、排灣及魯凱的大小鬼湖祖靈崇拜與禁忌等等)，包括從禁忌與環境災難的相關，乃至死後靈魂依歸的場所 (聖山、聖湖等)，或說，從生計、謀生方式的智慧、禁忌與祖靈圖騰之與在地環境的關係，產生該人種的行為約束、該然與不該然的社群規範或價值觀，是謂其土地倫理。

　　原住民原文化殆屬於自然人，最接近自然生態體系的運作，其原始農業亦多依賴土地、自然的調整與復育。而華人屬於農業文化，其以中國溫帶、亞熱帶的平原經驗，改造台灣的亞熱帶平原及山地生態系，而形成農、工文明。若予以穩定的政治主體，仍有機會產生在地化的整套土地倫理 (例如台灣工業革命之後，農業文化變成台灣生態保育的人文背景，即令距離瞭解自然的精髓尚甚遙遠)，何況 20 世紀之前，台灣的農業文化之中，必然存有許多今人尚未釐析出的土地倫理的實質內涵，包括現今所謂的有機農業等。

　　日本據台之後乃至整個 20 世紀的台灣，十餘年前我將之歸納為：

　　「百年來台灣土地及自然資源的生產利用等，從來不是為了島上生民及生界的永續發展，而是取決於政治政策、島國外貿取向，以及短視近利的心態；20 世紀前半

葉，以『農業台灣、工業日本』及『南進基地』為圭臬；
20 世紀下半葉，以『農林培養工商』、視台灣為『反攻
跳板』為圖騰，或說犧牲台灣、成就外來政權的台灣境外
目的為原則，對台灣進行洗劫性、耗竭性的開發與剝削，
更且，以中國大陸平原及溫帶生態系的經營方式，不問台
灣本質與本體特性及危機，強硬施加在國土危脆的高山
生態系，加上 20 世紀工技主義 (現代神權)、工程至上的迷
信，完全否定 250 萬年來台灣島演化出的和諧、穩定與秩
序。」

　　換句話說，百年外來政權徹底否定台灣生界史、生民
移民史、生界主體性、土地倫理與自然文化，視台灣原生
生物為寇讎，欲全面剷除而後快。自然生界、生物實乃隱
性文化的最底層或基層，自然生態系所遭受的境遇，正反
映統治者對斯土斯民的態度、水準與暴虐程度。

　　20 世紀台灣兩大政權，前者以其自然文化本源自高
山島，雖然仍以強權、軍國主義方式對待台灣生靈，但在
土地倫理、住民文化面向，尚可謂可圈可點，更且，遠在
1930 年代即進行國土保育、國家公園、保安林、自然遺
產等等規劃與實踐，對台灣住民的隱性文化之普查 (例如台
灣慣習記事)、承認與改良，早在 1900 年代即已大肆展開。
由事實與文獻追溯，我認為若非大東亞戰爭，而日本繼續
統治，則台灣現今的隱性文化殆已完全融入顯性文化矣！

　　也就是說，我對台灣隱性文化的認知，先是生活中台
灣人民受壓迫、受歧視的察覺，但實質的體會、深度內涵

的感受，乃從台灣山林自然生態系的境遇而產生，因而投入森林運動、環境運動，也匯合至民主胎動的政治等參與。

1990 年代數度投入助選等經驗，教我接觸基層台民的隱性文化，且在 1996 年賀伯災變以降，自然生界、常民文化與政治弱勢等幽微互動，在我心中已渾然一體，但我深切瞭解，由於台灣常民長期被奴役，恆常處於貧窮文化、唯用主義的生死邊緣，難以苛責其欠缺自然情操，乃至對文化的活水源頭，或本土根源的山林土地自然生界以靈銜接，也因此，我投入自然教育，從體制內外做「隔代改造」的教育工作，試圖在台灣過往的農業文化中注入自然基因。

隨著時代變遷，山林、保育運動與教育成功了大半，但在價值觀、文化底層、知識方面仍未能真正深入核心，或說成效相當有限，部分原因乃在於我一直處於隱性文化的行伍之中，一生從未進入社會強權的主流行列。當然，各式各樣的因果龐雜非常，不能掛一漏萬。

2006 年之前，我全然在一貫的運動與教育中執著。2007 年緣以一系列人事紛擾，以及對自己一生作為的內在總反省，慚愧之餘，終結掉所有有形的「成果」，辭離教職，全心自我檢討，並投入宗教文化的學習。

直到 2010 年底，我因研究高雄興隆淨寺沿革史，因緣際會之下，對原本陌生的台灣宗教區塊的隱性文化，終於打開部分天窗，瞭解、體悟台灣宗教史上的極度扭曲、

地下政治的鬥爭、矛盾與衝突、隱晦或撲朔迷離。

　　解嚴前後，台灣政、經、社會、文化弱勢一波波運動，或所謂反抗精神與民主追求，締造了短暫的所謂本土政權 8 年，可以說是之前 56 年隱性文化的總反撲，不料，旋又敗在短視者或宿命性的悲劇。這 8 年間以迄於今，隱性文化透過選票壓力，以表象之姿，漸次修成膚面的「正果」，且經由數年「很台」的蛻變過程，在半推半就、不得不然的尷尬、五味雜陳的曖昧中，被「濟俗為治」的政治手腕所同化，也有部分，在特定利益集團或文筆奴的包裝下，粉墨登場。

　　然而，貨真價實、真真正正的隱性文化意識、信仰、屬靈的菁華，仍然沉睡或被蒙蔽，再度被模糊或扭曲，畢竟成也台灣人、敗也台灣人，亡台在台，我就親見一批批文筆奴、政客的台灣人，如何踐踏台灣魂，而完遂自己的私慾與名利。如此敘述並非代表狹隘的台灣中心主義，恰好相反，我可以接納，或倡議全球、整體生界的公義國度，更不用說任何有助於台灣生靈的政體，但我堅信，一個沒有格調，牆頭草的私慾執著者，不可能為世代做出正面的貢獻。我確信，台灣人若不能打通 4 百年來，從自然、土地、生界，到信仰、文化、價值的主體與靈性啟發的完整銜接或貫通，終究只能在浮面反抗、平息、被奴役與再反抗的輪迴中，上下隨波逐流，也難以為人類、地球做出有意義且長遠的付出與提攜。

　　今後更應將歷來的隱性文化的迷霧戳破，彰顯在台華

人屬靈信仰的傳統、傳承與開創，賦予全方位心智、信仰文化健全的場域與選擇的自由。

要言之，來自中國、美國、西方資本主義、東方腐敗的文化枷鎖，必須解放掉其魔咒，還給這代台灣人走向世界未來該盡的天責與尊嚴。

因此，台灣民間信仰所代表的隱性文化之大宗，也就是從宋、元、明、清鼎革，反異族民族情結的知識或異議分子，他們在宋滅元興之迫害中國禪宗史上，禪師創造的神話故事媽祖林默娘信仰中，找到寄託與寓意，更直接在明末相繼死亡的五王中，創造出台灣的王爺信仰，形成台灣在清代 212 年統治下，前仆後繼的革命，但卻始終未能成功，很大的成因乃在於清代姚啟聖、施琅等官僚，祭起媽祖信仰的大纛，試圖以台制台，瓦解反清復明的民族革命，導致台灣的媽祖信仰大分為兩派，一為反清、一為崇清的暗勢力較勁。

反清的一派上承禪宗思想，特別是居士禪信仰，在動輒誅連九族的屠殺中委曲求活，且迫於必須地下化，由是流竄民間、草莽鄉野，寄居神仙故事、鬼怪誌異、口傳歌謠、戲劇走唱、俚語教化、順口溜、諧語……，特別是在宗教信仰中，取得價值觀、宗旨之教化的綿延不絕，而只能依隱喻、象徵、比擬、聯想、諧音……等技巧，掩飾其意識形態的表現。此一傳承，也蔚為台灣民間或人文隱性文化之大宗，但因形勢比人強，且傳遞的歧異多變，時日一久，難免變質、變形而混淆、稀釋或大相逕庭，而在統

治強權利益的誘惑、分化下，日益混亂而莫衷一是，原始
象徵意義或蕩然不存，即以本文開頭舉例之「報馬仔」，
在白色恐怖時代竟然變成「專門打小報告陷害人的人」，
寧無悲哀！

　　而台灣人許多祖先崇拜、民俗禮儀等等文化象徵，也
日益萎縮而徒留形式，更隨時代變遷而面目全非。最最嚴
重者，台灣歷代先民血淚屍骨代價換來的人格尊嚴、屬靈
遺產，恆處於被糟蹋的悲劇。1980 年代原住民還能反汙
名化，4 百年在台華人文化被汙名化卻渾不自知，這才是
台灣人最大的悲哀！

　　2010 年底以降，個人萌生重新詮釋從土地自然到宗
教文化的全面貫串，一方面彌補過往的不明就裡，深受統
治主流強權的扭曲之後，對台灣文化的誤解與批判；二方
面以個人背景的因緣，恰好是從一切文化根源處的土地、
自然生界出發，足以以台灣生界原型的大寬容，接納各種
異文化，並協助其脫離其原鄉的偏見，又能保留優良的文
化傳統，從而銜接在地化、生態化及文化成種化；三方面
從生物到人文哲學，從唯物到屬靈境界，皆得兼容並蓄，
而且，深切瞭解這套文化涵養期，以童齡的印痕期為最
佳，可以進行教育培育的百年大計，設計相對完善的傳承
機制或教材等等。

　　現今的台灣社會不但百無禁忌，直是無法無天，諸多
優良傳統的規範、價值觀等，從戒嚴到解嚴，從解嚴到解
放，從解放到解體，台灣人如今沒有典範，只有短命的偶

像，牛鬼蛇神、蟲蠅蚊蚋，全球萬端文化的膚面，盡在萬家爭鳴，像極了台灣的開天闢地，而歷來的隱性文化既失去宗旨，只成雜碎文化的屍骨，卻不復有人發掘，則我等不做研發尚待何人?!

綜上，我歸納台灣歷來的隱性文化，在人文面向的最大特徵即在於媽祖文化、觀音信仰及王爺奉祭。可悲的是，現代化過程中及外來強權顯性文化的操控下，台灣人的宗教被貶抑為「民間信仰」、「雜神崇拜」而不登大雅之堂。我要在此鄭重宣稱，台灣人的宗教就是以禪宗為本質，以媽祖、觀音、王爺為主神的三位一體的禪神教。

在台華人史久浸隱性文化而不自覺，而李前總統抨擊為：「奴隸當久了，建不了國。」因而一直在鼓吹「脫古改新」，要台灣人回答：「我是誰？」「主體性如何建立？」2010 年 2 月 23 日我二度訪問他，許多認知、見解我與李前輩雷同，但諸多實踐途徑等，因緣亦未成熟，在此不擬寫出訪談內容。我知道李先生很清楚台灣的隱性文化，但在自然文化及台灣宗教部分，他未必洞燭。

總之，本文只藉報馬仔為引，說明台灣人長期處於被統治的工奴、文筆奴等，而異議分子透過隱喻、象徵諸手法，創造神話、迷信、幫會……，寓意於地下，傳承綿延台灣精神於不墜。而報馬仔最富想像空間者，即左腳上貼著三塊狗皮膏藥的「傷疤」，表面上說是「天知、地知、我知」，其實際真相如何？象徵什麼？誠乃最有趣的歷史啞謎之一。

　　台灣人的隱性文化的影響無遠弗屆，但禍福相倚，正反弔詭。以二分法區分其優缺點如下。

　　優點如：1.開拓全方位可能性的思惟，不限於理性，更可通達直觀、妄想，免除特定思想偏見或主義的束縛；2.超越語言、文字界限，深富宗教、屬靈層次的開創空間；3.刻意安排，可成為特定文化密碼傳遞，適合逆境下的傳承：4.可讓任何階層、高歧異族群各自解讀，兼容並蓄而臻藝術境界，等等。

　　缺點如：1.深富創造性模糊，莫衷一是，造成散沙一盤；2.理性思惟很難深化，人民共識難以成形；3.容易滋長迷信、謠言，製造更多誤解與誤會；4.格局、心胸、遠見不易產生。

　　無論如何，隱性文化是無可奈何之下的產物，是弱勢或被壓迫者的語言或密碼，是不健康或被扭曲的主體意識與信仰，今後有待從中找出台灣傳統的真性情、真精神，從而開創21世紀台灣新文化。

　　最後，仍須強調台灣隱性文化的另項特徵，也就是它們大部分由知識分子所創造，卻流行於不自覺的販夫走卒，換句話說，實踐、信仰者根本不明所以然。這正是四百年來，台灣迄今任何反抗強權的革命都無法成功的主因之一。台灣人目前為止，充其量敢說「為我而戰」，至於「為何而戰」的終極屬靈依據，恐怕尚待幾代人好好耕耘之！

# 神主牌

## 10

　　日本大震、海嘯、核變引發國人研討系列應變，包括熱烈討論「救命包」或「逃難包」。有媒體訪問一些「名人」：災難來襲一剎那，你最想帶走的三樣東西是什麼？有位市議員回答的第二樣東西是「家中的神祖牌」；有2位演藝人員回答的第一件物品是「眼鏡」，試問帶「神祖牌」的答案，是否會讓帶「眼鏡」的人跌破眼鏡？

　　報上植為神「祖」牌，一般台灣人都叫神「主」牌，也就是奉祀祖先的牌位，通常是有基座的、木製，上書若干文字的物體。它代表崇祖的觀念，但大多數人似乎已經不解其象徵，或根本的意義，事實上，它是台灣人屬靈意識根源的託附之所在。

　　台灣人的祖先崇拜、奉祀的牌位，一般格式如右：

顯
祖
妣　考
諱
○　○
○　○
媽　公
靈
位

　　也就是說，依據儒家 (教) 以三世為限，以「祖」為分界線，祖父母之前的，就叫「祖先」。台灣人逢年過節家家戶戶得拜「公媽」，拜的當然是這塊靈位，河洛話「公媽牌」、「神主牌」殆皆同義。

　　通常我們只知道祖父母，而「祖先」已屬於不可知的「不可思議界」。我小時候曾問母親，祖父母的忌日要拜拜，那曾祖父母的或更早之前的如何？母親總說他們已經成神了，或許也已經轉世了。「成神了」亦即已屬於神、佛的世界了。

　　祭拜「公媽牌」的意義或象徵，乃在於生為現在的我們，是來自靈界或神佛界的開啟，從而有了祖先；神、佛的不可思議或靈界，做為有個性、有差異性的人，「顯」現出來的就是「祖」，再經由「考」與「妣」，才可能傳承至奉祀這個牌位的你。任何台灣人，都是神佛、祖先，個性化、個體化為「祖」，且透由「考與比」的意識，而成為活在的你。

　　因此，我們在晨昏對「神主牌」上香的根本意義，即每天早、晚，藉由觀想牌位上的提示，考、比出或觀見出我們靈性的根源所來自。這也正是一切禮儀的終極目的。

　　神、佛、祖先的靈界本來是無所不在的，但因世人尋常只注意到具象的事物，故給予神靈一個託附的載體，是謂牌位。更且，個人家族、族譜之外，族群、社群的集體靈界的寄託所在，便謂之「聖山」、「聖湖」，也就是假借某一特殊的地標，象徵人死後歸依的場域，或集體靈界之所在。

　　2010 年 8 月 23 日我們去拜訪證嚴法師時，她說個故事，也就是她的一個弟子在臨終時是笑著走的。太太問他：「你在笑什麼，笑得那麼高興？」他說：「我已經回到師父的身邊了。」太太追問：「哇啊！你回去師父身邊，那我呢？」他最後一句話：「妳趕緊回去金門（註：太太是金門人）做環保。」他的遺體獻給慈大當「大體老師」。

　　上例主角因信仰，而歸依到證嚴法師所形成的，超越空間的一種場域，或說證嚴創造出的，慈濟集體抽象的場域。而原住民的聖山、聖湖如大霸尖山、玉山、塔山、大小鬼湖等等，則是集體信仰意識所託附的自然物載體。富士山當然是日本人的聖山之一，富士山腰在古時候因一位流亡太子，祭拜山神許以復國的地點，後來轉變成沒有任何建物的「神社」，許多日本人還會去參拜祖先曾經所在的場域，此即超越時間的信仰寄託地。

　　台灣原住民透過祖靈崇拜，賦予對聖山、聖湖、聖地的保護，其常經由禁忌來達成。全世界許多與宗教、信仰相關的生態保育地、自然保存，它們的依據或內涵大同小異。自然生態保育的終極理論的一部分，正是透過如此的根源所來自，或屬靈的層次，始告圓滿。

　　早年在台華人尚有落葉歸根、還葬中國的慣習，但後來轉變為在地認同。就時程而言，依全球各地移民史，歸納出至少約 60 年或 2~3 代以上，便足以形成或完成在地化，3~4 百年在台華人史沒有理由不能形成終極依歸，乃至建構聖山、聖地或屬靈的「境界」。不幸的是外來政權更替頻繁，台灣的主體性、意識形態或隱性文化，始終徘徊於反覆無常的錯亂，因而迄今為止，尚未深化。民進黨執政暨之前的一段時程，已產生登玉山或視玉山為聖山的運動與行動，如今則停滯或倒退，然而，無可諱言者，鼓吹者本身欠缺內化、深化也是原因之一。

　　1980 年代以降，我一直在宣講從土地倫理到文化創建，部分重點即擺在終極歸依場域的建立，雖然不能說「玉山運動」是我催生出來的氛圍，且當年我並未將自然保育連結到宗教、信仰及屬靈領域。如今，我們這代人的天職之一，必也是連結信仰到自然生界土地的軟體工程。不只鼓吹全體台灣人共同聖山的確立，乃至各區域，捍衛各地生態系的山林水土之屬靈認同，皆應以豐富的自然暨人文、地文暨維生生態系相關的內涵，做為任何台灣人在 15 歲之前的基本教育之部分。例如，佛教之保護鬼神

村，應以現代環境保護、生態保育的辭彙及知識，依科學理性及宗教語言的融合來寫出。

從吾人所來自，且之與地土生界的相關，不僅統括所有生態體系的知識與現象，以及現象的背後，更可瞭解、體悟先人傳承的精神、生活型。而各種儀式，無非是提醒我們，既要清晰觀看，更得洞燭內在因緣的牽連。古人造字，凡地上可長出植物的，是謂「土」。就「土」字而言，地是上面一橫，下方還有整個地球的根基之一長橫，中間一豎即冒出來的植物，生養作育我們，而生物、生靈的根系，直接連結到大地的基盤。這是縱向的根本思惟。

橫向的，連結到我們與其他生物的網狀立體關係，接續地球史我們之與生命演化的全方位「深層歷史」，乃至我們與宇宙大霹靂以降，身上所有原子、分子在時空逆旅的終極處，包括可思議界與不可思議界。

我們一直在創造文化且傳承文化，繼往與開來。我們這代人正是要將台灣的天文、地文、人文、生文完全貫串，賦予從唯物、唯心到靈界的根本原理，並整合為原本一體的合一或本一。宇宙的存在如果有意義、有真理、有究竟目的，毫無疑問，正是透過我們來彰顯；我們存在的目的既在我們本身，也在於發掘靈界、生界與唯物界的統一原理，佛陀證悟過、耶穌宣說過、阿拉也從該境界而來，世界上所有宗教殆皆同源，差異的只在不同的證悟階段、不同的語言表現而已。

世界上不該有屬靈的迷信，迷信是心智、心靈走入死

胡同的執著，絕非靈界的修為。歷來我深信，理性是最深沉的感情，感情是最優雅的理性，若沒有充分的覺知，則我們一直處於情境、理性與悟性的分割，而無法以完整的人性對待自己、別人、生界、大地與宇宙。我們需要學習與教育的，是全境學。

再回原點。

台灣傳統上的靈界既然屬於神佛的不可思議界，則台灣人生死、來去的同一端點，其特質如何涵攝或包括於今人之中？或問台灣人的靈肉觀是何？或問台灣人的靈魂論是什麼？

西方人的靈魂說殆為精神或各種心的能力；佛教的靈魂近於「無限度之藏」，或所謂的阿賴耶識；而台灣人的靈魂或精神則含有三種成分，也就是靈、魂與魄，但台灣人一般不談靈，且今雖晨昏祭拜神主牌的大有人在，但很可能多淪為形式或只是拜祖先，或表象化的慎終追遠（只求儀式齊備的慎終，卻忘了追溯靈界的終極之遠）；台灣人說極端受驚嚇叫做魂飛魄散，有勇氣叫有氣魄，也說三魂七魄，就是罕說靈。

其實，台灣人的意識裏認定，靈是神佛、無限、無極、無量、無窮或終極的某種東西，而靈在人身上可以是「精神」的「神」或「心」的一部分，而我們常說：「心知肚明」、「心肝寶貝」、「心上人」……，問人：「心、肝內想什麼？」、「腹肚內想什麼？」、「我又不是你肚子裏的蚵蟲」……，罵人：「一肚子壞水」、

「頭殼壞去」等等，可見「心」、「思考」、「意識」、「想」……等作用及功能，是可以由四肢以外，從腦到五臟六腑都可代表之，也就是說，它是一種抽象流動性的「氣」。

莊周「德充符」篇說：「以其知得其心，以其心得其常心。」而常心是一種「虛靈的明覺」(唐君毅語)；「人間世篇」暗喻心之本為氣，氣乃虛而待物的某種東西，故而「應帝王篇」說「用心若鏡」。而台灣人的心乃神靈之臺或載體，此一「神靈」不會消失，只會回歸其所來自，然而，魂與魄會消失。所謂「魂」是「陽化的神」、「魄」是「陰化的神」，而「靈」是「不滅的神」，是人的生命的本質與特徵。

這些觀念，充分反映在台灣人死後的儀式中：

一個台灣人就是一副肉身包裹著靈、魂、魄。

當台灣人的心跳停了、腦死了，也就是死亡的過程中，就由「魄」包裹著「靈與魂」，自肉身脫殼游離而出，進入茫茫渺渺的某個維次的時空。於是，由宗教師招「魂」(其實是魄、魂與靈的合體，簡稱魂)，將此「魂」招回至暫時性的牌位，以便誦經、超渡，且認為得費時 7 天，「魂」才能回到「家」或暫時性的牌位之上。

當「做百日」時，「魄」(原本包裹著魂與靈) 就回歸大地而消逝了，剩下「魂」包裹著「靈」，直到死後 1 年滿。

當「做對年」的儀式之際，「魂」即消逝或回歸天虛，只剩下「靈」。

　　直到 3 年整，「做三年」的儀式中，才由宗教師將「靈」永久歸位於「神主牌」上，也就是已成神，回歸不可思議界，也才有資格登錄在祖先所來自的「公媽牌、神主牌」之上。

　　至此，我們差可瞭解台灣人的「神主牌」不只是「公媽」而已，幾乎可溯及宇宙初闢一切所來自，而靈界不必只狹限在《封神演義》神話小說所建構的天庭神佛而已，也含括宇宙終極的大統一原理。由本質、基體的靈，從而聚集天、地或陰、陽的魄與魂，藉由父精 (精子) 母血 (卵子)而合成的人，在他死後，也回歸靈界。而「神主牌」提供、提醒台灣人，時時刻刻得觀想生為人的本源與天責。神主牌正是台灣人與靈界的橋樑之一。

　　此外，神主牌有個基座，可讓人聯想或推溯至古中國神話時代，堯舜禪讓制度中，所謂的「封禪」。

　　古中國部落、小國推出共主為帝，帝位不傳私，舊共主接納各部族領袖之推舉，預先物色繼承人，且在舊共主晚年，讓繼位人暫時代理政務，使其有所歷練而接受考驗。舊共主死後，該繼承人正式攝政 3 年，接著退居等待各部族表達意見，若大家一致擁戴，則新共主才可登基，登基時的儀式是謂「封禪」。據說中國人後世的「三年之喪」，根源於此。

　　封禪的意思可能是：在泰山之上聚土為壇以祭天，泰山下除地以報地；或聚土為「封」、除地謂「禪」。象徵的意義似在於，匯聚天下所有生民的最大公約數，由該帝

王代表，向天溝通、祭拜、禱告；劌除掉各部族的立地差異、族群差異、語言差異、立場差異，向地報告、奠祭，也就是成為所有人的共主，從而祭告天地。

而神主牌的基座相當於封禪儀式的祭壇，也就是提醒祭拜者，生為人最好得以禪除貪、瞋、痴，或任何魔障與偏執，懂得隨時反省，且在動心起念之間，如何放下各種偏差，擇善而不固執。由大處著眼，由公義思考，如此才有資格祭拜此牌位，考究、比擬、反思、揣摩父母的人格與優點，淨化自己的心思，端正自己的行為，從而透過祖先，銜接靈界。

如上，台灣人的神主牌可以是終極根源的傳承與開創，它是生死永續及溯源的載體，當災難來襲的剎那，搶帶著它也是很自然的德性，我也相信，它更是活體生靈，在我們內心深處，隨時存有屬靈的天賦，或集體共同的遺產，有時候，可以完全不需要有形的具象。

# 禪除所宗

## 11

日前紐約時報暢銷書排行榜第一名的作者是個男孩，他在 2002 年 (4歲時) 罹病瀕死。手術台上男孩「看見」一群天使來接他上天堂，到了天堂他不僅見到了耶穌，還坐在祂的大腿上。他也看見一些他從來不知道的親人。他所見到的天堂五彩繽紛，街道都是黃金打造的。所有的人都穿白袍，繫著各種顏色的腰帶，背上都有翅膀，頭頂都有金光。他也窺見到末日景象……。這男孩出版的天堂奇遇記，已經賣出 120 萬本，還有 13 國語言的翻譯本將要出版。

也就是說，這男孩的靈魂出竅，跑到靈界最燦爛美好的地方去了。全世界各人種族群有文字史以來，類似的記錄有如濁水溪的沙粒一樣多，台灣人自不在話下，且如同西方藉由靈媒與死去的人對談、溝通，台灣人常透過「扶鸞」、「觀落陰」、「牽紅姨」、「童乩」等，與鬼、神或靈界交流。

　　這是普世人性的共同「個性」，目前為止，人類尚未演化出以語言、理性的媒介或方式可以表達的東西，它並非理性、邏輯的真、假或有、無可以解決的範疇，它在語言、文字之外，在五官、意識之外 (上)。處理這部分，人類慣常以信仰、宗教、屬靈、神佛等指稱之。

　　上例男孩看到的耶穌當然是白人，穿的可能是古羅馬時代的衫袍，天堂的模樣也可能是比耶誕節亮麗萬倍的場景。反之，非洲人、華人、任何人種所見的天堂或地獄，通常也是其母體文化的映像，且包括古今不同時空的雜揉體。然而，萬一，但丁地獄的閻王變成包青天，事情就變得很棘手。

　　如此敘述並非在諷刺宗教、靈異等超自然的「怪、力、亂、神」，而是要談台灣人屬靈信仰的層面。事實上，若將人種各地文化表象的特色放下，而去思考表象、現象底下，或人類心理的共同特徵，則天堂、地獄、靈界之與人的關係，大抵是相同或雷同的。

　　台灣人之與神靈界的交往，大抵經由五類途徑，其一，個人、家庭之為特定目的，藉由上述靈媒之類人員從事之，在現代社會多被理性、唯物科學斥為荒誕、迷信者；其二，所謂傳統民間信仰之拜神、拜廟，祈願、感恩、接受屬於「正神、正靈」的加持，感受道德教化等普遍社會性的行為，常態上被視為善良風俗者；其三，歸依某特定宗教派，定或不定期參與種種形式、儀式的宗教信仰行為者；其四，晨昏祭拜祖先神主牌之最最普遍的靈

▲ 南港水仙宮關帝殿的「桃園三結義」浮雕 (2010.11.5)

界溝通、提醒或
省思，也是最被
忽略其根本意義
的人神交流；其
五，其他。

　　此中，早晚
燃香面對祖靈的
精義，我在「神
主牌──台灣人
與靈界的橋樑」

▲ 南港水仙宮關帝爺 (2010.11.15)

▲ 廟宇正是台灣普羅文化的中樞

一文中已述及。而台灣人之與靈界的交流，為何最常透過神主牌為媒介？民初大儒唐君毅先生在列舉中國宗教特質中，其中一項即「中國人所事鬼神，大多為其祖先」，因為封建專制強權，依階級劃定祭拜的對象，《禮記》強調，只有皇帝可祭天，諸侯可祭山川，士只能祭拜

▲ 蓮池潭畔慈濟宮主祀的保生大帝 (2010.12.19)

祖先，長遠下來，俗民的宗教情緒只能寄託在親人血脈之上。然而，台灣人的祖先崇拜不只依循儒教而來，禪宗的神髓毋寧是台灣宗教深沉的主要來源。

　　就個人認知，所有的宗教存有一項共同特色，也就是在靈界面前，不等程度地降低自我或我執，從而在全面生活中，減少私我的放任，提昇大我之愛與慈悲。我自從千禧年以降，內心一直渴望某種「天啟」，而十年之後，我從李岳勳前輩的著作中，獲得做為一個台灣人，在屬靈層次上的最大共鳴，也反芻我故鄉北港鎮媽祖文化的種種，察覺屬靈的根源中，為何我投入弱勢運動所來自，難怪我在高中時代第一次閱讀《六祖壇經》，即有無可言喻的親切感。

▲ 南鯤鯓乃台灣最古老的廟宇之一

在此不談神祕主義或神怪迷信，只以理性語言說明台灣人濃濃的禪宗思想，改寫李岳勳先生的若干詮釋，明揭台灣人格、台灣精神的本質與美德。而神主牌不僅是不忘本的載體，更是深入屬靈、大我，或宗教大本源的終極意義之所在，也就是整體、大我、無私、慈悲、大智慧的象徵，且將此等「德性」作根本的禪除。

因為，歷來我所認識的台灣基層、耆老、「人格者」、為弱勢發聲、做牛做馬或任勞任怨的人們，都是盡最大力、承擔最大苦難，眼界宏遠的識大體者，他們在社會沉淪、國破家亡、劫變不幸的時候，默默勞心勞力，扭轉乾坤或淪為灰燼、徹底犧牲，相對的，在社會好轉或所謂成功之際，當冠蓋雲集、邀功慶祝之時，他們就消逝無蹤。環境運動、社會弱勢運動、政治運動，等等，莫不如此。他們是禪師，是禪除掉禪宗的真正禪師，是《心經》的實踐者。他們不談佛經，沒有佛。

僧問趙州：萬法歸一，一歸何處？

趙州答：我在青州作一領布衫重七斤。

這問題是說，物質、現象界的任何存在，都歸一於某種「終極原理」或所謂的「靈」，那麼，這個「終極原理」或「靈」又從哪裡來？

以現代話類比來問，我們現今的世界，所有物質 (粒子、原子、分子……) 來自宇宙大爆炸，時空源自此一爆炸點，請問這個爆炸點之前是什麼？來自何方？或理性上無窮沒有端點的「問題」。即令依物理學我們知道，現行宇

宙形成之前，沒有我們所知的時空，但還是會有人問：沒有時空之前是什麼？時空起點又從何處來？

趙州回答的公案，是花了很大思惟去建構出一些暗示。如果他依理性語言或常識作答，則只能答說：一歸於佛，或靈，或歸於終極原理本身，則有答等於沒答，墮入無限問題而輪迴。

依我個人認知，禪宗就是要挖出、悟出「唯心論」、「唯識論」的終極答案，但這答案在常識或理性語言上，是無限的無解。

趙州的回答相當於：將眼、耳、鼻、舌、身、意及末那等七識，砍剖開或褪除掉，直入到深裏的阿賴耶識，或你本身的「靈」處，你就明白「一」歸何處。

因為一切認識、認知皆由心造。

趙州回答的遣詞用字使用了典故與一些佛教的名詞、寓意。

大家耳熟能詳的一句話：心、佛、眾生三無差別。因此，這個「我」可以是佛、古佛、靈等等；「青州」出自《書經》的「禹貢」，是生產紡織品的地方；布衫穿在我身上，但不是我；「重七斤」並非重量，重是指層，「重七」是七層，也象徵眼、耳、鼻、舌、身、意、末那等七識，這七識包藏著「阿賴耶識」在裏面；「斤」是「砍剖」、「切開而明白」。

如是，可直接將趙州的回答翻譯為：「古佛」在「青州」紡織了七層的套裝，而成為我趙州啊！從終極處的古

靈延續而來，加上了七識，而形成了「我」這個人，除非我們能夠將這些感官、心識 (意識)、末那識 (潛意識) 等七識都禪除掉，將這些妄相、製造妄相的心的功能都砍剝掉，否則，你無從領悟到萬法唯識的本然、本心，即終極原理本身啊！

所以李岳勳前輩認為，歷來的公案，「……古來的禪德所曾做的，也不過盡分別意識所生的貧弱的表現技術，做某些限度的暗示或示唆而已。任何這樣的嘗試都是註定要失敗的，台灣把這說做『蚊子叮牛角』……」也就是說，禪宗只是盡他所能，試圖以種種沒有用的語言、文字、行動，去唆使、暗示、挑撥、激發不可言詮的直觀靈動。

趙州的公案後人又衍展了許多案外案，包括將七重簡化為三重的例子。

僧問洞山：如何是佛？

洞山：麻三斤。

洞山將眼到身的五識，以肉身或感官一層代替之，加上「意」及「末那」二識，只剩三層，所以，將這三層破掉，阿賴耶識才會露出，佛才能現「身」。

我認為台灣人對靈魂的觀念中，以肉身 (感官的主體) 包裹著意 (即魂、意識)、末那 (即魄、潛意識) 及靈，從而構成一個人。台灣人每天面對神主牌，要觀想的是，做為一個活生生的人，要在活著的時候體悟「一」、「靈」、終極道理、生靈的本體或本質、佛 (祖) 等等同一的東西，而不必

死後三年才歸到靈位上。

　　從小到大，我在故鄉北港耳濡目染的，一些宗教儀式中，原本要暗示、傳達的象徵意義，即在於禪除掉感官的妄相與沉溺，禪除掉意識、意志的我執與偏執，禪除掉禪宗與佛法，禪除掉禪除本身，以致沒有善、沒有神、沒有禪、沒有佛的靈本身、佛本身、我本尊。

▲ 北港朝天宮遶境用的千里眼神像
（2010.9.7）

　　在此等氛圍下，許多的台灣人起心動念要行善，且在行善的過程中，自自然然禪除掉動機、目的，禪除掉善的觀念，而只有本來如是的行為。2010 年 5 月間，陳樹菊女士榮登時代雜誌「全球百大最具影響力人物」之一，全國吵翻天的善行傳播根本無關陳樹菊。台灣民間履行如此行為的人，

▲ 北港朝天宮遶境用的順風耳神像
（2010.9.7）

多如牛毛而乏人在意，只緣來自外國的尊崇，掀起政客虛無地消費，硬是加在陳女士身上繁多空洞的累贅，非關陳女士。台灣歷來種種義行的無名人士，他們闡發出來的台灣精神與人格，李岳勳先生將之歸結為《維摩詰所說經》的「菩薩成就八法」的前三法：「饒益眾生而不望報；代一切眾生受諸苦惱；所作功德盡以施之。」而我認為，就連這些也不存在，即令這樣的台灣人不見得有很多，但我確知，芳草碧連天，台灣隨時、隨地、隨狀況，就會湧現如此人士。

　　過往我不懂此間屬靈的深意，膚面地為這些人打抱不平，而不論什麼運動，從精神啟發、篤行實踐，乃至所有

▲ 素樸人生唯自然(陳玉妹女士；2011.1.17)

心血與努力的成果，都被收割者搜刮殆盡，並且竄改歷史
等等，因而我在千禧年之前，一直想要編撰《民間環保人
士傳記》；去到美國看見台灣人單純無私的打拚，想要訪
撰《海外台灣人俠士》……等等，後來，我逐次內觀，一
層層脫掉各種外衣，開始感悟自由、自在的意義。

　　另一方面，我在植物、植被生態的調查研究，於
2007 年告一大段落之後，終於徹底放下「學術」的皮
襖，單純地觀看一花一草一觀音、一樹一羅漢的內在秩
序。如今，森林內外，萬萬億億綠色生命，直似活體神主
牌，不需燃香，無庸祭禱，什麼也不消說。

# 報馬仔或
## 抱馬仔？

　　拙文「報馬仔——談台灣的隱性文化」是近年來，我對台灣的整體總省思之後，再出發的序幕，我需要各面向的修訂，因而寄給 3~4 位忘年之交懇請批判，其中，因文中提及李前總統的「脫古改新」，故而求取登輝先生賜教。

　　2011 年 3 月 27 日中午，手機彼端傳來李前總統略帶沙啞的聲音，陳述他因昨夜看了拙文 2~3 遍，幾乎沒睡覺，因而「今早只好」打這通電話。他一說，足足講了近半個鐘頭，重點大抵如下。

▲ 李前總統登輝先生 (2010.2.23；台北市)

▲ 2010 年 2 月 23 日筆者二訪李前總統 (外雙溪)

　　「李登輝的世界」就是這個「我」，在青年時代以坐禪而參生死，然後，在台灣或社會這一場域，如何跨越、超越台灣斷代史，超越小我，超越各不同斷代的矛盾與殘破的大我，從而產生台灣史觀。

　　而任何國家領導人，必須具備最重要的特質之一，乃在於擁有大公無私、跨越斷代、超越未來的台灣史觀。也就是說，跨越台灣不同時代的自我，找出共同的主體性，而非個別、斷代、小我的主體，更且，必須融合東、西文明的優點，防止人的墮落，楬櫫永世大我的目標。

　　20 世紀科技、物質的放縱與氾濫，與之心靈、精神

的發展不成比例，或嚴重失衡，而唯物永遠填不滿空虛的內在，因而也產生許多雜亂的宗教派系，但全球各種怪異絮亂的教派不僅沒有解決問題，反而滋生恐怖的社會悲劇，或無疾而終。

李先生似乎承認拙文提及的，台灣普遍的「隱性」文化議題，是他過往所忽略，也期許拙文提出的「新」視野，應予正面對待，並導引出大結論。

我同意李前總統「建立台灣大史觀」的超越性見解，事實上拙文正是朝向正面的開展，但重點內涵著重在，挑出台灣不同斷代被扭曲的精神宿疾，不讓這些歷史的悲劇，繼續以各種面具佯裝健康的假相，腐蝕台灣的主體性，重複過往宿命式的不幸。同時，積極面乃在楬櫫傳統卓越的內在或本質，回歸泱泱終極根源，破除狹隘的統獨二分過去式，從屬靈到唯物的全方位，開創活體新文化。我要開展的，是最古、最普世的人性，也是最新的，永無止境的創造。

「報馬仔」拙文之後，我已撰寫「神主牌——台灣人與靈界的橋樑」及「禪除所宗——台灣精神與人格」二短文，不僅試圖喚醒歷來被忽略的台灣文化或本質，更賦予「現在」、「我」的創造力。「我」很清楚如何是我是歷史，歷史是我，「我」本來就是恢宏的台灣史觀、人種史觀、宇宙史觀，但若不是真正的「無我」，則一切只不過是精神疾病罷了。

然而，歷史的台灣、台灣的歷史卻充滿著被殖民、被

次等殖民的「客觀進程」，逼迫台灣主體蛻變為陰暗牆角的幽靈，但遍佈在無助的許多個人與整體弱勢的氛圍之中。自1990年代以降的各新生世代，照理說較不受到歷史輻射塵的汙染，偏偏事實不然，我個人一直避免汙染新世代，更代之以積極的內涵。然而，必須對台灣總體社會負根本責任者，當然是權力的支配者，不論朝、野，一旦呈現「非我族類」或「過度防衛」的心態，則台灣社會難以在主流顯性文化與邊緣隱性文化群之間癒合。

這些負面現象不必我敘述，更不想批判。

有個正派的和尚對我說，不久之前，某某官員極盡侮辱、鄙視台灣人的最大悲哀，在於該官員不明瞭，如果他的後代在台灣，將來，他的後代也將承受新外來政權者的踐踏與鄙視，正如同他現在之對待台灣人；有原住民朋友告訴我，做為現代的自由人，還得接受政權代表人重申「我有把你當人看」，真是不堪啊！

凡此等實例罄竹難書，我不想沾黏。

我只知道內在的穩定、心智健全的慈悲、永不退轉且隨時反省的「大我」，但我不會當白痴、失憶或忘本。任何台灣人，很容易就察覺權勢者嘴臉下面的心機與偏見。

李前總統的垂教我明白，但是任何台灣人都比「總統」偉大。我在乎基層、全民智能、心胸、人格、靈慧的培育；所謂「全民總統」的精義，在於社會中到處都找得到隨時都可出任領導的人，而絕非在現在的政客行列中，培養什麼偉大的領導人。

　　再以「報馬仔」為例,做畫蛇添足的二度說明。我也將回老家北港,訪談創造「報馬仔」詮釋的人士。

　　現今對「報馬仔」的解說,殆以「笨港報馬仔官方網站」最詳實,敘述方式很正面,從現象、由來、各種飾物的象徵意涵、功能、歷史沿革等,一應俱全,幾乎完全沒有負面的說明,既然如此,也就沒有必要另加橫生枝節,我也不必談什麼隱性文化矣!

　　依據該報導,創造笨港媽祖報馬仔的造形、配置物件的複雜隱喻,乃是曾任北港朝天宮委員 (1921-1949年) 十屆的蔡川先生,「蔡川先生飽讀詩書,祖父是清末秀才。蔡川也是地方上有名孝子,他感受到當時政府正極力推行國語及善良風俗的維護……」且因原任報馬仔的蔡老虎先生過世,而後繼無人,因而由蔡川先生物色陳義泉先生續任,並幫他設計出嶄新象徵意涵豐富的「新報馬仔裝」,從而「展現了地方特色及賦予教化的使命」云云,還有,台灣一些其他廟宇的報馬仔,也是從北港模仿或傳承而出。

　　事實上就我瞭解,報馬仔並非獨限於媽祖廟,報馬仔的形式、內涵亦頗多歧異。即令現今流行的主要記載都是「正確的」、「真相的」,我還是得提醒,產生現今報馬仔的1956年前後,台灣的社會事件背景隨意舉例如下。

　　1947年爆發228事件。

　　1949年5月20日,省主席兼警備總司令陳誠佈告零時起全省戒嚴 (依據1934年11月29日,國民政府在中國所公布的戒嚴法),林林總總的限制,包括嚴禁以文字、標語或其他方式

散佈謠言等 10 種罪行，得依法處死。

　　該年 5 月 24 日立院通過「懲治叛亂罪犯條例」；年底國民政府遷臺，12 月 9 日行政院開始在台北辦公；而 10 月 25 日古寧頭國共大戰。

　　1950 年 3 月 1 日蔣介石復行視事，在台北繼續當總統；3 月 8 日，陳誠當行政院長；5 月 13 日，蔣經國宣佈破獲中共在台組織，逮捕蔡孝乾、陳澤民等一批人；6 月 18 日，陳儀被槍決。

　　1953 年 2 月 10 日，內政部依據「查禁民間不良習俗辦法」，將一貫道列為邪教，但其信徒卻日益增加；1958 年 4 月 19 日當局再度下令加強取締，而至 1963 年 6 月 10 日，一貫道 3 個主要負責人被迫正式宣佈解散各級組織。

　　1953 年 8 月 13 日，行政院公布、實施「戡亂時期檢肅匪諜聯保辦法」，以連坐方式共同聯保。各機關、機構、學校、工廠、礦場、社團、財團等等員工，均須取得 2 人以上之防諜聯保切結書，還得互相監督。

　　1954 年 3 月 10 日，國民大會罷免李宗仁副總統；3 月 17 日，台灣省主席吳國楨因「背叛國家、汙衊政府、妄圖分化……」，被撤職查辦；9 月 3 日爆發金門砲戰。

　　1955 年 1 月 18 日，國防部軍法局長遭槍決；1 月 20 日，國防部宣佈一江山守軍 720 人，經激戰 61 小時又 12 分鐘之後，全部陣亡。現今嘉義公園內有座圓壇小型紀念碑；1 月 29 日，美國參議院通過「美國國會聯合決議防衛台灣、澎湖案」，由艾森豪總統簽署成為「中美共同防

禦條約」；繼一江山淪陷後，2月6日國軍自大陳島撤退；6月15日~8月15日，台省保安司令部展開「前往大陸被迫附匪分子總登記運動」，鼓勵涉嫌人士自來登記；8月20日，陸軍二級上將孫立人被免職。

1956年，北港人蔡川創造了「報馬仔」新造形與裝飾物。

▲ 一江山陣亡將士紀念碑（嘉義公園，45年9月立；2010.10.28攝）

1957年12月13日，行政院俞鴻鈞被彈劾。

1960年9月4日，雷震、傅正等涉嫌叛亂被捕。

1961年6月1日，警備總司令部通令全國，查禁歌曲257首；9月19日，北港人雲林縣議員蘇東啟、洪月嬌夫婦涉嫌叛亂，凌晨2時被捕，陸續被捕者3百多人。蘇東啟的女兒蘇治芬即今之雲林縣長，2011年她送給昭慧法師的北港糖果，昭慧法師轉送給我，我依據那包糖的圖案，寫出「報馬仔——談台灣的隱性文化」一文。

1964年9月20日，彭明敏、謝聰敏、魏廷朝等師生

被捕。

甚至於直到 1989 年 4 月 7 日，鄭南榕還得抗拘捕而自焚。我記得很清楚，當時的國民黨大官告訴我：「鄭南榕其實可以不必死！」這位大官是台灣人（客家人）！

我不清楚北港的知識分子，是如何在這樣的社會氣氛下，感受到當時政府「正極力推行國語及善良風俗的維護」，從而創造今之「報馬仔」！我更不瞭解 3~4 百年台灣人龐多的報馬仔，是否都能傾全力推廣不同外來政權的政令宣導，而不至於精神、價值、信仰錯亂而瘋狂?!

無論靈界是否承認，我還是何其誠摯地觀想、默禱、迴向所有的台灣人、任何地球人，盡可能禪除掉「中心」、「傲慢」的偏執，即使不能事事檢討、念念反省，至少也給自己放空的時段，對自己慈悲一些，不只在有選票的地方大拜、特拜，自己內在的那股靈性更得參拜啊！

沒有人是時空獨立的個體，任何人不只是三世兩重因果的產物，宗教不是精神麻醉或集體催眠，更不在於搞一堆超自然的奇蹟或靈驗，即令奇蹟與靈驗正是宗教的本質，但所有的奇蹟與靈驗，為的是喚醒我們內在更大尊的超我或靈性本尊。高雄左營城隍廟內，有 1741 年舉人卓肇昌書寫的一副對聯：

　　為善必昌，為善不昌，祖宗必有餘殃，殃盡必昌；
　　作惡必亡，作惡不亡，祖宗必有餘德，德盡必亡。

　　這不是老掉牙的福報觀念、懲惡獎善的古董而已,不妨看做隨時的提醒。不只為政者,任何庶民,我們永遠需要屬靈的,隨時的醍醐灌頂。報馬仔也好,抱馬仔也罷,正面、健康詮釋之餘,良知清楚、靈界洞燭任何幽微與隱晦,最最重要者,我們需要的,是本然的澄明,以及任何時刻的自在。

# 笨港報馬仔

## 13

寫了 2 篇與報馬仔有關或為題的文字，只是藉它引出我想談的，台灣的隱性文化，却沒有直接談報馬仔。為此，我得訪談將報馬仔推向舞台或市場的家鄉藝文人士。2011 年 3 月

▲ 黃水水先生 (北港；2011.3.31)

31 日回北港，約好許士能老師訪談，晚餐時間他也約出黃水水先生、楊國男先生等等在地精英，賜予我學習的機會，也驗證先前我的直覺。

退休多年的許老師一直是個謙沖虛懷、默以折人的彬彬君子，胸臆自有沉穩智慧。從晚餐眾人言談間，我感受到朋友對他的敬重。問他一些事，他常答：「這個問題不

要問我，問某某人為宜。」他告訴我：「……不常表達意見，這樣才能多聽到別人的心聲……」難怪大家尊敬他。

「現今的報馬仔，造形、象徵意義，是大家腦力激盪出來的，從 1950 年代舊照片所示，加上過往每年媽祖遶境的報馬仔形態，經由加工、解說或新詮而誕生；而 1950 年代者，脫胎於古代鋪兵……」許老師破題道出歷史沿革的大概，「戴著無鏡片的眼鏡架，代表不可目中無"人"……，這些詮釋大抵是 1980 年代末葉以降，一群人想出來的。而 1950 年代蔡川先生的改造形，蔡先生提供陳義泉先生戴的帽子並非鋪兵帽，而是蔡家人傳承下來的秀才帽……」

「1988 年 3 月 8 日大甲鎮瀾宮董監事會決議，中止前往北港朝天宮進香的傳統，改到新港之後，你是知道的，地方仕紳擔心北港走下坡，夥同其他原因，1989 年我們成立了《笨港媽祖文教基金會》(當年筆者也被找回來充當理事之一，慚愧的是我未盡心力)；另外，也有一群『好古吧』(醉心古董、傳統古代文物或藝文愛好者)，將傳統農業時代、舊東西收集或模仿新製，從食品到童玩或任何農業衣食起居日用品，以帶古味方式包裝、行銷，試圖為老街穿新衣，打造古色古香的創意形象商圈。」

於是，舊有「陣頭」加上創意辦活動，媽祖遶境遊行中，最具趣味性之一的報馬仔，亦被視為活體標章，甚至於被層層加工，新生了許多新的象徵意義，網站上也將之化粧得彷同正史、其來有自；北港中山路「日興堂」餅鋪

▲ 北港采風，左起：林源泉先生、楊國男先生、黃水水先生等 (北港；2011.3.31)

的紙杯上，亦印上報馬仔的童顏圖案，標示「北港形象商圈主要以報馬仔來宣揚"知足"、"長善"、"感恩"、"惜福"四大精神象徵意義」，另一標題為「報馬仔——千里跋涉知足長善，一心敬誠感恩惜福」。

　　當我以史實、史料的角度探問時，許老師答以：「我找集體創作新報馬仔的關鍵人物來跟你說。」於是，報馬仔的話題移轉到啤酒助興的海產店續攤，且陸陸續續來了6~7個人物。由於我離鄉背井數十年，這天的談話殆屬頭一回，因而若有轉述錯誤者，文責在我。

　　而開創新報馬仔的靈魂人物楊國男先生在酒席間談笑

用兵，娓娓道盡從引據、原理、催生過程、設計特徵，乃
至於文化的形成機制，即令在人多嘴雜之間斷續陳述。楊
先生操著一口極富魅力的母語，初次晤談，他予我深諳世
故、通情達理、見多識廣、思考敏銳而饒富智慧之感，只
是偶而太刻意造境而讓我心生不忍，誠乃吾鄉俊彥代表性
人物之一。

當我問起今之網路上，報馬仔的資訊是否出自在座所
創作？楊先生劈頭就撥開我的直問：「是或不是自有公
斷。你若研究台灣近代史以降當可知，到了現代，為了標
新立異，為了標榜正統，為了要得到自己想要的成就，或
成就自己不可撼動的地位，種種狀況下所陳述出來的言
論、文字，是一種"很好"的角度，但能不能禁得起考證、
討論或衝擊，是另回事……」做為今之報馬仔「創始人」
的楊先生，接著就引經據典。

「除了《台灣通史》之外，連橫另著有《台灣語
典》，主談台灣話與中國話在文字上的貫通點，申述台語
的深度與漢文的關係，而不涉政治。該書 247 則提到報馬
仔的來源即為鋪兵。因古制十里為一鋪，過去人走 1 千步
叫 1 里，走路一步約 80 公分，所以 8 百公尺約 1 里，10
里即 8 千公尺為 1 鋪，每鋪設有一據點，做為通聯、傳訊
之用。鋪兵相當於今之二等兵，或公務員的最低階，鋪兵
就是執行傳遞訊息、文書的工作。他的裝備即一頂政府給
的官帽，這帽一定要戴，不能打折扣，此外，我們設計的
裝備，每一項通通打折，衣服顛倒穿、鈕扣上下扣、褲管

倒折……」

　　楊氏提及的連橫著作即小書《雅言》，台灣銀行出版的台灣文獻叢刊第 166 種。而楊氏引據者，乃龔鵬程總策劃的新輯「經典」叢書 35 號，姚榮松導讀的《台灣語典》(註：《台灣語典》在台銀的台灣文獻叢刊第161種)，該書將《雅言》輯為《台灣語典》的附錄。該附錄第 247 則記載：

> 　　迎神之時，路關前導。有一男子，戴竹笠、穿號衣、佩雨傘，左肩垂一豚蹄、一壺酒，手持小鑼，沿道而鳴，謂之鋪兵；是為傳命之人。明制：衝要之路設鋪，制鋪司、鋪兵；鄭氏因之，清代復用之。故台語謂「十里為一鋪」。

　　楊氏影印該書第 279 頁上引資料予我，旁側有其字跡「報馬仔；豬足、惜壺、桿恩、長善、九如；韮辛，避蛇蠍」，我推測可能是他在構思新報馬仔裝備過程中留下的註記，也就是後來網路上集體解說創作的來源之一。

　　然後，楊氏向我說明創作報馬仔裝的原理：

　　「……報馬仔，我認為這是在宗教盛事中，一種不減神聖態度之外的丑角設計，而不能事事件件神聖化、制式化，例如說，不論哪齣戲，總是得搭配甘草人物或丑角，否則觀眾會睡著。而報馬仔，他是媽祖聖誕廟會遶境的大會串裏的一角色，但他排在隊伍的最前面，而且他不受約束，可以跑來跑去；他的特徵被人視為若有若無、若隱若

現，而不屬於正式規劃劇碼中，該受時、空、服裝等規範
或約束的角色，因此，屬於可大加發揮創作的對象……」

這種角色特徵，事涉更廣泛、更內在的原理：

「任何莊嚴、肅穆、神聖之處，總得加點調味，像
報馬仔軟調、調和的作用，不僅不能或不會貶抑它 (莊嚴之
類者)、不能超越它，甚至可以彰顯它……宗教儀式中免不
了需要柔性的部分，不能百分百剛性，否則整個活動將產
生距離感、疏離化，若不如此，就難以維持該儀式的長遠
性。這種調和的現象沒人發明，只是有人知道它的必要
性。

「更內在的原則，世界上所有宗教之所以能夠蔚其
大，它得融合各大端，不能只就特定某區塊。而要將區塊
擴大，要將不可能化為可能，大家得往中間靠，讓此宗教
得以大而化之，放之四海皆為準、融之四端。我認為這
是人類文化發展史上的一大原則，無論任何宗教 (就教義而
論)、宗派 (就學問而論) 皆然。例如基督教來台，曾經實行你
來教堂即可領麵粉，也就是以物質換精神的手段，誠乃無
可厚非。所有宗教的問題或議題，切勿以嚴苛的方式來對
待，而宜以輕鬆、冷靜的態度來面對，不見得需要嚴謹來
對它區隔、定位等等。它沒有背負什麼背景責任……

「例如北港媽祖大家拜，祂是教忠、教孝或某種大節
操之類的，但祂不會苛責、區隔那些所謂低下的人，抬轎
的、敲鑼打鼓的、逗熱鬧的，等等人，當他們參與神明遶
境等盛事時，只要在此等期間內，壞事少做些或可以的話

都不做，甚至於此後都不做，如此，神明盛事來逗熱鬧，過程中也順順利利，之後，換來一年的平安順利，這不是美事一樁？又如佛誕臘八粥，拜完佛祖的祭品大家帶回去，佛祖吃完的我們才吃，吃點福氣……

「因此，關於報馬仔，不需要放大此角色來檢驗他……」

至於新報馬仔誕生或催生的過程，大致如下：

「我們從小到老在北港，北港迎媽祖時如果少掉了報馬仔，你不覺得少掉一個大角色？然而，過往報馬仔沒人理、無人管，20多年前擔任報馬仔的人剩2個，原有個賣肉圓的，已經上吊往生了。一位賣飯的久病在身；一位人稱『肖義泉』一生都在浪蕩。可以說，北港報馬仔快要斷掉了，因此有一天，神明向我託夢 (或是被太太趕出家門云云，楊氏語言常以他自認為的詼諧來逗趣)……」反正就是某一天，包括楊氏等若干人，在黃水水家中談起報馬仔將斷線事宜，楊認為報馬仔的角色很重要 (原理如上述)，不僅要讓他傳承，更適合用來創造。

於是，包括形象圈等集體創意的象徵、意象應運而生。然而，筆者出身理學、科學研究，角度兼顧史實或某些真實面，因而提問中免不了直指網路上我認為太離譜的「神話」，例如網路上說當報馬仔的人得守戒云云，講得好像報馬仔是神職人員，而且，將報馬仔的創作、象徵意義的來源等，似乎定位給蔡川先生，以之為圭臬。而我所瞭解的蔡川先生，生於1878年，往生於1969年，但網路

上將報馬仔的「典故」假借蔡先生之原創，因而我要追的是：誰人訪問過蔡川先生（年代上兜不攏！）或他的後代？誰創造了一些離譜的言說？

　　楊氏是聰明人，一開始他就明白我想查問的部分內容，也因此，在訪談後段，當我提及報馬仔的「守戒」相關資料時，他答：「這是我今天最痛苦講的部分，往下我所說，請勿列入記錄或不要發表……（略），卡早報馬仔那有什麼單身守戒？太過於神格化實在不好啊！台灣宗教史不長，我們可以好好處理神格問題……」「報馬仔的存在，乃是莊嚴儀式過程中，賦予一古趣，但逗趣之所在，不能破壞整體的莊嚴性……」「現今，報馬仔已經被他們渲染成如此，我覺得有點兒不尊敬。並非不尊敬神明，而是不尊敬歷史，因為舊歷史不是我們在創造，歷史是先人留給我們的沿革，我們就將之沿革起來、接續下來即可。我們雖然可以給它生腳發葉，總不能太離譜！」

　　此間我不擬突顯矛盾或不識趣，而楊氏自有其寬容或大格局的見地：「你若想聽些表面比較看不到的，或說『最原始的』，現今大家不都在推動『古色古香』嗎？數十年來，大家為了不想看到故鄉的沒落，許多人發心來創作，而有人做對，有人做得不盡合情合理；有人成功，有人消逝，但真正好的創作就會留下來……」換句話說，楊氏其實已經點出了所謂的歷史文化，實乃經由特定社會、族群，長期擇優汰劣，篩選留存者。我想起 20 世紀生物學大家 E. O. Wilson 努力從事的「知識大融通」，他相信

文化的演化，與之生物的演化，同理而可予以大整合，有突變，有天擇。大化之流轉非關是非、對錯，是非、對錯的價值判斷也是演化而出者。

我同意楊氏整體的論調，而訪談的結果與我原先的感受並無大落差，但我仍需略加註解，特別是在對地方前輩，做政治或意識形態的表達面向。而我訪談許老師之際，他提及北港朝天宮的「委員們」，在日治時代乃至KMT 統治上半葉等，基本上具備濃郁的台灣意識，日治時代有些委員參加農林團體；228 事變時，一些委員也都有參與。許老師敘述：「我訪問他們，他們大多表示，當年都靠拿紅包去抹消，才能換到一張良民證。多數受訪者談到這一段時都在哭……」

至於一些報馬仔的詮釋，我亦贊同楊先生的見解，實不宜偏離史實太遙遠，例如將報馬仔說成得「終身不婚娶、終身不沾酒、必須……」，事實上古來擔任報馬仔者，多為最最底層的角色，「只能找適當身分的人來擔任，說什麼單身、守戒，胡扯！……」總不該將今古時空大混合，以今日自由開放的情境，無限套往舊時威權專制下的封建社會。

楊先生人稱「鬼頭腦」，乃氣宇軒昂、極度靈活的人，絕不可能抱殘守缺，相反的，他的前瞻激進亦罕有人能及。然而，畢竟久浸典雅文化之鄉，他知所進退，故而不斷強調「不減神聖」之下，最最活潑逗趣的「創意、創作」，然後，再經社會、時間的汰選，留存當代的優質內

涵。

今之流行的報馬仔文化解碼大致如此，而所謂裝備的象徵意義或詮釋，誠如台諺：「一人一家事(音代)，公媽隨人祀(音近裁)。」無所謂真假、對錯。

有了金頭腦、鬼點子，當然得有執行人、推手，文武、動靜相搭配，如黃水水先生等人，正是打造形象商圈、推動在地新生「古」文化的勇猛者，訪談這天他予我深刻且十足認同的二句話：「咱北港人就是有骨氣！」「功不必自我成、名不必自我立……」日後再予敘述。

## 許士能老師來信

教授好：

個人在鄉下住慣了，尤其退休以來，個人生活步調越來越慢，慢到令自己生氣，慢到對不起所有親友的期待。

言歸正傳：1988 年以來，我在北港事實上只是一個平臺，主要的工作是鼓勵、陪伴或偶而參與、偶而帶領他們做一些行銷北港，我個人偶而另外會參加一些研習、遊行、苦行……，每年也會帶十幾次的導覽……，卻很難帶動北港人去參加研習、遊行、苦行……

一、看到你寫「報馬仔」，我很驚訝！竟然生態學者會對「報馬仔」有興趣。「報馬仔」在我眼裏只是「小戲」形態的小陣頭，在迎神行列前，通知居民收拾衣物、準備祭拜的甘草人物。看到別的廟會的「報馬仔」被「醜化」，而北港的「報馬仔」卻能講求裝扮，演化出許多「教化」的隱喻，確實感到高興。但多年來，北港「報馬仔」的任何活動，我從未參加。所以，當教授到來，我當然又扮演起我的

「平臺」工作，幸運地找到大部分的關鍵人物。當然也有些人被遺漏了。包括扮相最佳的蔡世昌、廳長楊安順、故事先後執筆者許文綺、紀雅博、網站站長李茂長……

　　二、我對李岳勳先生的看法，並不認同。總覺得「證據不足」。媽祖信仰或王爺信仰……，雖是社會的縮影，他們並未明顯分為支持政府與反對政府兩派。只是如果是官廟，自然就地位較高，香客較少。會有反政府份子隱藏其間，應屬於偶然現象。目前香火較盛的廟宇，大多成為黑白兩道爭逐權利的另一場域。自古以來東方宗教出家人大多是不參與世俗權利的爭奪，所以兩軍，或兩國，兩派相爭…，失敗一方有小部分人會主動或被動出家(一休如此、釋尊也可能如此?)，以示不再眷戀權利。贏的也會繼續監視出家者，若隱藏蹤跡，反而會引來追殺。

　　三、媽祖、王爺、…信仰只為個人功利而拜神，在過去與現在，都不會成為「顯性文化」。目前的「媽祖熱」大多著眼於祂的商業價值、權勢分配和統戰功能。民間信仰常緣自生活習慣，世代相傳罷！有「宗」無「教」，信徒對信仰少有深入「思辨」。基督教因有社會關懷與參與，在教堂裏信徒不分貴賤，都比較平等。比較有教化功能。相反的，媽祖信仰、王爺信仰、觀音信仰…，這些信徒幾乎純屬於追求世俗功利和階級的(各廟常在互比神明高下、分彼此)。有時候信徒不知不覺成為被馴化，被愚弄的一群。

　　四、誠如教授 18 年前 (1994?) 說的，台灣的前途關鍵在教育能否改革，當然先求民主與法治，教育才有可能改革，否則台灣人可能仍會被「報馬仔」出身的黨工，繼續統治。

## 斷章取義引介李岳勳先生的《禪在台灣》

# 台灣人的宗教觀

14

有一本《辭海》解釋「宗教」：「多數人有所信仰而成為一教的，如佛教、回教、基督教是。」這幾乎是什麼也沒解釋。

不過，我關心的是台灣人的宗教觀是何？

▲ 石岡一貫道天皇宮 (作者於2010.4.10為其點傳師、幹部授課)

　　2011 年 3 月 31 日我回家鄉北港，訪談創作北港新報馬仔象徵意義的藝文人士，順便也探問他們對宗教的見解。這不是在做研究，這議題的答案沒有是非對錯、高低之分，基本上這議題在我心目中並非要有答案，甚至也不是問題的議題。

　　個人累積了將近一甲子的台灣生活經驗，我只想看看是否有人洞燭了整部台灣史的腦幹，我想學習。

　　隨意舉例受訪者給我的答案，這些回答都沒預設，乃臨時逢機的純聊天而已，此外，聖諾法師及李前總統的說辭，是在不涉及宗教的談話中無意間談出的。

　　1. 許士能先生 (退休教師；地區文史工作者)：一般台灣人沒有所謂的宗教信仰。宗教是，你信，得要有提昇作用，提昇你的行為、安定內心、免除部分的虛無飄渺。我看媽祖信仰的大部分信徒，怎麼拜也沒心安，甚至愈拜愈多、愈雜，而不只拜媽祖。他之所以拜，大多因為家庭、父母一貫相承而來；在他拜拜的過程中，充其量只會去做些救濟他人的所謂善事而已，並無其他提昇，一旦遭遇必須做出是非判斷或選擇時，並非依據媽祖信仰的價值原則，而是一樣地隨波逐流，追逐名利、私利，牆頭草那邊都可倒。更且，拜拜最常見的動機在於唯利主義、現實取向、對價關係。最常見者祈求賺錢、得功名、病痛或困擾的免除，等等。真正的宗教是要人放得下這些。大部分的宗教都有些規矩，要你修什麼、戒什麼，放下什麼，而可以做些有意義的事。

2. 楊國男先生 (商；文史達人)：勸人為善或為宗教的通則，但宗教得照顧公義；宗教是神聖慈善的，也是極其殘忍迫害的；宗教可以是政治目的論的，宗教是可以操弄的……；舉凡有抽象思考的，就有宗教。

3. 黃水水先生 (文史工作者；經營者)：萬教歸一宗啦，勸善啦。

4. 聖諾法師 (2009年4月6日)：宗教這課目，就是人性改造的工程。

5. 李登輝先生 (前總統；2008年3月11日及2010年2月23日；2011年3月27日來電)：信仰絕非理性，宗教信仰就只是去信就是了，「……那些沒有看見就信的人，有福了！」然後感覺就很自然，只是去信它就是了；……人若沒有內在思想與信仰，實在不是個人……人開始思考生、死，大約 7 萬年前 (另一說10餘萬年前) 開始關心死亡的問題之際，人的信仰就開始了，而人對死亡開始產生宗教儀式，不過 7 萬多年而已……科技及物質的放縱與氾濫，永遠填不滿空虛的內在，因而也產生許多雜亂的宗教派系，但不僅沒能解決問題，反而滋生許多社會悲劇……

朋友們，如果是你，在不必準備、脫口而出的方式之下，你將如何敘述宗教？

上述的舉例，包括接受西方主流看法的，以及純粹台灣民間印象的。而就個人所知，我所讀過少量的宗教著作中，最深得我心，也是最貼近台灣普羅文化真實面的，殆為李岳勳氏 1972 年出版的《禪在台灣──媽祖與王爺信

仰之宗教哲學及歷史
的研究》一書。

　　它之所以吸引我
的原因可能如下：

　　1. 在文化慣習、
思想旨趣方面，我與
之甚為接近。

　　2. 雖然全書三句

▲ 研究媽祖文化的林美容教授，私下相當肯定
李岳勳先生的論述 (2011.3.13)

不離「靈性中國」，
却道地以台灣主體意識為宗。

　　3. 思考的內涵猶如古典音樂，層次、深度豐富，耐久
經看而值得細細品味。

　　4. 人生終極意義、人的性格或特質方面，個人自認為
與它最為雷同。

　　5. 它追溯 20 世紀中葉之前，古禪史及於古中國神話
時代，特別是台灣、閩南的普羅宗教史，但幾近全無掉書
袋的現象，殆全經由作者徹底消化、內化並創發地，挖掘
出逼近「真相」的另類思考，而且，因其內化，它是筆者
所知，最能將古禪語，以最接近現代方式表達者之一，雖
然表面上還多是古文字。相對於坊間汗牛充棟的禪言禪
語，或以美感、幻景誘惑，或以艱澀古詞囫圇吞棗，而未
能逼近原意者，而它，或是最現代的台灣禪史之一。

　　6. 它在台灣的宗教哲思面向，締造了深沉的深度與廣
度，而幾乎完全以基層文化的主體為素材。

▲ 左營蓮池潭春秋閣 (2010.12.19)

　　7. 它「揭露」了形成台灣文化、生活型的「真相」，
最有可能直逼台灣史的真實面，而非外來政權指導下的台
灣史。

　　2010 年底，我因為探討高雄左營興隆淨寺的歷史，
10 月 9 日乘前往妙心寺演講之際，在寺內的「佛學資料
中心」圖書館找資料，無意間看到這本奇書，將它借回
來，沒有目的地閱讀，這才發現它正是我所該詳閱的好
書。

　　書跟人一樣，我在將近一甲子的歲月中，能夠成為終
身朋友的，多半是基本格調相近者。2010 年 12 月 13 日，
傳道法師引導我勘查左營龜山興隆淨寺遺址後，回到興隆

淨寺午餐時，我向道師父探詢李岳勳這個人，巧合的是道師父聽過李先生的課。

道師父說李先生、林錦東先生（台中實覺禪寺的住持即其夫人），以及有 20 世紀上半葉台灣佛教界的馬丁路德之稱的林氏等人，殆為承繼日本禪宗法脈的台灣人。道師父扼要陳述李先生的特徵如下，而括弧內為我另加註者。

1. 承受日式教育禪學，且因日本禪宗傳承中國精髓，故其等禪學有唐風（法脈源頭）。

2. 思想見解擺脫時代看待事物的框架（格局或思想特徵）。

3. 富於批判思惟，敢向任何權威或威權挑戰（心智性格）。

4. 不求名利或聞達，不畏權勢（處世態度）。

5. 已萌生台灣主體的強烈認同文化意識。

坦白說，對於受過現代教育如筆者等，初看李先生的大作時，並不容易看懂，也很難有興趣或耐性去瞭解它。然而，不得不說就像人的直覺，於初睹某人時的第一印象，對一本書也會產生同樣的照會，即令一開始根本不明所以。筆者近年終於相信，每本書必然是一種場域，一種活靈的載體，可以讓人嗅得出、觀得見某種形上的因緣。

難怪後來筆者散漫閱讀下來，始發現李先生的思惟恰可彌補筆者在台灣宗教、文史面向知音的欠缺！他的大作才是筆者所要學習的文史，也才能解開台灣精神的「真相」。《禪在台灣》揭露了「亡國奴」在外來政權、專制強權下，隱晦、避諱、噤聲之下，極盡屈辱中，台灣人高貴靈魂的真面目。這方面，在所有筆者讀過的佛學、佛教

書籍、文本之中，似乎沒有任何一本著作所具備。

　　從台灣人如我的角度，較難在短時間內瞭解浩瀚禪宗史上，或中國佛教史當中，如何才是印度佛教真正蛻變為中國佛教的本質與內涵；台灣人的生死禮俗、儀式與祖先牌位的象徵意義，更乏人明白，而李氏大作撥開了塵封四百年的濃霧，也教人當下了悟法界如何虛空。他的詮釋，很快地讓我吸收，例如：

　　李先生說：「信仰的意志，生自信者對於被信者的無限的仰慕，而其著實的努力，是信者舉其心身的全部存在，蠕向、迫近，而同化於被信仰者的形而上的努力……；宗教信仰的效果，端視有無做為信仰對象之『應現的人格』而定。中國宗教史上的『應現觀音』，實際上就是信仰觀音，而使自己的全部存在成為『觀音』透經自己而『人格化』的成果……宗教信仰的活動成果，必須視其信仰對象有無做為最具體的人格對於信者『應現』而定。佛教之流入中國，是以『應現觀音』、『應現文殊』、『應現普賢』等等姿態，做為具體的人格應現於中國人的時代，才算是佛教對於中國大陸的落地生根，而從此，印度佛教的色彩就消滅，而做為中國佛教的狀態就隨之而生長。在這個意味上，中國禪宗的誕生，是實質上的『中國佛教』的誕生，也是中國人脫離『宗教的殖民地』之階格的飛躍。」

　　可以說，我在目睹這段文字的瞬間，明白了我與慈濟證嚴法師三次見面，她予我的「宗教性」象徵突然敞開，

▲ 慈濟證嚴法師參訪其環保站 (2010.11.13)

所謂宗教的內涵、意義、哲學、操作機制等等，一目了然。

　　2010 年底我在撰寫《興隆淨寺 (一)：1895 年之前》一書時，我的感觸，在許多面向實與李先生的想法如出一轍，例如他說：「實際上我是在所謂正史的種種記述中，找不到做為現代台灣人足以自豪的根據，而對此生失去了一切的信心與價值的人……」「現代台灣的寺廟，無論是其管理者或信徒，甚至以台灣的民間信仰做為研究對象的學者，都犯有一個相當普遍的錯誤，那就是對於一家寺廟庵觀的教派、法脈的無知與冷漠。教派法脈，可以說是一家寺廟庵觀的生命，因為必須藉這個教派法脈之所屬，始

能明白這一家寺廟庵觀所提倡的宗教的世界觀及人生觀，而所謂信仰，即必須以被信仰的對象之具體內容之確立，始有成立的可能之故。」等等。

因此之故，在我向李前輩私淑學習的過程中 (讀他的書)，順便將他直接提到宗教或信仰的觀念、理念、認知、主張、批判等，按照該書頁碼前後的順序，摘錄並略加註解，用以和朋友們分享我所認定的「台灣人的宗教觀」。

換句話說，往下我所摘錄的，是屬於典型的「斷章取義」、「斷句取義」，而無關李氏大作的主旨。為便利閱讀，偶而我逕自修改李先生的文字，但無礙其原意。以下條列敘述之。

1.「一般來說，絕大多數人的信仰動機，都以某些利益為前提，但有程度之別，即令是現存宗教的教祖，也都以某些利益為前提，才進臻崇高的宗教世界。因此，對於台灣人普遍以祈求福利的信仰風氣，不該以嚴苛的態度來對待……」往下他說明台灣的神佛之所以帶有濃厚的治病、消災的特色，不能以現代人觀點來斥為迷信，實在是早期移民面對台灣的新環境，存有依據其原鄉傳統方法無能解決的許多狀況之所致。即使是現代人，面臨理性無法解決的難題時，不也不得不求神問卜？大道公 (吳夲) 的信仰，正是反映對疫病的適應，更且，延伸對許多神明要求同等的功能。

筆者同意這種歷史因果的透視，因為台灣是亞熱帶高山島，地震、颱風、高溫多雨，地體變動頻繁而國土危

脆；疫情、傳染病、昆蟲與微生物肆虐；黑水溝的大風險，出草馘首的恐怖；以及，變幻無常、翻手覆雲的政治，恆以次殖民、亡國奴對待台灣生民，等等，或說台灣子民承受太多生死存亡臨界線的環境壓力甚大，在人生諸多逆向、困境或束手無策的無奈中，轉向超自然或神明的祈求，良有以也。

　　1999 年 9.21 大地震後，筆者採訪許許多多死裏逃生的人得知，在天搖地動、山崩狂暴之中，觀音、媽祖、祖宗三代、耶穌、天主、佛陀、阿拉……，任何想得到或無意識下的神明都脫口而出啊！總不能以安逸之時，或科學、理性去苛責吧！

　　2.「……一位皇帝信仰那一個教，即使在政治上沒有提出具體的政策，對其他的宗教必然發生大威脅……」偏好道教的明世宗在位長達 45 年 (1521-1566年)，他在：「1536 年 5 月拆毀宮中的佛殿，並於同年任命道士邵元節為禮部尚書，這對於佛教幾乎是致命的威脅。儒、道、釋三教合一論就在這個時代中振興，而小說家許仲琳可能受到這個『三教合一』的影響，因而撰寫了一部《封神演義》。這部神仙小說完全無視於時間、空間，以周朝滅紂為舞台，讓當時所有一切宗教的教祖，或任何民間信仰的對象或人物都登臺扮演特定的角色，乍看似乎極其荒誕，其實，對於一切的宗教要賦予中國式的解釋的這個創意，即令在現代，都深富示唆性，雖然在《封神演義》所表現的，仍然是粗糙且消化不良的成果……」

事實上，迄今流傳台灣民間的信仰中，絕大部分的神明都由《封神演義》所從出，或者，準其封神原則而新創。講句刻薄、不敬的話，買部《封神演義》來供奉，遠比雕塑一堆神像便宜多了，而如關公、媽祖的信仰，很大或全部的成因，實乃明鄭、清朝官僚置入性行

▲ 太子爺雕像

▲ 赤水北天宮玄天上帝 (2010.11.26)

▲ 諸神就位（嘉義城隍廟；2011.1.17）

銷，或政治正確性所導致。至於信仰或祭拜這些神像的文
化內涵、價值觀念或教材、教義，很大的一部分來自袁了
凡的作品，筆者初步認為，明朝許仲琳、袁了凡兩氏的創
作，形成台灣民間傳統宗教信仰的大宗。即令官方強烈的
以教佐政「成就非凡」，但常民的雜神信仰及觀念依然根
深蒂固。

　　3.「台灣人所繼承的宗教信仰，表面上看來種目繁
多，但在宗教教義的提撕鼓揚，久來任其荒蕪，以致常被
一般性的觀察者，誤認為是相當低俗的『雜神教』，這固
然是事實，但這樣的觀察或認定，不管是存心或無意，都

將歸根於該觀察者，對他自己的心所掘進的深度問題，並不影響台灣宗教信仰的實質或其力量……」

　　上述的看法，截然異於歷來主流，或統治者一貫鄙視台灣人的偏見，直接肯定台灣宗教的主體性，但也隱藏許多矛盾，但李氏強烈的主見繼續強調：「……台灣知識分子的心，被近代唯物論的教育塑造成一具只能觀察現象，而無法洞燭事物的『實相』，並且，受到唯物論所捏造的宗教信仰觀，普遍患了對宗教信仰的『忌避症』或『恐懼症』，因而易於和膚淺者的觀點共鳴，從而盲目、蔑視台灣傳承下來的宗教信仰及其價值，這種趨勢令人痛心，但這些知識分子仍然無能抹消傳統，因為這些傳統，正是為台灣的知識分子有一天走到日暮途窮的場合時，所預備的最高的拯救。」

　　李氏一方面批判台灣(學院)式的「知識分子」「不肯認知他們所繼承的宗教信仰就是要『知自己』……」，而只逐流行，一面倒向人類歷史上「形而下」的一個極限；另方面他也向知識分子招手：「回到傳統『心的故里』，做一段深耕的工作。」

　　4.李氏認為：「台灣的宗教信仰，儘管現象面是雜亂的，但其奧底所藏的，却是獨一的『觀音』，君不見乍看和佛教本來無關的『城隍廟』，其『內殿』也奉祀觀音的事實，就可以明白。換句話說，台灣所有的傳統的宗教信仰，其現象面全部都是為了要誘掖台灣人，進入觀音入理法門所廣設的方便……」

　　而李氏「奇書」全書的重點，乃在解碼台灣的媽祖信仰，他認為沒有明鄭在台反清，則有可能媽祖信仰已變成歷史的陳跡，而滿清利用媽祖神權佐政，用以征服台灣的抗清反中；他解析媽祖信仰的宗教要事，以及哲學結構；他認定媽祖、王爺等台灣信仰，本質上是政權交替下的「隱藏意識」，反異族的民族革命、忠奸倫理的隱性大對決，更重要的，在宗教哲學的解析，將台灣傳統信仰的根荄，定位於禪宗骨幹，外披以雜神的應現，且以觀音為主體。然而，本文不探討李氏思想或該書的菁華，反而只依字面或膚面，介紹李氏的台灣傳統宗教或信仰觀。這是必須說明的。

　　5.「宗教所談的內涵，是人的五官六感所無法完全觸及的某種世界，或靈界，但宗教之要成為宗教，就必須使令更多的人認識這個世界 (即靈界)，教化則是宗教要成為宗教的手段。而所謂宗教上的教化，任何賢能的宗教家，也只能從常識、知性切入，於是，要讓五官六感所不能觸及的世界被人的五官六感所能認識。」不得不用譬喻來說明，「這樣的方法不但無法揭開那個世界。」也就是靈界，反而會歪曲靈界，「宗教藝術就是此一譬喻說明的手段、方法所遺留下來的『教材』，在某些意味上可能是寶，但在嚴格的意味上，却是十足的垃圾，尤其是藏得太多，反而會炫惑學人，越看不到真實。既然是『觀音』，要『觀』的就是『音』……，但人們却置身於完全不是『音』的畫、像等，一片垃圾堆裏，要在垃圾裏找

『音』。做為人,這實在是不得已的……」

這段話談的是宗教的本質或特徵之一。

6.「……宗教信仰自體乃是一個神祕世界的提示與其開發,而在提示與開發的內容或工作上,必然會產生常識難以判斷的現象,此即宗教信仰上所謂的奇蹟或靈驗。宗教信仰若一旦要自個人,推廣為兩個人以上的社會性行為或活動,所根據的,就必定是先驗者在此一神祕世界的開發上,其所經驗的奇蹟或靈驗。因此,神祕、奇蹟、靈驗,不單是宗教唯一的資產,也是一般人所以會想去體驗,而成為信徒的唯一魅力。換句話說,神祕的奇蹟靈驗,乃是宗教信仰形成上不可或缺的要素,同時也是宗教團體廣告宣傳的依歸之所。」

而現代以科學思想、工技理性、唯物觀點,對宗教信仰的奇蹟或靈驗幾乎全面否定,然而,「神祕的奇蹟或靈驗,必須在知識破產的處境中,始能最顯著地出現對宗教信仰的回心轉意。所以,真正的宗教對於攻擊宗教最激烈的知識階級是絕對不以為忤的,因為有一天,他們也會為宗教做熱烈的擁護論。」

同樣的,這兩段話乃是宗教的本質,或為宗教信仰下界說。

我第一次看完這兩段話,批註:「科學或實證主義通常否定這些神祕主義的經驗或現象,然而,理性與知識只是一小部分的人生,當人遭遇無法抗拒的困境之際,最常見的如生、老、病、死,或慘烈的橫逆、折磨時,理性與

知識形同破產，對宗教信仰或超自然力的祈願也迴心轉意，不敢再『鐵齒』。每一副棺材都免費贈送某套宗教信仰，無論躺下的人要或不要。」

　　7. 李氏暨諸多前人認為，媽祖信仰淵源於禪宗馬祖道一的法脈，而馬祖道一的重點提示：「汝等諸人各信自心是佛。」李氏改述為：「你們各自具有的心，就是所有一切的宗教所信仰、所尊崇的獨一的對象。」「神、佛、上帝、真宰、真理等，都被一時囊括於人各自具有的心。因此，所謂宗教信仰的『求道』，求道者所求的對象，就在概念上落定於求道者自己的心，再也無須向外馳求了。」馬祖再強調：「心外無別佛，佛外無別心。」所以李氏再說：「宗教信仰的一切有形、無形的行為，就是要為明白自己的心的構造與其作用的行為。基督教的『創世紀』是憑『神』(即心)的『思想作用』而『寫』出來的，在中國的《周易》即是：『神也者，妙萬物而為言者也』……」是以馬祖說：「凡所見色，皆是見心。」也就是說：「我們日常所看到的客觀的事物的狀態，其原形都是我們自己的心的狀態。但這個『心』究竟是怎樣形成的呢？」馬祖却說：「心不自心，因色故有。」就常識、邏輯而言，前說見色即見心、萬物唯心造，客觀的存在是主觀的唯心之所造，後面又矛盾地說：心是因客觀的存在而形成！

　　當感悟力可以突破認識論上的矛盾而釋懷時，才能展現「於心所生，即名為色，知色空故，生即不生，若了此心，乃可隨時著衣喫飯，長養聖胎」的境地。

　　十幾二十年前，心淳法師要筆者規劃「無生道場」，筆者一頭霧水，因為筆者學的是生態，談的是眾生生機、生存、生計、生活、生涯、生命的流變，以及彼此之間，其與無生環境諸因子或整體之間的關係，為什麼却叫做「無生道場」？當時不明白要人「無生」，而生態系才可能有生而「無生」，但却非邏輯關係。而當年只是對字詞的混淆，誤解其代表或象徵的意義。

　　8.「所謂宗教哲學，其目的在乎自覺真的自己——即靈性，但其出發點却要從宗教哲學者自身的現象面開始。在佛教哲學，這個學者的現實面是以『眼、耳、鼻、舌、身』五種感覺機能為代表……若從這出發點趨向於學者自身以外的事物，所造就的，即現今所謂科學唯物論的哲學；若指向於學者本身內在，就形成了唯心論的哲學。而宗教哲學就是要將這兩個傾向，亦即心物兩面的哲學，做為表裏一體、形影相隨的『象與形』來體認，而自覺於超越哲學的『絕對的場』為其究竟的目標。因此，宗教要開發絕對的場，需循哲學的知識的體系，而不得不從五種感覺機能開始。

　　「眼、耳、鼻、舌、身的對象是色、聲、香、味、觸，而其作用就是見、聞、嗅、嚐、覺……」五種機能推進自然界得出唯物論的科學，反之，向人自體內部摸索出唯心論的哲學，「實際上佛教的經典，差不多全部都是談論從這現實面的五項機能開始，回溯於此一機能所來自的源頭之經驗談……」而大多認為由眼睛及耳朵溯返源頭的

途徑最簡潔有效。這個論法，最富代表性的一部經即《首楞嚴經》。「從一個感覺機能向自己內部循其來路溯返，就會達到『識』，進一步就是『意』，再進一步就是靈性的『音』，而循獨一條的來路進入總源頭的『音』、『靈』，就明白從這裏發出去的一切的『路』。」

　　李氏這些文字，事實上是在詮釋禪師創造媽祖神話的過程中，以小說體方式敘述林默娘 23 歲時，收服千里眼、順風耳這兩妖怪來輔佐她。畢竟在道教時代背景下，媽祖女神乃道教式的服裝，本質的禪宗則透過最表象的千里眼及順風耳，從而建構媽祖信仰乃「觀音入理法門」。因為「眼」的作用是「觀」，其對象是色相的「世」；「耳」的作用是「聽」，其對象為聲響的「音」。然後，李氏再以上述的「宗教哲學」詮釋之。

　　李氏整部書，或李氏這位台灣禪師，一生的精髓乃在於透視由閩南禪宗法脈，到台灣普羅民間，沉沉穩穩發展 3、4 百年的宗教文化，以媽祖、觀音為媒介，將最最本質性的禪的精華，演繹為台灣集體精神與人格的原理，揭露出來。李氏是筆者所瞭解，最最本土化的一代台灣禪師。他的書，表面上乃清晰地詮釋，古代禪師大德先將禪宗壓縮或侷限在南嶽系的馬祖 (道一) 禪，並採用應現觀音的見地，藉道教的表現形式，創作出一部宗教小說《天妃顯聖錄》或其不同增刪版本等，究其實，該書也是李氏一生禪學的宣說。因此，上列 8 段話，筆者視同李氏宣說台灣人格與精神的特質。

9.「教團為要尊重其導師，而尊稱其導師為『活佛』或『觀音』，這當然沒有不可，但將『活佛』或『觀音』限定於職業宗教家的傾向若由此而產生，這傾向就變成佛教衰亡的致命傷……禪匠的教化、指導，目的在於對現象世界擊出『活佛』、『觀音』這類無我的人格。禪匠為要達成此一目的，他自己就必須先行完成無我的人格。雖然佛教有『自己未度先度他人』的方便之說，但這話若被曲解與誤用，必然就發生一盲引眾盲的不幸！」然而，養成師匠的必要性，卻漸漸喪失了禪宗本來的目的，「而教團的成立，『我』就隨之而形成……」

李氏這段話不僅道破歷代「大師、宗派」無可避免的自我腐蝕，也彰顯現今台灣佛教山頭林立、據地為王的浮世繪。因此，李氏強調：

**「學禪並不是要成為職業宗教家，而是在具備一個無我的人格去做無私的生活行為。但是中國禪宗的傾向，**『學禪』卻變成要成為職業宗教家、取得政權的庇護、受人尊敬、逃避社會義務的手段。包括禪宗在內的中國佛教之所以會被淘汰，其原因在乎此，而道教、儒教之所以會脫離原來的目的亦然。

「禪的目的在乎完成無我的人格。神佛是無我的，應物現形，經由大自然所應現的神佛，無論做為獅虎，或做為蚊蟲，做為生命的神佛都安於其所，通經全部的生活行為，貢獻於大自然的整體運營……」

南泉普願禪師說死後當一頭水牯牛去；為山靈祐禪師

一樣說百年後「向山下作一頭水牯牛」，而且「左脇」上
還有五個字「溈山僧某甲」。台灣人歷來喜說當頭水牛的
牛馬精神根源於此。

　　「當僧尼廟公披上了活佛活神的原貌時，世人就會看
失了真的神佛。」「政客性的職業宗教家出現，不但沒有
完成無我的大人格，反而厚顏無恥地露出『我性』，專事
利己的活動時，神佛的象徵，一變為陰謀術數的巢窟，反
不若從前默默燒香點燈的僧尼廟公宛然一頭水牯牛的天
真。」

　　過去：「以媽祖信仰為象徵的台灣民間信仰，是在沒
有顯赫聲譽的禪師指導下，各自以其生活來體證作一頭水
牯牛的神佛之理的，那固然是多迷多難的行程，却比淪落
為職業宗教家營私的奴隸，要來得自由而恰切……」

　　「台灣人不會說教，因為在他們而言，作一頭水牯牛
的生活全部就是『現身說法』，禪除『我』此一立地的
人，不會披剃穿袈裟，也不會戴冠穿袍，以礙於作一頭水
牯牛的生活行為。」

　　10.「欲理解台灣人的宗教觀，其捷徑可以直接尋根
據於《封神演義》這部"荒誕"的小說。明朝民間的萬教
歸一的宗教觀，可以說是由這部神仙小說推廣出來的，至
於在萬教歸一觀之下的宗教生活，即以袁黃的《陰隲錄》
為代表。」

　　本項敘述乃針對前述第 2 項再做補充。由於明世宗狂
信道教且壓迫他教之後，基於害怕被迫害，其他教門將南

宋為止常見的儒、道、釋三教一致觀，培育出一種可以叫做「萬教歸一」的宗教理論。而明朝淨土宗最主要的人物，被稱為「蓮宗八祖」的袾宏，夥同德清、智旭等名僧，在此時代也提倡「混融佛教」，試將禪宗與淨土混合為一，形成中國宗教史上所謂的「念佛禪」。

明末，許仲琳撰寫的《封神演義》，試將「萬教」信仰的對象，賦予他所認為的「中國式的解釋」，而這部小說對民間的影響無遠弗屆，它將「萬教歸一」的宗教觀推廣得無以復加，迄今台灣人心目中的靈界 (神佛界)，仍然深深地附著於它。

在此萬教歸一宗籠罩下的台灣人宗教的生活內涵，或說價值觀，則由袁黃的著作所操控。吳江人的袁黃字坤儀，號了凡。他出身貧賤，幼年喪父，由獨母養育成人。他於萬曆年間中了進士，官至兵部主事，後來遭忌罷官。他早年篤信易卜，誠如台灣的《昔時賢文》所說的「萬般都是命，半點不由人」，也就是說，他原本是個徹底的宿命論者，人的命運是鐵定的，直到他遇見了雲谷禪師，承蒙禪師啟發，授與他「功過格」，從此認為人生的福禍，乃由他的行為是善、是惡，來累計加減分而定。他以「功過格」為自己打分數，藉此方法自律，因而全然改變了易卜上他的命運。

於是，「禍福無門，惟人自召，善惡之報，如影隨形」，他藉由生活行為的去惡趨善，創造幸福人生的方法論。他對靈界的態度，虔敬得不得了，即使出自他手筆的

神韻性文章，也不敢居功，全然認為是神靈的啟示。他這樣的作風，發展到清朝以降，變成所謂的「乩筆文」，也就是說，是「神靈附身於活人身上寫出來的宗教性的文章」。

「憑貶惡行善的生活行為來改造命運，這是任何宗教都提倡的事，至於其精微和嚴格，應以明末袁了凡為最。事實上，這稱得上腳踏實地的做法，但是，如果只將目的擺放在現世福、祿、壽的增進上，則這個見解，就很容易淪為唯物論、現世論的宗教觀，同時，其所期待得到善報的心，這樣的心態反而會阻礙善的本質，而變成功利化的計較。」「總之，明朝一代的宗教哲學，其綜結是在萬教歸一，而其實踐，即在生活上的一舉一動。至於這種思想之對國家的要求，即以『四海之內皆同胞』的開放態度，槓上歷來的鎖國主義，兩者形成了尖銳的對立……」

台灣普羅民間的價值觀，最主要形塑的內涵，正是來自袁了凡等之福報觀。可惜的是，台灣四百年來就是欠缺出現足夠智慧的宗教師，扭轉唯物現實功利的偏差！更悲慘的是，在精神、屬靈的境界上，我們為何停滯在四百年前？個人認為李岳勳前輩已經為總體台灣人跨出了一大步，筆者更有責任走向海闊天空！

以上列舉只是散漫式的引介，各項並沒什麼邏輯上的必然相關，但它們賜予我許多的啟發，至於該書的宗旨與精華，我近乎完全沒有提及。朋友們，誠摯地向您推薦李前輩的大作《禪在台灣》！

# 台灣人的宗教觀
## （北美篇）

　　「從小到大一直在學習，學習知識與技能，成就龐多的經驗與智慧，一生所凝聚的能力與能量，我很不甘願眼睛一閉什麼都消逝啊！很不甘心，怎麼有可能嘛?! 這麼多能量……」

　　外科醫生蔡榮聰接受我的訪問，問及：「何謂靈魂？你相不相信人有靈魂之說？」蔡醫師如上答。這「答案」很「實際」，他受洗後才一年多。

　　「宗教是人們心靈的依賴。人生在世，不管你是強、弱，在你內心總有一股追尋，多少都有『想要更好』的動機，但你不可能自己完成它。我幾乎每天都在跟死神討價、還價，例如昨天，我替一位 92 歲的人瑞開刀，他想活，但他得了主動脈瘤……」蔡醫師打開 i-phone 讓我看那膨大瘤的影像，「這不能切，一切就爆，一爆就死，他不可能撐得住。無論你多神勇，92 歲就是 92 歲……醫界有句話：『手術是成功的，但病人死了。』」所以，他得使

用新方法，而不用舊的開刀方式……；醫生是有限的，只是借醫生的手來幫助病人，因為上帝雖然是無所不在、無所不能的唯一存在，但有時也得借人來展現其旨意，因而上帝得需創造耶穌是人。早先，我跟許多其他人一樣，認為《聖經》是人寫出來的，是人創造的，慢慢接觸後，我知道不止於此。全球第一位上太空的蘇聯太空人，他下來後在記者會上說：『我在上面並沒有看到上帝。』何其傲慢啊！這人後來呢？喝酒駕車，車禍死亡；而阿姆斯壯上到太空卻說：『看到上帝所創造的宇宙萬物，人愈謙虛。人是什麼？上帝還眷顧他……』人是渺小、奧妙的！人定勝天？這是不可能的。我們台灣人談天、敬天、敬父母、敬神，若將天解釋成上帝，對台灣人的拯救就較快速……」

　　儘管蔡醫師如此「堅定」地回答，也可以滔滔不絕的見證，在他撰寫信仰的文章中，還是不斷處於「心理上未能完全信服」，並舉例一位信教 40 年的人，「每日還是在信仰學習成長中掙扎」；而「30 多年外科專業的嚴格訓練，造就出一套根深蒂固的科學態度和理念……科學是有系統、有根據，可以放在陽光下檢驗、複製的，是追求『真與實』的學問。宇宙的起源，生命的出現，不可能憑空想像，或無中生有的玄思、虛構，因此對神學也就敬鬼神而遠之……」，而許多科學家嘗試以現代科學方法去詮釋「處女懷胎」、「不交而孕」等，總是徒勞無功，畢竟科學與宗教實乃不同的「相信」與「信仰」(belief and faith)，

宗教信仰的「堅定」並非理性、邏輯的「相信」。

　　幾乎所有現代的知識分子，在信仰基督宗教的過程中，都會遭遇諸如「不交而孕」之類的「困惑」，李前總統在筆者初訪他時，自述信仰的過程也遭遇同樣的「不可能」，而他「解決」的方法是「信了就是了！」，然而，小兒科醫師陳英仁卻提出較「合理」的解釋。

　　「1969年我念解剖學、組織學時，在顯微鏡底下看細胞，放大400倍才那麼小的胃壁細胞那麼神奇，不同的細胞那麼奇妙，而不同的組織、各司其職的器官，何其複雜的相互配合，建構出何其奧妙的人體、生命體，怎麼可能沒有造物主？三色堇的顏色比例，每一朵花都一樣，怎麼可能嘛?!宇宙中絕對有種超自然力，我不知道它是什麼……」然而，在信仰的過程中多所跌撞，陳醫師繼續說明。

　　「我在德國唸醫時，眼不見不信。我問修女，瑪利亞怎可能不孕生子？修女回答：『你信仰不夠！』我不服。我向她說：『我在台灣念德文，經歷各種程次班，我拚死拚活，一切靠自己，什麼考驗都是自己拚來的，宗教是軟弱的人之所需，我用不著。』修女還是說：『你信仰不夠，我希望你軟弱些！』我更不服，大概這修女的程度不夠吧？我來美國以後，才認識我太太，是我國小老師介紹的。老師也找他的牧師吳祖望來看我，吳早先在香港是混幫派的，金盆洗手後轉變成牧師，他的著作及他的回答讓我印象深刻……」

「吳牧師說太理智的人無法信仰、無法虛心，宗教信仰是 Faith，不是 believe；Faith 虛無飄渺，沒感受就無法說。你不是相信宇宙中有種超自然力嗎？我說是啊，他再說如果你相信這超自然力，什麼都由祂掌管的，那麼祂是不是全能的？我說對啊！他說：那你的問題在那裏？呀！我的問題不就解決了！」

事實上，德國修女並非「程度」不夠，李前總統的「解決」方法也沒不同於吳牧師的「開示」，套用佛家的說法，內因外緣一時足了，枯木也龍吟。

蘇純玉女士到美國之後才信仰基督宗教，她是陳醫師的太太。我問她對於宗教的見解，她輕描淡寫：宗教、政治常由其父母或環境而決定，常人很難跳脫出環境決定論，以及母體文化的限制，「只有少數人才能擺脫；政治乃異議分子開拓而出者……」

在紐約州首府 Albany 經營一家日本料理店的老闆娘胡純知女士，1987 年來美，先後在幾個地方學習餐廳服務，她的店裏擺放著迎自台灣的神明。她宣稱對宗教不曾深思，但：「從小跟隨父母拜神……宗教是有個可資寄託的地方；拜拜？當事業較不順遂時，會祈求幫助，求健康……；在美國，每種行業都有強者、弱者，欺負人者、被欺負者；台灣人很打拚，中國來的人思考方式大不同，他們不講實話、攻心計、善中傷。我沒有什麼意識形態，各種人都可相處，和氣生財……」

安排筆者來美東演講 7 場的簡淑津女士是個畫家，她

的宗教情操似乎來自少女時代，在花園中，得自天星、花草樹木、鳥叫蟲鳴等，瑰麗的彩色世界所啟發，卻不是從她所就讀的宗教大學所感染。她的感覺敏銳，鋪陳在她畫布上的抽象，有種虔敬天啟的線條，卻沒有宗教的形式。

▲ 安排筆者赴美演講的簡淑津女士、曾伯聰醫師（紐澤西；2011.6.17）

▲ 王栢農先生、曾淑惠女士伉儷（中2人；紐澤西；2011.6.19）

紐澤西州一處鄉村住家中，男女主人氣質脫俗超凡而無與倫比。男主人王栢農先生正迷戀於鳥類、野生物的攝影，年紀 72；女主人曾淑惠女士很不喜歡宗教的形式，但她的宗教見解或感悟力常人莫及。夫妻具足了一套「台下哲思」，至於其宗教觀，在此筆者不擬寫出，只以曾女士在 2011 年 6 月 21 日，一堆人的閒話家常中，不經意脫口而出的若干話語代替之：

「……我的舞台在廚房，永遠不會退休……」

「……他(指她先生)只是給自己的一輩子，買一張乾乾淨淨的證書……」

「……你只能調整自己去適應……一般人總認為改變自己像是自己丟失了什麼，事實上，一段時日後，他會發覺一個新的自己已誕生。兒女若結婚，就算是父母獨立了，而非兒女……」

「……有次，四位台灣來的民主鬥士在演講，坦白說我很失望，我只是從他們的身體語言去感受，我覺得坐在台下的比台上的更愛台灣。幾十年了，這幾個人的浮世繪，倒也驗證了當年的感覺很準確……」

2011年6月16日至29日期間，筆者在美東7個地方演講7個不同題目，除了22及23日在Albany投宿在陳英仁醫師家，24日住在張嘉桂醫師家，25日宿許根旺教授家，28、29日住黃信治工程師家之外，自6月16日~30日期間之9天，皆投宿於紐澤西曾伯聰醫師、簡淑津伉儷家中。對北美台灣人宗教觀的口訪，大致係在演講前及投宿期間所訪問、錄音、整理，然後挑選若干代表性觀點所作的記錄。北美行程詳見於【附記】。

事實上筆者在北美的台灣人訪談，宗教面向只是附帶。而2011年6月19日早上，筆者跟隨簡淑津女士前往佳壇教會做禮拜，也參加成人主日學，順便訪問了該教會蕭清芬牧師及退休宗教學者林興隆教授，摘要如下。

林興隆教授：「一下定義，被定義者即被束縛。宗

教？宗教即將破碎的事物整合回來之謂；將支離破碎，或被切割化 (fragmentation) 的東西整合回來者，是謂宗教。哲學是探討現象背後隱藏的東西，包括生命，但只有宗教才能提供人生意義的答案。各不同地區、文化、宗教，所問的問題、所追求的答案皆不盡相同，但各自對生命的議題有其不同的答案；不同的宗教提供不同的答案或解決問題的途徑……」

　　蕭清芬牧師：「我曾經研究『宗教學』，歐洲說是『宗教關係 (Religion Relationship)』，也就是以某些特殊的方法看宗教，或看其宗教現象而探知其宗教的本質……我最後的論文即撰述日本 11 世紀的宗教改革，在歷史面向，探討其如何由淨土宗易名為『淨土真宗』，為何淨土宗主張其信仰得靠唸阿彌陀佛而來？而佛教的教義不正是要無我嗎？但修行時卻好像在肯定自己？淨土宗的人發現，你既然是要否定自我，又為何一直在肯定要靠自己來達到覺悟的境界？因而後來產生不同見解，而佛當中有位阿彌陀佛，祂發願要救渡所有眾生，眾生得靠祂……(註：這種說法，筆者不苟同，其對佛教教義顯然存有若干誤解；或許筆者誤解之也未可知)」

　　「宗教的本質是人與神的關係，且由人與神的關係延伸到人與人的關係、人與其所存在的環境的關係、人與自然界的關係……這是最重要的部分……生命是禮物，是上帝給我們的，要好好地珍惜，要保持造物主與禮物之間的關係，但禮物不只是人，也包括整體生界、環境與眾生。生命的意義是在於可以發現此間這實在的關係、正常的關

係……靈魂？是你生命的實體，給你有活命的東西，構成你這個人的特質，也就是 What I am 的 am，是上帝賦予我的。每個人的不同，在於他生命中基本的靈魂不同，其有特殊性、唯一性……」

至於筆者在加拿大多倫多遇見的阿里山人陳時奮講座教授說：「我可以認同宗教的社會功能，社會大多數人需要宗教，但我不需要。宗教幫助人處理死亡這件事。人們對死亡很難接受，因為人們所有的事似乎都有補救的機會，唯獨死亡沒有。失去親人、面對死亡，自有歷史以來便是大問題，動物則沒有這種問題，而人需要天堂、極樂世界。死亡就是永遠消失……死亡對我來說，相當於開車子沒油了，停止了，生命結束了。我不認為有什麼死後的問題，死了就死了，像落葉，沒有其他東西……」

另一方面，在談到全球各宗教有無可能融合之際，幾乎全數受訪人皆否定之，特別是有宗教信仰的人士。

林興隆先生：宗教整合、融合？這是不可能的事，上帝也不敢如是想，不排斥已屬難得。每一宗教都有其價值，逕自提供不同的生命意義，並在各自追尋的過程中，提出不同的終極答案……而不同宗教之間應該可以互相學習，我看了你寫的《印土苦旅》，我認為對我也有幫助。修行愈深的人，愈有辦法接納不同的宗教。一般人一談起政治或宗教問題，很難不吵架。要如何談而不吵，就得訓練；在一些情況下，例如大家相互之間有些共同目標，則較易進行。相互愈接觸，愈有共同彼此接納的能力或態

度。

　　沒有哲學就沒有民主制度，要討論、辯論就得依
Civil discussion……

　　蕭清芬牧師：不同宗教要融合？從形式上看，沒有可
能性；結合不可能，只能相互做瞭解，例如教宗可與達賴
喇嘛對話……

　　蔡榮聰醫師：宗教不見得要融合。汽車的種類有許
多，而車的價值或意義是要帶我們前往目的地，從一處到
另一處，宗教亦然。信什麼教都無所謂，什麼車子都好，
條條大路通羅馬，端視個人及其處境……；宗教的精義不
是要戰爭，戰爭只是宗教被利用……

　　2011 年 7 月 5 日，筆者與一位美國人 (共和黨員) 聊天，
恰好談到在印度的經驗，筆者畫龍點睛地摘要印度現象，
他表示無法理解、不可思議，筆者只能回他：「你們的信
仰中不也有句：『他們卻仰慕一個更美的家鄉，就是在
天上的……』(Hebrews 11：16) 印度跟你們的世界彷同平行宇
宙，但在人性底層並無真正的不同！在現象的表層比較之
下，印度的整體環境，的確彰顯人世間苦海的一極端，反
差之強委實劇烈，不過，我在印度的自我要求是放下成
見、單純觀察、盡量體會與感受，但不下判斷、不做結
論，遑論評價！」

　　共和黨員還是追問：你在印度的經驗，對我們的文
化、社會有什麼用處？筆者只能回答：就現今美國社會主

流的觀念、價值系統，不容易找到印度文化的「用處」，不過，當你遭逢 911 攻擊，死裏逃生之後，心情漸趨穩定之時；當你飽受癌症、愛滋煎熬；當你面臨一生最大挫折、困頓、求生不得、求死不能的一切悲慘之上……，也許你可以從印度文化找到若干用處，也許不能。他總算很滿意如此「答案」。

數據顯示，9 成美國人有宗教信仰，將近一半的人民每週上教堂至少一次，歷來 43 位總統都信仰上帝，所有美鈔、硬幣上都印著「奉主(神)之名」，即令無神論者也得使用單一神教的美金。美國可以說，係以基督宗教立國者。筆者這次訪美演講，所接觸者仍以基督宗教徒為大宗，因而本文殆即北美台灣人基督宗教觀的一小片斷。

【附記】

2011 年 6 月 9 日~7 月 9 日期間，筆者前往加拿大、美東的行程，流水登錄如下：

① 6 月 9 日下午 6 時 50 分飛機走動至加拿大多倫多機場停妥，合計花了 14 個小時 5 分鐘，陳時奮教授夫婦接機回陳家；6 月 10 日遊覽尼加拉大瀑布；6 月 11 日，陳月霞演講，12 日搭加拿大航空至美國紐華克機場。

② 6 月 12 日下午 3 時，陳洋明、黃翠瑩夫婦接機，載我們至女兒住處，宿；6 月 13~15 日，煮飯、為女兒過生日。

③ 6 月 16 日下午，在長島市搭曾伯聰醫師車，經紐約大

塞車至紐澤西曾家。

④ 6 月 17 日，至邱義昌、黃雪香伉儷新家欣賞「雪香陶藝」，晚餐 (除筆者外) 同桌 9 人：張勝茄先生、邱義昌先生、張幸吉先生、陳信宏先生、林秀清先生、劉照男先生、林云雲女士、簡淑津女士、曾伯聰醫師及筆者。

是夜，假聖恩長老教會，由中澤西台語教會主辦的演講，筆者談 2 個主題：「末日建言——從日本地震、海嘯角度環顧環保諸議題」，以及「環運者背後有座山林——燃燒我們的骨、我們的肉取暖」。聽眾 50 餘人。夜回曾家。

⑤ 6 月 18 日，中午先至長島市接陳月霞，再至紐約市「法拉盛文教中心」，由「靜宜大學校友會」主辦 (事實上幾乎只是簡淑津女士獨自承辦一切)，筆者演講「台灣自然史」兼談海嘯、文化等；聽眾一開始 3 人 (據說事後表示太深，聽不懂)，中途變成 5 人。筆者講足 2 個半鐘頭。夜回曾家。(紐約超級大塞車)

⑥ 6 月 19 日，早上至佳壇教會做禮拜，訪談蕭清芬牧師、蔡榮聰醫師、林興隆教授 (筆會會長) 等。下午，由北澤西台鄉會及台灣人筆會主辦的演講，筆者談「找回失落的台灣精神——台灣文化與精神的主體性」，聽眾約 30 人。

⑦ 6 月 20 日在曾家整理口訪資料，王栢農先生及王先生來電；跟隨曾醫師外出看餐館 (曾醫師擬購買餐館經營)；

夜，吳清源醫師、黃翠玲伉儷前來曾家敘舊，順便做訪談。

6月21日，中午去銀行。下午參觀林興隆先生的菜園。再至王栢農家中訪談。是夜在王家聚餐。

⑧ 6月22日，早上前往紐華克中央車站，搭灰狗巴士前往紐約州首府 Albany。陳仲欽先生接車。參觀紐約州政府、巨蛋、博物館。

▲ 紐約州摧毀原始森林的開拓史 (紐約州政府展示廳；2011.6.22)

▲ 911恐怖攻擊的飛機引擎 (紐約州政府展示廳；2011.6.22)

夜間至餐廳，由「首府區台美文化促進會」主辦，楊毓琪教授主持的演講會，筆者談「台灣山林環境運動與世紀災變史」。夜宿陳英仁醫師、蘇純玉伉儷家，順便採訪。

6月23日，陳仲欽先生開車，參觀喬治湖 (Lake George) 遊憩區、「五河環境教育中心」。夜回陳醫師家住

宿。

⑨ 6月24日，陳仲欽先生接我們前往紐約上州雪城(Syracuse)，至張嘉桂醫師、周彩秀伉儷家中。是夜假Erwin First United Methodist Church，由FAPA

▲ 陳仲欽先生(紐約上州；2011.6.29)

主辦的演講，筆者談「台灣環境災變史及其預測」。

⑩ 6月25日早上由張家出發，女主人周彩秀女士開車，載我們西行，前往 Rochester，高龍榮、林素梅伉儷同行，至許根旺教授、蘇秀華伉儷家。正逢 LPGA 高爾夫球賽在此地舉行，隔天，台灣的曾雅妮取得冠軍。25日下午，許教授帶我們參觀其所任教的大學 RIT，並順道看運河渡輪的升、降。

　　25日夜，由 Rochester 台鄉會主辦(FAPA)的演講，筆者講述「台灣山林環境運動史及世紀災變預測」。夜回許教授家，計有 10 人繼續暢談：許根旺教授、蘇秀華女士、高龍榮先生、林素梅女士、吳政惠先生、陳翔虔女士、劉文德先生、李玉芳女士、簡淑津女士及筆者。

⑪ 6月26日，許教授帶我們去 Pittsford 吃早餐後，高龍榮、林素梅伉儷帶我們回程。先至 Taughannock Falls

觀光，再至康乃爾大學參觀。傍晚回到紐澤西曾家。

6 月 27 日，下午王栢農夫妻帶我們參觀 The Great Swamp National Wildlife Refuge。因空氣乾燥或過敏，深夜筆者喉嚨疼痛、鼻腔出血。

⑫ 6 月 28 日，由曾家出發，在紐華克中央車站搭灰狗車前往華盛頓特區(錯失班車)，陳和弘夫人接車，前往陳先生為筆者設宴洗塵的餐廳；是夜，宿黃信治、陳淑華伉儷家。深夜喉嚨、鼻腔出血，吃抗生素。

⑬ 6 月 29 日，在黃家休息。晚餐賴義雄夫婦、黃慶三夫婦、黃信治夫婦、簡淑津女士及筆者。是夜，假華府台灣基督教會，華府華盛頓台鄉會主辦演講會，筆者講述「熱帶雨林政治論」。回宿黃家。

▲ 筆者於華府台灣基督教會演講會場之前 (2011.6.29)

⑭ 6月30日，早上黃信治先生載我們至DC的中央車站，找不到灰狗站，再搭計程車至灰狗總站，傍晚返抵紐澤西曾家。

⑮ 7月1日，由曾家前往賓州Pocono美東夏令營第42屆。7月2日傍晚陳月霞來會。7月3日11:45，陳月霞主講「台灣自然之旅」。筆者對代表主辦單位者之不友善及態度惡劣，留下印象。午后旋離開，返女兒住處。

⑯ 7月4日~7日在Long Island City女兒住處整理訪問稿。7月4日下午前往布魯克林橋；7月5日與許靖宜(暨男友)聚餐。

▲ 紐約的布魯克林大橋 (2011.7.4)

⑰ 7 月 7 日夜，自紐華克機場返台；7 月 9 日早上 5:35 抵
達桃園機場。

近年來筆者業已養成單純觀察、感悟的習慣，對生活
事務、人際萬象，時也忘了諸多形式，因而拙於表達感
激、感恩之情，更乏目的論、動機論。然而，這趟北美
行，多虧簡淑津女士、曾伯聰醫師竭心盡力地安排與照
顧。筆者與簡、曾伉儷之前僅有 2010 年一面之緣，他們
如此熱心贊助，完完全全基於原鄉台灣之情，筆者在美期
間的交通、食宿悉由他們提供，並承蒙陳洋明、黃翠瑩伉
儷、林興隆先生、陳仲欽與魏文華伉儷、楊毓琪教授、陳
英仁與蘇純玉伉儷、張嘉桂與周彩秀伉儷、高龍榮與林素
梅伉儷、王栢農與曾淑惠伉儷、許根旺與蘇秀華伉儷、陳
和弘先生暨夫人、黃信治與陳淑華伉儷、邱義昌與黃雪香
伉儷等人的接機、招待、食宿、開車、參訪等等。

此間，一生從未辦過演講及相關交涉事務，為了筆者
這次 7 場演講，可謂吃盡苦頭、疲於奔命的簡淑津女士，
筆者深深感受其台灣女性傳統的美德與韌性，她所受到的
若干委曲，更令筆者心生不忍，特此一誌，聊表筆者對簡
女士、曾醫師伉儷的感懷。

演講之際，承蒙各主辦單位及熱心鄉親買書、捐贈旅
費等，依時程順序臚列如下 (單位美金)：

中澤西台語教會：450；簡淑津校友會：500；北澤
西台鄉會及台灣人筆會：500；首府區台美文化促進會：

500；雪城 FAPA：200；Rochester 台鄉會：200；華盛頓台鄉會：500；大紐約區海外台灣人筆會：500；曾伯聰醫師：1000；王栢農、曾淑惠伉儷：600；黃恆信、黃彩雲伉儷：200；陳翔虔女士：500；李璧君女士：500；林美娟女士：300；楊毓琪教授：150。

又，買書或留下姓名及聯絡資料者名單如下：

吳耿志、林淑麗伉儷；陳信宏先生；李璧君女士；鄭再榮先生；張幸吉、林淑卿伉儷；張勝佳先生；洪儒銘、游月芬伉儷；李文璟先生；劉照男先生；張麗瑛女士；鄭世雄先生；邱凱莉小姐；簡良彬先生；曾碧聰先生；郭正昭先生；涂石連女士；張泰和、高示美伉儷；陳洋明、黃翠瑩伉儷；蕭亮楨先生；陳仲欽、魏文華伉儷；黃世欽先生；楊毓琪教授；陳英仁、蘇純玉伉儷；陳嫦娥女士；林美娟女士；張玉美女士；劉素清女士；陳肇芳女士；林哲雄先生；吳政惠先生；陳翔虔女士；劉文德、李玉芳伉儷；許根旺、蘇秀華伉儷；黃慶三先生；李東壁醫師；洪敏瑛女士；李明典先生；莊六雄先生。

所有金額完全委請簡淑津女士經手、銀行匯款、手續費等，筆者無法確定以上有無記錄偏差，更且，在美約 1 個月時程中，許多花費例如飲水、交通、零食……，殆由簡女士私掏腰包，夥同究竟許多聚餐費用筆者不便探詢，也不知何人嘉惠於我，實乃慚愧有加。此外，赴美前，蘇振輝董事長唯恐筆者阮囊羞澀，特地從高雄北上台中，饋我美金 1 千 8 百餘元，是為私人旅程花費。

　　總之，2011 年 6 月 9 日至 7 月 9 日赴北美全程，明確匯入筆者銀行金額 (扣除手續費後) 總計美金 7,682.4 元，扣除筆者與陳月霞來回機票等台幣 113,600 元、書籍成本及運費計 4 萬餘元，總計美東台灣鄉親贊助款剩下約新台幣 6 萬元，此款項將移至今後筆者進行生態暨環境教育服務計畫之用，將來執行時必將再度登錄之。

　　2011 年夏季赴美演講過程，筆者心中滿滿感恩鄉親。此間唯一遺憾，乃 7 月 3 日在賓州 Pocono 第 42 屆美東夏令營，該營係邀請陳月霞女士演講「台灣自然之旅」，筆者只是以配偶身分與會。然而，從聯繫之初，經電腦網路公佈節目，完全沒有演講者陳月霞姓名，經在美期間幾次間接聯繫，或因主辦單位繁忙或接洽不良，或純屬誤會，好不容易才在最後登錄演講人。不料陳月霞演講前後，筆者在現場察覺主事者態度不佳，引發筆者逕行拿起麥克風表達不悅，但聽眾不明所以、一頭霧水。筆者當場亦表達不會再參與美東夏令營。

　　筆者相信不誠無物，更篤信一切文化在人。在美期間，得見高風亮節、奇人異士者不少。日後有機會，將依傳記文學、散文或其他方式，呈現見聞與感悟，但一切仍待因緣成熟、自然而然。(註：筆者口訪錄音整理出逐字稿約3萬字)

如果濟公、天公、媽祖眾神佛也反核、做環保

# 《整頓世局》16？

　　基於台灣、全球天文、地文、人文、生文劇烈的變遷與危機，我在 2008 年 3 月 11 日首度訪談李前總統，當時鎖定的問題之一，即環境與政治的交互相關，而李先生對日本也敘述了許多看法。恰好滿 3 年後的同一天，日本發生史上最大的地震與海嘯。只是巧合。

　　2009 年莫拉克 88 災變重創台灣，事實上不過是數十年來環境不斷惡化的一小環節，而全球殆自 1990 年以降，早已走上不歸路。我一輩子的痛處在此，也真的講到聲嘶力竭，但更更龐大的劫變，想像不到的災難，必然環環相扣、接踵而至。因此，我再度整理台灣生界流變的趨勢，以及圖存或亡羊補牢之道，其中，預測台灣即將發生或已上演的重點危機數十項，包括很多人將罹患新顯病的「環境或不定災變躁鬱症」、台灣各水庫大潰決等。

　　2011 年 3 月 15 日，日本浩劫發生後第 4 天，心淳法師來電說：「難怪上個月台灣東北遠方的天空何其多異

象。」她復憂心忡忡地為台灣祈福。我告訴她，舉世都在
談海嘯，台灣也掀起一陣熱門話題，然而，台灣此方面
的大劫難，最可能的並非來自海，而是來自山。9.21 大震
時，德基水庫破了個洞，我曾拍攝漏水的一幕。我擔心的
是翡翠水庫、石門水庫、系列水庫，特別是未曾注意者，
很可能在下次大地震中傾庫而出，則台灣的防災體系如何
應付？一旦形成「新康熙台北湖」，屆時中華民國是否將
滅亡？

心淳師接著說她在翡翠水庫上空，「看見」無量諸
佛、菩薩在護持著水庫，但她也「看見」屍骨成山，浩劫
不可免，而她之所以背負龐大債務，十多年來一直不肯將
「金龍園」大樓的納骨塔位賣出，原因在此。她也「預
見」2011~2014 年的數次台灣大浩劫！

事實上，多年來心淳法師每每向我訴說她所預見的大
悲劇，鑑於不願造口業，我不想寫出如是神祕主義式的預
測。然而，回想三十餘年來，自己依據自然科學經驗、
數理邏輯估算，面對龐多無法掌握的變數，所作出的預
測，包括伐木後山林土地的潰決，1993 年預估高山茶農
每淨賺 1 塊錢，台灣社會必須負擔 37~44 元的國家或社會
成本 (後來，1996年發生賀伯災變，桃芝、納莉、象神……，1999年921大
震等等)，乃至於 88 災變後，林林總總的理性推測，甚至於
現今電視或傳媒上，將災難當娛樂節目包裝者，數不清的
「危言聳聽」，此間，各家各專業的預測，其差別何在？
偽科學與純數理或真正科學計算之間，差異又何在？

包括從科學社會學、科學哲學諸多面向的省思，個人時而陷入知識的悲劇 (知也無涯)、科學暨理性的無能 (變數天文數字)、感性的憂慮成憂鬱，此間，我非常清楚唯物科學的偉大與界限，唯心價值、宗教、良知或屬靈區塊可能性的武斷偏執與無知。

而所謂民主、自由的精義，絕非放縱小知、小見、偏執、偏見，進行肆無忌憚的胡說非為。我更清楚移植式的民主，如何在台灣發展成現今的選票怪獸、虛無飄渺、是非蕩然不存，而良善、道德、良知或一切的美德，可以淺薄到如此輕浮與表面，且邪惡、腐敗可以如此美麗與炫耀，委實讓人嘆為觀止。

然而，台灣的民間基層或普羅隱性文化之中，仍然沉沉穩穩地傳遞著一種得不到養分的堅持，那是傳承了3~4百年來，一貫的集體的精神與人格，其頻頻針對總體社會氛圍而發出針砭、呼籲、警示與教訓，它們通常透過宗教信仰圈而傳播；它們的基本精神是禪宗 (居士禪) 的「菩薩成就八法」；它們的內涵是袁了凡 (明末) 的福報、善惡因果報應觀；它們表現的手段或方法，常透過扶乩、扶鸞等，產生一些所謂的善書或口傳；它們的領袖 (通常是廟公、乩童、寺廟法師們) 乃至絕大部分的信眾、護持者，沒有學問、不舞弄動人的口舌、欠缺顯赫的社會地位、毫無機巧；他們通常與世無爭，但他們沒有厭離世間，只勇敢地活在這充滿穢惡的社會，默默擔任無所求報的清道夫的工作。

　　十多年來，台灣的「萬教雜宗」，不約而同地，針對環境問題及屬靈面向的沉淪，感受到無比的焦躁不安，也依據各自的立場或角度，發出整體滅亡前的急切呼籲與示警。他們反映出集體的憂患意識，也預告我所擔憂的，新環境災變或劫難躁鬱症，或其症候群之提前到來。

　　1990~1993 年間，我將台灣環境運動的對象導引到普羅大眾，特別是農業上山、國在山河破的執行人，可惜並未持續切入。如今，我大致瞭解台灣基層的價值結構之與宗教的關係，更且，台灣基層必然是今後環境保護的主流大股，有必要以其良善本質的一面，輔佐以各種角度的知識、資訊或認知，以便讓他們的人格、精神暨貨真價實的實踐力，增加對社會正面的影響力。

　　因此，環運人士有必要認識他們的價值系統及其運作。

　　在龐多民間呼籲救贖的傳單、善書中，我逢機舉一本《整頓世局》為例，嘗試理解他們的用心，並引為環運人士參考。

　　《整頓世局》這本手冊，乃高雄縣仁武鄉灣內村的「西慈宮」所印行。它產生的直接導因可能是 2009 年 8 月 8 日大災變。它係在 2009 年 9 月 21 日至 11 月 13 日期間，藉由扶鸞等，說是神仙開示的 64 則短文所構成。我將它視同隱性文化關懷社會的見解之一例。以下依其順序簡介之。每則之後，我加上小註，若有冒犯，敬請神佛海涵。

## 1. 黑面濟佛 (口述)

藉由黑面濟佛之口，小冊開宗明義說明「卅六天玉皇至尊」下達整頓時下亂世，揭開千年因果大清算。而人間之所以亂，終極源頭在於靈界大亂，如今，靈界已完成整頓，今後將正式整頓地球，否則善惡不成比例，要給善人重新立足之地，重回公平正義的社會。

整頓的手段是天災、地變、人禍、瘟疫、金融風暴……，人力無可抗拒的劫煞將不斷降臨，惡人難逃劫數；善人 (頭頂) 有善光，自有善神庇佑，「較可避開危難，萬一不幸波及，天律也有補償條例，可應劫升天解脫，或轉世享人間福報」；「善有善報，惡有惡報，不是不報，"時機已到"」。

這手冊刊行的目的，「就是要喚醒人心，讓世人知道天時、天運、天意和天命，知所懺悔，速速改邪歸正，棄惡向善，修身養性，行功立德，回頭是岸，或能逃過劫煞之追殺，保全性命。」

小註：

A. 人之所以為人的，屬靈的終極來源處的神佛界，也就是統領整個宇宙的「卅六天玉皇大帝」，或俗稱「天公」者，祂先對神佛界整頓之後，現今開始整頓地球人類。也就是說，該冊首揭正本清源。而人間的正本清源首在信仰要正確、價值觀要導正、善惡要分明，如此才能進臻公平正義的社會。

B. 惡人當道的現今地球、台灣，人間秩序與公義已經

無能由人間政府管理、改正，必須由屬靈大主宰下
令執行整頓。

C. 整頓乃由大主宰召集神佛仙等，透過人力無法抗拒
的一波波毀滅的手段，也就是自然大反撲，以及讓
人自相殘殺，達成殺掉惡人，重新給予好人一片立
足的天地。

D. 當浩劫發生時，免不了波及無辜或良善者，但天庭的
演化也伴同人間社會演化，天庭已訂有「天庭(國家)
賠償法」，善人受害時，可升天或轉世享受福報。

E. 善惡簡單二分。這套福報觀、因果報應論，正是從
明末袁了凡的著作傳承下來者。而各種神佛仙的體
制，乃是中國皇權朝廷投射或依其原則，且隨時代
變遷，加進零碎的制度或名詞。

## 2. 卅六天玉皇大天尊

「司儀或主持人」講完話後，玉皇大帝繼之開口：「
地虎點醒時，天下亂紛紛；聖賢皆在此，龍定一點紅。」

接著，玉帝申述整頓決心，並要求執法者的諸神、
佛、仙務必公平、公正，同時，期待人間的聖賢出頭配
合，用以收拾殘局，重新改造。

小註：

A. 起頭偈明指地震或 88 災變的山崩土石流等，乃透過
橫屍遍野、血流成河的毀滅手段來報復。

B. 玉帝要求並希望天上、人間正派人士、神佛，一齊會
同執行。這裏的玉帝並無「絕對威權」或強制性。

### 3. 瑤池金母

瑤池金母稱呼人類為「靈兒」，以柔性口吻呼籲靈兒回頭是岸，提醒人類，上天將陸續降下災劫，黑白分明地「收拾惡人」。

小註：

A. 整冊教化的「體制」仍然是皇權、父權思想，故而在玉帝的父權之後，加上母性角色的輔佐。

B. 祂雖然向玉帝求情，但已無力回天。

### 4. 南天主帝關皇上帝

同樣地大罵世人爭權奪利、心狠手辣，政治不清明而民不聊生，同時，祂提醒民眾，整頓期間日子不好過，要人懺悔、忍耐、等待。

小註：

A. 父、母位格講完，輪到兄長，重複同樣整頓內容，作用只是強化而已。

B. 以上 4 神為 2009 年 9 月 21 日扶鸞或口述的宣示，此乃示警與恐嚇。

### 5. 南天門悟空大聖

詞帶調侃，說老天正在「千年因果大清算」，也在掃蕩一清專案的黑名單，大家要當「乖寶寶」！

小註：

神聖、莊嚴的宗教儀式，任何戲劇等，不能百分百嚴肅從事，總得要有丑角，軟性或調劑一番，但不減嚴肅，不傷莊重。

▲ 濟公擁有變性多分身

## 6. 西湖靈隱寺濟公活佛 (以下簡稱濟公活佛；口述)

　　首先告誡修行人，要消業，要去私就公。其次，告誡讀書人要謙虛，不要罹犯大頭症，要遵守道德。

　　第三段直說 88 災變是人心惡化的報應。因為為政者之中的「無情無義的官員都是高學歷」，只求自己的名、利、權，只會耍嘴皮，而不管百姓死活，「孫中山」擺中間，道德、因果放兩邊，所以老天爺看不過去了，降下災劫，讓這些官員成為「眾矢之的，坐立難安，不敢再高高在上了」。

　　第四段說盜賊惡人壞透了，老天要開殺戒了。88 水災只是小兒科，但也已讓世人見識山河變色，接下來將有更恐怖的災變。

　　第五、六段說「惡質之人，若不悔改」，很快地會被關進「幽冥世界」；善良的人要聽從仙佛、善知識和聖賢的引導，大家團結起來打造美麗地球村。而老天對惡人即將執行立殺現世報矣！

　　最後說，這本書寫完出版後，「發放嘉義以南，這是上天的意思，要讓善信享有此福音，期能渡過難關」。

　　小註：

A. 修行人殆指專業神職人員；讀書人或指知識份子，兩者在扶鸞書寫者心目中，似乎最有份量。

B. 大罵只愛錢、要名、占權的官僚，對照 88 災難後那些大官「坐立不安」，當可瞭解或猜測「濟公」在罵誰？然而，這些人是否為高學歷的知識份子？他們是不是惡人？若是惡人，老天不正是要找這些「人渣」開鍘了嗎？又為何只是讓他們「不敢再高高在上」而已？還是說仍然遵從人間朝廷權力大於靈界天庭的封建時代慣例？誠如 1741 年鳳山舉人卓肇昌在舊城城隍廟內書寫的對聯：「為善必昌，為善不昌，祖宗必有餘殃，殃盡必昌；作惡必亡，作惡不亡，祖宗必有餘德，德盡必亡。」也就是三世兩重因果使然？

　　不只是說你這一生的修持如何，也包括你的祖先累世積來的總帳，才能讓你當上高官？或說你還在使用你先人的存款，所以才沒有馬上受到天譴？我只能依從袁了凡所創建下來的觀念來詮釋，否則手冊中的邏輯會遭遇困難。

C. 88 災變小林等受難者，不但沒人敢亂講他們是什麼樣的人，任何人更不該將災變說成天譴啊！2011 年 3 月 11 日日本浩劫，日本官員一樣講錯話。我認為天譴說在民主社會中顯然是禁忌，而該思考為這套價值

系統、報復理論，做新創發為宜。

D. 整套說辭只能說是「勸人為善」，而不宜細論。我建議神佛仙的理論、說法，還有很大的改善空間。或說，在宗教哲思的背景、深厚度可以大大加強，而這也是西慈宮期待「聖賢」加入的原因之一吧?!

E. 這書只發放於嘉義以南，實乃「南台中心主義」的狂妄？或長年被北台精英輕侮下的「被迫害妄想症」？或國府治台後的南北不均衡？或歷史共業的宿命與悲劇？先前我訪談家鄉楊國男先生的見解或許可以為此解套：宗教得融之四端，兼容並蓄而不自囿於特定區塊。神佛仙無範圍，即令各廟主神各有境界，那也不過是人為信仰圈的權宜措施。真正境界是無境無界啊！

## 7. 天上聖母

媽祖說懲惡獎善乃天理，祂贊同讓善良的人出頭天。以上 5~7 則乃 2009 年 9 月 23 日的扶鸞開示。

## 8. 中壇元帥 (口述)

首先說明祂領玉帝聖旨，執行整頓世局的工作。祂雖然是個「小執行官」，但「辦的是大事件」。有很多仙佛來關說，但祂不能不辦，否則犯天律、關天牢。所以祂必須降劫，讓惡人消失，善人出頭天。執法單位要秉公快速處理，否則天下會愈亂，善人會更加痛苦，惡人會更加惡質。因此，祂不能再拖延了。

小註：

A. 中壇元帥即《封神演義》這部無視時間、空間，以周
武王滅紂王為舞台，讓萬教教祖、民間信仰各種人物
匯集在一起的，荒誕的神仙小說中的「哪吒太子」。
小說中，哪吒是「托塔天王李靖」的三子，他天生神
力，年幼到海中游泳，殺死海龍王的太子，還鞭打龍
王。海龍王告御狀，宇宙政府派天兵天將要緝拿他，
以致於三太子遭受父親李靖的迫責，於是，他「刻肉
還母、刻骨還父」，以悲壯動人的方式自戕謝罪，殉
於孝道。

　　道教的太乙真人拾得他的靈魂，以蓮花為材料讓他
化身。

　　哪吒三太子正是佛教超越二元論而證大覺的一個宗
教藝術的大表現。在中國禪宗門，「哪吒太子，刻骨
還父，刻肉還母，蓮華座上現金身，為父母說法」，
正是禪宗靈性的示現，直達「父母未生以前的真面
目」，故他成為臨濟宗所謂的「無位真人」、「無
衣真人」、「無依道人」、「獅子兒」、「金毛獅
子」、「獨坐大雄峯」(李岳勳，1972)。

　　而《封神演義》就是倡導儒、道、釋三教合一，或
萬教歸一宗最有影響效應的促成者，蔚為四百年來台
灣宗教觀的主流。

B. 台灣的王爺廟、媽祖廟多前祭有中壇元帥，而在本手
冊中，其擔任整頓、降禍的執行官。

## 9. 南海菩陀山觀世音菩薩 (以下簡稱觀世音菩薩)

　　觀音現身為神、人加油，特別呼籲人間的「聖賢」挺身而出救地球，同時，更寄望「聖賢」能夠「團結一條心，不分彼此宗教信仰、種族，好好配合上天，亂後整治……」。

　　小註：

　　中國古諺：「天作孽猶可違，人作孽不可活。」將地球搞得烏煙瘴氣的是資本主義、重商主義、放任型自由主義、工技理性唯物論、一神論的放牧地球資源等等。天下事成也在人、敗也在人，演化迄今，是數十億年來，上天所有劫變歷經過後才產生今日人類，而科技及人類的貪婪，導致今之不可收拾，故人責無旁貸而不能怨天。是以「觀音」之提示，誠乃重點中之重點、關鍵中之關鍵。

## 10. 黑面濟佛 (口述)

　　先敘述因果報應辦法：由冤魂在地府申告，冥府檢調單位查證屬實後，核發「討報令」，准許該冤魂依附在造冤者身上，或跟隨在側、伺機追討，讓造冤者身體、事業、家庭、婚姻、運途……不順遂，而完成一報還一報。

　　但造冤、造業者若真心悔改，還可彌補，除請求諒解之外，可另請仙佛調解。至於業力部分 (人人有)，早晚向冤欠求懺悔；「定業」則向上天或三天諸尊求懺悔，並以三施累積功德資糧，謀求改變命運。

　　欲脫離娑婆苦海，則需消除三世之業，「累積三千功、八百果」，方可脫離六道輪迴；欲出離三界，則需消

七世之業，累積三萬功，且福慧俱足。

要免除造業，要修行。但修行也會誤入歧途，盲修瞎煉，不進反退。故得拜得明師，遠離邪師、暗師。

最後提供「向冤欠懺悔文」、「向上天或三天諸尊懺悔文」二式，前者就是請求原諒；後者即懺悔宿、今世的業障，也就是針對貪、嗔、癡、身、口、意之求淨化。

小註：

以上為第 3 次扶鸞書寫。而黑面濟佛的發言已指向信眾，一般性的修心養性、拜神求佛、懺悔求淨。較特殊的是，開頭的冤魂要求現世報，也就是以「現世報應」來「恐嚇」世人。

往下為 2009 年 9 月 28 日的第 4 次，有 2 神開示；第 5 次 9 月 30 日，有 3 神。

11. **千手千眼觀世音菩薩**，要眾生持誦《大悲神咒》，叮嚀不殺生、不偷盜等十不。然而，定業不可轉，一切唯心造。

12. **白衣大士**，無任何新意。

13. **救苦大天尊**，無新意，只說祂是來保護善人的，而劫煞會愈來愈凶猛。

14. **大光如來**，加持而已。

15. **黑面濟佛**（口述）

一般性勸善，例如修行人要忍辱、包容；眾信要自愛、自保；政府領導人要公平公正，不貪求名、利、權。最後說：「天公疼憨人，人窮志不窮，安守本分，做個善

良人。」仙佛就會照顧，多可渡過難關。

小註：

11~15 則，皆屬台灣鄉間老祖母、老母親叮嚀的平常話。

以下，凡屬老生常談者一概略之；重複已敘述者亦略過。

## 16. 地母至尊
## 17. 濟公活佛 (口述)

個性、習性 (脾氣、毛病) 是造業根源，該從心性下功夫，找出佛性。

小註：

16、17 則乃 2009 年 10 月 2 日開示；18、19 則乃 10 月 5 日。

## 18. 文殊菩薩
## 19. 孔明真人

大罵「只要我高興，有什麼不可以」的態度。

## 20. 太上老君

擔任治世小組召集人，呼籲人才挺身而出。

## 21. 降龍尊者
## 22. 黑面濟佛 (口述)

去我執、減私慾，包容不同宗教、種族、黨派、不同語言及風俗習慣，放下意識形態。

小註：

20、21、22 則為 2009 年 10 月 7 日；23~26 則為 2009 年 10 月 9 日。

**23. 黑面濟佛** (一般教訓；口述)

**24. 西胎佛母**

宣稱：治世之天命，應在南方。

**25. 瑤池金母**

**26. 千年睡仙** (口述)

勸人無聊就去睡覺，就不會做壞事，這也是智慧。

小註：

丑角逗趣角色。2009年10月13日計有27、28則；10月14日，第29則；10月15日，第30則。

**27. 孔明真人**

孔明擔任治世的軍師團。神、人共組治世小組。

**28. 白衣大士**

指示淨土「小仙童」投入救地球。

**29. 中壇元帥** (口述)

呼籲要講老實話、不虛偽。「修行即是修補以前的過錯」。

小註：口述許多話，但太輕浮。

**30. 三太子** (口述)

警告不可在廟內亂來。

**31. 文、武判官**

地府人滿為患，警告世人。

**32. 黑面濟佛** (口述)

要求「聖賢」放棄山頭主義，重申團結。「西慈宮雖不起眼，但神、人有心，又有天意天命。」感謝諸神、天

龍八部、諸天護法，讓這本書「著書順利進行」，此模式「可在其他宮壇廟宇行之」，創造公平公正的環境。

## 33. 濟公活佛 (口述)

劫煞不能一次完成，否則遍地屍體，善良人處理不來。「天災地變之事急不得」；「聖賢」要出頭，但不可強出頭，要沉得住氣。

小註：

以劫煞來恐嚇世人已經是現今社會司空見慣的方式。全球各地龐多的「末日預言」，就筆者看來，正屬環境或災變躁鬱症候群的病徵之一。這些，都非理性所能接受，但理性再怎麼堅強的人，仍然有碩大區塊屬於非理性或模糊地域，故而科技愈發達恰好彰顯非理性區塊更龐大的未知與不安，即令它們頻常矛盾百出。

## 34. 地府閻君

負責「一清專案—黑名單」的執行。派出黑、白無常、勾魂使者及陰兵陰將去執行，並要求各宮、壇、寺、廟之主神配合整頓。

小註：

這是來自陰曹地府的恐嚇。黑、白無常等，即相當於西方之死神。第34、35則，行於 2009 年 10 月 19 日。

## 35. 濟公活佛 (口述)

「每個人的故鄉都在天上淨土，要趕快修行返回故鄉。」「善人留下來配合聖賢，繼續經營地球。」善良人自保之道在於「忍耐」。

小註：

呼籲世人找回每個人的靈性，才能回到終極靈界原鄉；即令浩劫紛沓雜來，但不認為有末日，地球生界仍可繼續。

## 36. 觀世音菩薩

## 37. 黑面三媽

## 38. 黑面祖師公

## 39. 黑面濟佛

每個人「出生之時，上天都為其裝設了善惡的追蹤器，俗稱『三尸神』……」，其善惡行為「全都錄」，各種神仙也在觀察，而人死後做總清算。但只要有心，「大清算也可大和解」。

「目前之政局，人民敢怒、敢言，却不敢行動，感到無奈與無助」，所以老天才決定出手，「請大家慢慢印證」。

小註：

A. 基本思想仍然是袁了凡的「功過格」。

B. 直接對政局表達不滿。

C. 第 36 則，2009 年 10 月 20 日；第 37~39 則，2009 年 10 月 21 日。第 40~42 則，2009 年 10 月 23 日。

## 40. 南鯤鯓五府千歲

## 41. 玄天上人

## 42. 濟公活佛 (口述)

控訴政府不妥善照顧窮人，執政無能、物價上漲，政客朋比為奸。

## 43. 中華聖母

「中華兒女，五族共一家，可以好好來往，互補不足，不必急著統一大業……統一大業之事，由上蒼來決定……(兩岸) 慢慢增進友誼……統獨之爭，暫休兵……交給兩岸之聖賢吧！不必錯用功夫……」

小註：

A. 表態統獨問題現今無解，大家好來好去即可。

B. 欠缺主體意識，反映四百年來和稀泥的宿命觀，但其為大多數常民的心態。

C. 第 43~45 則：2009 年 10 月 26 日；第 46~48，2009 年 10 月 28 日。

## 44. 地球的中壇元帥

## 45. 中壇元帥 (口述)

靈界戰爭劇烈精采，可惜世人看不見。「先將台灣治理好，台灣不會倒！」

## 46. 地母至尊

台灣「政治愈來愈腐敗」。

## 47. 西方極樂世界觀世音菩薩

## 48. 黑面濟佛 (口述)

「身為神職人員，要平實、單純……應好好反省懺悔……」(自省也)

## 49. 萬善爺囝仔公

保護善良不分省籍。囝仔公的香客很多，「但頭上有光的人少，元辰黑暗的人多……只幫頭上有光的善良

人……」

### 50. 大道公

「大道之行也，天下為公，則天下太平……若天下為私……」

小註：

大道公吳夲是中醫，與《禮運·大同篇》扯不上關係，未免望字生義，離譜！

### 51. 北極玄天上帝

### 52. 濟公活佛 (口述)

大罵山精水怪趕走宮壇寺廟的主神云云，今則 8 成宮壇寺廟已恢復正神在位。

小註：

行文前後矛盾。第 49 則，2009 年 10 月 29 日；第 50~52 則，2009 年 10 月 30 日。

### 53. 三山國王

### 54. 黑面濟佛

再度大罵政府不清明，弊案連連，「政黨惡鬥，政客利用媒體興風作浪。國會議員不關心民生法案……一味護航無能政府……」；執政者傲慢、國際外交萎縮、經濟蕭條、失業嚴重，社會浮亂、風氣敗壞，司法不公、道德淪喪，人心惡化……原油飆漲、物價上漲、民生困苦、國庫空虛、債台高築……

亦罵共產黨不善待百姓，預測共產集團將崩盤。「過去也曾預言國民黨會瓦解……丟了政權；民進黨執政八

年，人民期待改革，却弊案重重，上樑不正下樑歪，使人民失望……政局動盪，經濟困頓，民心思變……」

小註：

各打 50 大板！吐苦水之說也。第 53、54 則，2009 年 11 月 4 日；第 55~57 則，2009 年 11 月 6 日；第 58~64 則，添注內容。

## 55. 中天玉皇

「……先從島內著手。把整個中國治好……」

## 56. 文衡聖帝

## 57. 黑面濟佛 (口述)

「……島內子民，勤儉樸實，做牛做馬，歷經葡萄牙 (註：應為西班牙)、荷蘭、鄭成功、日本等外來政權之統治，把台灣當成殖民地、次等國民看待……」

再度罵統、獨之鬥，為反對而反對。「黑面濟佛」只在乎百姓利益，呼籲不隨政客起舞。「要統、要獨得先問問主人——島內之老百姓……民主的尊嚴，不能被統、獨意識操弄，造成族群分裂……台灣本就是一個國家，雖然聯合國不予承認，但上天有認定，才是最重要。台灣有選總統，有土地、人民、主權和軍隊，何必統、獨之爭？」

小註：

總結其「政治見解」，民主第一。似乎只承認清朝、國民政府，其他的就是外來政權。

## 58. 無極混元老祖

「……21 世紀，中國在世界揚名立威，總不能做共

產集團之信徒吧！還是讓聖賢來治理末後這一局吧！」

小註：終統？反共。

### 59. 孔明真人 (口述)

「……台灣島之領導人領導無方……修行人……心量、肚量要不斷地擴大……」

### 60. 黑面濟佛 (口述)

「劫煞確實有拖延……六級多之地震，不痛不癢，執行單位敷衍了事，吾佛也曾表示不滿，此類似人間奉命拆除違建，只拆一角，照個相就算交差……一味對惡人慈悲，就是對善良人殘忍。」

小註：似乎寄望超級大地震趕快在台灣發生?!

### 61. 善財、龍女

### 62. 無極混元老祖

### 63. 黑面濟佛 (口述)

「宗教之設立，旨在教化眾生，修心養性，行功立德，人人遵崇道德，守法守紀，使社會和諧。各宗門教派，各渡有緣之人，皆有其殊勝之處，理應相互包容和讚嘆……」然後，罵職業宗教師、信徒之互斥等等。

### 64. 閻羅天子包拯

以中國傳統道德觀訓示世人。而現今國家軍政大員、政客高官等等，「乃前生宿世修來，非今世聰明所得……」

該手冊最後列出「治世小組成員」，計有孔明等 60

個名稱，包括孫中山先生，以及一堆不知出自何方的「神聖」。而後，公告「本宮共修課程」：每星期一晚上8點扶鸞；每日上午9點起，方便交流、開示、濟世。交流：人與人交流，神與神交流；開示：請法或修行之疑問，由仙佛開示；濟世：包括身體、因果、家庭、事業、婚姻、功名、亡靈⋯⋯。隨到隨辦，歡迎結緣。

而助印該手冊列名者26人，合計35,800元。該手冊作者：聖佛仙神；聖乩：玄一；記錄：玄祥；編校：玄宗；贈送處：西慈宮。又，住持：王貴；宮主：陳榮聰。

封面即「黑面濟佛」雕塑像，加貼附註：「有關天災重要資料務必要看。因書本數量少，來往香客多，請在寺廟內翻閱，不要帶走。阿彌陀佛！」

▲ 日治時代之前，台灣人一概稱「觀音佛祖」，而非「觀音菩薩」

據上，我們可稍加瞭解、詮釋台灣此等民間或隱性文化現象如下：

1.該手冊的諸神、仙、佛、菩薩龐雜零亂，似有來路不明、分靈繁衍、新增、新設的現象，有些神佛名稱已脫離台灣傳統稱呼，例如觀音在日治時代暨之前一概稱為「觀音佛祖」，國府來台大乘宗師才將之改為「觀音菩薩」；而新增仙佛神明如孫中山、睡仙，容或有所原則可遵循，大抵即被認為有益社會、百姓或尋常道德律等等正面效益者，殆即台灣人新神明產生的模式之一，而凌駕於省籍、國籍之上(例如嘉義東

▲牛頭、馬面俱是神

石鄉富安宮供奉日本巡查「義愛公」之與五府千歲並列，因該神即1897年駐東石郡副瀨庄的巡查森川清治郎所化。其之所以成神，乃因1902年1月，日本台灣總督府課徵竹筏稅，森川同情人民窮困，以自己薪水幫村民繳納，代繳3個月之後無力繼續，不滿政策又得服從，兩難之下舉槍自盡，得年42。

村民感戴，入廟崇祀；又如恆春荷蘭公主乃冤魂但法力高強，亦設祠祭祀，等等）。

　　然而，所有神明仙佛等，全數遵循、模仿中國古帝制朝廷模式而配置，亦即奠基於皇權體制而設立，但其思想結構，仍然建立在明朝許仲琳的神仙怪誕小說《封神演義》之上，或依其原則而繁衍者。而其中心思想為「萬教歸一宗」。

　　更且，這套神權思想依然不敵人世皇帝權限，但容或有曖昧不明的模糊地帶。或說在靈界、人間兩個平行宇宙系統中，一旦發生衝突，就傳統仍然以皇權為至上，此一原則殆自宋太祖的典故而確立。宋太祖第一次到相國寺燒香，在佛像面前問僧人：「拜或不拜？」這相當於不同宇宙王見王的大對決，僧錄贊寧奏曰：「不拜。」問他為什麼，他答：「見在佛不拜過去佛。」從此，皇帝不拜神明遂成定制。

　　民主時代以降，特別是現今，總統都得下獄，為討好選民，不僅大拜、特拜，下跪亦屬司空見慣。故而西慈宮這本手冊即令遵循古禮制，也逕自下達人間政府太爛了，必須由天庭來整頓，可說係與時俱進的演化。

　　筆者小時候在家鄉北港，隨父母拜媽祖，當時心中有困惑，即：神明不都是至高無上，為什麼還須人間皇帝賞賜匾額等等？而廟祝、神職人員還競相以皇親國戚的臨幸為寶。顯然因我年幼無知，全然不解專制強權思想的恐怖！

　　2. 西慈宮此手冊或台灣普羅民間 (宗教) 信仰的價值觀，或其道德律或倫理原理，奠基於善惡二元對立、因果報應、輪迴思想之上，特別是源溯自明末袁了凡的《陰隲錄》，所謂「禍福無門，惟人自招，如影隨形」；一個人的福禍，端視他做了多少好、壞事而有現世報，有三世兩重因果的隔代報，等等，也就是說，每個人自出生以來，在靈界就有一本「操行成績簿」，何時記嘉獎、何時記大過，所謂「三尸神」相當於永不故障的隱形攝影機，將一一留下你的正、負分數，令人無所遁形。由於袁了凡，才有台灣現今流行的，沒有作者的善書。

　　這套概念，乃四百年在台華人開拓史上，始終未曾改變的信仰律令，加上《菜根譚》、《三字經》、《昔時賢文》、戲劇俚語、鄉野教化故事等等，配合城隍的高壓恐嚇，人死後的大審判，超渡唸經儀式中十殿閻王的種種酷刑印象，形塑農業時代懲惡獎善的道德觀。

　　然而，這本手冊標榜「有關天災重要資料務必要看」，其內容，「靈界」已經核准冤魂可以自行報仇，宿業、共業也已經由天庭代為處理，以大自然大反撲如地震、海嘯、山崩地裂，或任何天災、人禍等，正已展開大規模屠殺「惡人」矣！也就是說，人間政府墮落，無能照顧公義，必須動用另一宇宙的天律來制裁，而違反過往慣例，由天公改頒「緊急命令法」、「戒嚴法」、「懲治盜匪條例」矣！當然，有時會波及無辜，故而另頒「天庭賠償法」。

3.為什麼天公、天庭會「抓狂」進行「千年因果大清算」、「掃蕩黑名單」、「現世報」的特別條例？因為「人不照天理，天不照甲子」，從氣候、地體、人倫、總體社會生態各層次都已失序，「好人」已經活不下去了，老天也看不過去了，於是，基層弱勢、尋常百姓在太長時期見不到公義的無奈、壓抑中，20多年來的集體夢魘爆發了。這種民怨的爆發，在清代就是五年一小反、十年一大亂等民族革命，却在「民主時代」中得不到平反或補償，只能訴求最古老的方式，藉由靈界發出怒吼，進行大整頓。而其直接導因，很可能即88災變後當局的反應與處理不當之所致。

古來面對大天災、浩劫，往往有末日天譴之說，更何況在民怨沸騰之際。然而，手冊中並無「末日」觀念，只以期待天譴惡人的直接報應之說，抱持樂觀回復公義社會的希望。因而希望神人共治，也就是不斷呼籲「聖賢之士」要挺身而出，且必須放下私我，謀求大局為重的大我團結。

基本上，該手冊反映的，傾向於對國家、社會或所謂政府的失望、不滿，無處發洩，也就是台灣流行多年的「鬱卒啦！」，以致於發出「神明、老天」的整頓之說。這是最最基層之底層意識、潛意識及屬靈的吶喊，也可代表「一葉知秋」的弦外之音。

4.諸神、佛、仙所控訴、告誡、批判等，名詞上從意識形態、高官、政客、媒體、司法、物價、貧富不均、貪

汗……，也就是台灣現今每天上演的浮世繪，然而，核心問題在於基層民眾的生存、生計、生活等民生問題。

原諒我往下如是說。手冊表達的，正是台灣四百年華人開拓史上，典型質樸、憨厚、思想簡單、默守農業時代傳統與道德、農工基層、只求平安順利過日子的，典型的「台灣憨百姓」卑微的期待而已。從全冊內容檢視，他們的心思、概念、意識等，由於根植於大中華皇權體系，近乎完全欠缺主體自覺意識，根本沒有所謂「台獨」意識，或自行當家的志氣或念頭，筆者在 20 多年前將台灣此類隱性文化的大宗，稱之為「無意識的無政府主義」；這些普羅大眾也是外來政權之所以能夠統治台灣的基本盤，只要給以民生安定、教化分明，確保善惡秩序，則統治者即可高枕無憂。

然而，手冊却發出「天意」，只發放嘉義以南地區，難道中、北部台灣人就不值得老天拯救？中、北台人就是「惡人」？手冊左打 KMT，右摑 DPP，前批共產黨，後責全球惡人，但無論「不滿」是如何浮現，期待者只簡單的善惡分明，善人可以活下去而已！其反映的，直接導因在南北不均衡、南台 (包括東部) 之長期滯留於弱勢中的弱勢地位，加上 88 水災的悲劇所促成。

由這些台灣基層的思惟內涵及其表達方式，我們可否反思，到底國家政府存在的意義，以及該賦予何等的施政為宜？而誰人真正關懷且具體做些什麼，而讓弱勢中的弱勢享有更廣闊的天地？

　　如果該手冊的教化內容可以增加台灣整體生態系的自然認知、最簡單的自然情操、山林水土確保的舉手之勞、環境教育最普通的認知與實踐的方法、個人身心的調理、基本法律人權的訓練、農技與環保的提升、內在信仰的深化、全球變遷的認知……林林總總的教化與主體意識的培育，也就是說，讓這片土地的樸素生民，更進一步地認知、體會台灣的「天律」、「天籟」等等，以台灣人的基本精神與人格特質，台灣必可更進一步貢獻於全球，也可改善四百年來的停滯與傳統的流失。台灣人的宗教內涵擁有可以進步的廣大空間。

　　5. 我們有必要認知，台灣成千上萬個宮、壇、寺、廟、所等宗教性場域或據點，乃至於任何廟公、住持、神父、牧師、宣教師、點傳師、修行人……，都撐起大小不等的抽象與具象的影響力，左右著整體社會、國家的提升或沉淪，也受到國際、全球、主政者政策或價值風氣的左右。事實上，這些宗教具體場域的數量，遠大於全國各級學校的總和，則其社會教化的功能，不正是最最重要的機制？

　　西慈宮此手冊不斷呼籲「聖賢」要出來獻身，而我認為所謂環保人士、環境教育從事者、各種社會義工等等，正是西慈宮所殷切盼望的「聖賢」，但此「名詞」必須修改，個人認為，以台灣原本就具有的「水牯牛」、「水牛精神」、「台灣牛」更為合適。

　　台灣人的神聖就在於他的平凡與質樸，在他的認命與
樂觀，誠如李岳勳前輩所摘要的：「饒益眾生而不望報；
代一切眾生受諸苦惱；所作功德盡以施之；等心眾生，謙
下無礙，於諸菩薩視之如佛……，不嫉彼供，不高己利，
而於其中調伏其心；常省己過，不訟彼短，恆以一心求諸
功德。」「……行少欲知足，而不捨世法，不壞威儀，而
能隨俗……」

　　筆者當然清楚多數台灣人對自己的歷史認識不清、事
實認知不明，欠缺靈魂主體性，淺薄而躁急，而且，台灣
的「壞人、惡人」不夠壞、不夠惡，再怎麼邪惡的人還是
不夠凶殘；相對的，台灣的「善良人」不夠堅持，力量也
不夠堅貞，眼界也很窄小……，然而，這是因為台灣人從
來都是先天不良、後天不足的歷史共業所牽引。我們可否
對自己慈悲一些，可否多給自己更多深化的機會？

　　感謝西慈宮，感謝所有默默付出的台灣人！

　　我一直在思考，如果濟公、媽祖、天公、觀音，任何
神佛仙也反核、反石化、救森林、做環保……，我相信台
灣一定會更好！

# 側談人間佛教與生態倫理

17

~倫理道德尋常意指著許多規範，是特定時空、特定族群、社會、國家等，多數人或群體的共識，可以有效制裁違犯的個人，有時候包括私刑、處死。明文規定且由公權單位執行的，叫做法律，它們從來不完美。

沒有所謂「生態倫理」，地球上生態系從來一整體，它的所有運作就是生態倫理，它的制裁超越了人類過往所有的物化定律、人文倫理，而以整體生態系為標的，而非針對個人。人類諸多宗教經典、神話故事記載的全族毀滅、上帝或天神制裁，或今詞「生態(大地)反撲」，內容是一樣的。

所有的宗教、NGO或全球的有識之士，早該聯合「奪權」，進行21世紀的地球革命矣！~

1927 年 4 月 1 日出版的《南瀛佛教》第 5 卷第 2 號 55、56 頁，刊載「中國佛教徒革命宣言」，其敘述：中國武漢佛化新青年會張宗載、周浩雲、周偉廷、劉碩廷等

人認為，中國已經是革命勝利之後的中華民國，但佛教仍然是「中華老大帝國皇帝萬歲萬萬歲的老佛教」，如果不自行整頓，必將被淘汰。當時有股應時而生的反宗教運動，視宗教如同鴉片煙、麻醉劑，無助於國民革命。

張氏等人認為教主釋迦乃大慈大悲平等救世救人，「非坐食受供養之懶人、無聊厭世之不問世事，乃是個大雄大力大慈悲之救世主」，因此，他們發起佛教革命運動，宣傳大乘方便新佛化。他們的宣言大致如下：

1. 打破一切鬼教神權的虛偽迷信。
2. 打倒自私自利、無學無識、腐敗專制的和尚。
3. 打倒欺詐狡猾的投機佛徒。
4. 打倒一切利用佛法騙人的佛教會。
5. 打倒身掛佛珠，口念彌陀，裝模作樣、自欺欺人的佛門敗類。
6. 打倒袈裟其身、禽獸其行、販賣如來、不勞而食的一切寄生蟲。
7. 打倒偶像魔術式的法師。
8. 揭開叢林內的一切黑幕。
9. 解放被壓迫的一切青年僧尼。
10. 推翻資本階級愚弄婦女、奴隸人民的居士林。
11. 實行非宗教的新佛化。
12. 實行佛化的工農生活。
13. 實行大慈大悲、救人救世的工作。
14. 實行佛化教育，造就一切人才。

15. 擁護太虛導師。

16. 建設人間淨土。

而上海佛教教育社的釋太虛領導此一佛教徒革命運動，他去拜訪革命軍代表，湖南省唐生智將軍，說明佛教革命宣言的宗旨，唐氏決定以僧侶農工等十萬人成立之，而太虛被推為盟主，蔣介石亦加入同盟內。該佛教徒革命同盟於 1927 年 2 月 10 日成立。委員有張俞人、慧硯、劉仁宣、唐大圓、朗清、仰西、榮照等人。首次大會參加者有 3,700 餘人。

依據《中華佛教百科全書》第三冊 1,273~1,276 頁，釋太虛 (1888~1947) 浙江崇德人，1904 年出家，1912 年以降，他與仁山等組織「佛教協進會」(後來併入「中華佛教總會」)，倡導改革佛教，但屢遭挫折。1919 年在上海與章太炎等組織「覺社」，且出版《覺社叢書》；1924 年在廬山舉行世界佛教聯合會；1925 年率團出席在日本東京召開的東亞佛教大會；1927 年任廈門南普陀寺住持、閩南佛學院院長；1928 年在南京發起成立「中國佛學會」，秋，前往英、法、德、比、美國，並與英、法各國學者在巴黎共同籌組世界佛學苑，為近代中國僧人赴歐美傳播佛教之始。

換句話說，伴隨著中國的政治革命、社會種種運動，20 世紀大乘佛教徒的變革亦如火如荼地開展。而在佛教教理、教育改革的具體展現，或可以廈門「南普陀寺」於 1925 年開辦的「閩南佛學院」為代表。由《廈門南普陀

寺志》平實的記載中 (杜潔祥主編，1980)，可讓人一窺中國佛教在時代變遷中，力求現代制度化等等內涵。

凡此 20 世紀前葉，中國鼎革、時代劇變中的佛教反思與實踐，乃至於印順導師來台，數十年間法子繁盛，締造今之「人間佛教」盛況，實為多脈相承的因緣際會。

筆者過往對佛教、佛學、宗教及其歷史等等，不識之無，殆自 2007 年以降始斷續自習，先整理出整部佛教史大概的筆記 (陳玉峯，2010a)，再朝向個別議題精讀。2010 年底，由妙心寺圖書館借回全套《南瀛佛教》影印並逐字檢視，夥同其他文本，構成筆者對佛學、佛教膚淺的瞭解，也從此間，初步感受到台灣實在是世界龐雜迥異文化的諾亞方舟，更且產生主體化、在地化的突變或嶄新創造，筆者熟悉的自然生態、生界如此，人文面向似也無遑多讓，但此一主體天演的實質內涵，尚待台灣人深自挖掘。

依筆者認知，所謂人間佛教乃是 20 世紀中國佛教現代化、理性化、民主化等等胎動後，20 世紀下半葉在台灣，由印順導師等先哲所開啟的現代佛教、佛學思想的大脈流。它產生了無與倫比的影響力、帶動力，而由傳道法師所呈現的，他一生上承下化的「人間佛教」等 (闞正宗、卓遵宏、侯坤宏，2009)，筆者認為道師父：「誠乃熱血澎湃、定根母土、大肚大容的充分理性的覺者……他代表台灣基層在母土的主體自覺與佛法覺悟的融通，且將原初佛教超越時空的真理，如實落實在台灣 20 世紀的下半葉，更從國家、社會、人性的基盤面，急切地渴望覺化眾生，試圖

奠定 21 世紀台灣的祥和、智慧新天地……他如同台灣雲豹、台灣黑熊、紅檜、扁柏，茁壯且拔拉這片土地上最自然的本地風光。」(陳玉峯，「草根和尚——傳道法師與我」)而拙文中亦認為印順導師誠乃「大乘佛教新理性主義大師」或劃時代的佛學思想家。

　　道師父將人間佛教的核心思想歸納為「此時、此地、此人的關懷與淨化」，弘化菩薩兩大任務「莊嚴國土、成熟眾生」，且自身的修行方式為「如實正觀緣起、如理正思惟、如分正抉擇」；然而，這些理念或文字，筆者是在 2008 年之後才正式認真地去辨識者，之前，自 1980 年代末葉在選舉場合、社會運動過程中，認識道師父的 20 多年間，筆者從來認為道師父「本來就是搞運動的」，「佛教當然是做環保及保育的」，不僅找不出任何理由不談、不做環境與保育事務，根本沒有思想、行為銜接上的任何問題，因為緣起論就筆者而言，等同於西方 2 百多年來的生態學的精義 (雖然是以唯物論、實證科學為內容)，何況如道師父者，早已在實踐行為中自然流露。

　　從道師父學習佛法的歷練中 (關正宗等人，2009，3-179頁；筆者歷來與道師父請益錄音逐字稿)，他的另一方面特徵在於，他是本土和尚進入中國佛教來台主流門下者之一 (俗話說歷經大內高手調教過的僧人)，再從私淑到親炙印順導師的過程中，一路闡揚人間佛教的精義而來。他的出身、求學、性格、文化環境等等，竊以為很親近，因而道師父或妙心寺這一脈人間佛教之與「生態倫理」(此類名詞若要探討，可謂茲事體大，筆

者個人亦有不同見解，在此但可從俗），本來就是理同無礙，其與環運實為「生命共同體」或在同一條船上。

　　筆者概念中，地球生態乃至宇宙變遷，無始無終、有始有終的大化流變中，本來就存在著永恆的法則、公理、終極真理等強制性「倫理」，而所謂「環境倫理」這類名詞，代表破人本、去中心的西方後現代反思，傾向於係西方基督宗教文化之中，除了人之外沒有所謂價值、倫理、道德，因而必須重新（從心）出發，很辛苦地找出土地倫理、環境倫理等命題，去建立道德的理論基礎，相對的，東方直覺式、唯心式的道德基礎論，一開始就在自身生命內在尋求道德的基礎，輕易地從內心流出，洋溢於客觀的宇宙，唐君毅於 1936 年底談「中西哲學中關於道德基礎論之一種變遷」（唐君毅，1978，147~187頁），就是在談東西逆向而漸趨交會的現象，然而，關於道德原理歷來論述極其複雜，何況東西文化有其無法比較的內涵，只是「不同」，例如筆者在高中時代看過泰戈爾與愛因斯坦沒有交集的爭辯（很抱歉，筆者忘了出處），東方代表堅持沒有人就沒有真理；西方代表篤信客觀真理恆存在，管你人類存在與否。

　　此等「問題」殆即「未能先行明確找出要解答的問題是什麼，便貿然嘗試解答『問題』，畢竟，分析與明辨通常是很困難的形而上的問題。」此面向，筆者很欣賞維根斯坦（Wittgenstein），他清晰地表達「思想表達的語言有其界限」，偏偏人類就是「恆有衝闖語言界限的衝動」，

「……倫理、宗教、信仰、人生終極意義、絕對的善、絕對有價值……所談的，在任何意義下，都不能增加我們的知識，但它是人類心靈中的一種傾向……」(胡基峻，1975)

為避免尾大不掉，且依筆者過往思考習氣 (理工背景免不了帶有唯智主義'Intellectualism'的偏見)，在此只好宣稱本文對「倫理」的根據，乃依據「後果論 (consequential consideration)」，也就是說，人類行為的是非、對錯的判斷標準，在於其行為對人類、世代、生界、地球未來等的影響之正負面，從而下達「善與惡、是與非、對與錯」的該然與不該然。

如果準此簡化後的「倫理」依據，則全球最大的惡、最大的不公不義，毫無疑問地，正是環境議題、地球暖化、全球生態體系原有平衡的瓦解等等；如果依據印順導師《佛法概論》後部分的菩薩精神 (傳道法師2010.12.13口述、錄音整理為逐字稿，筆者私人存檔)，「菩薩連起心動念犯戒都是犯戒 (即令沒有行為，也算犯戒)，然而，就積極面而言，**菩薩要敢殺、敢盜、敢淫、敢妄語**……」(冗長的舉例說明略之) 而今天「綜合座談」的題目定為：「人間佛教之繼往與開來」，則從世界史角度、全球變遷考量，妙心寺、道師父這脈人間佛教，反不反對筆者以自殺炸彈客的方式炸掉「未來的」國光石化，或現存最大的汙染源等？

1990 年密契爾‧馬丁 (Michael Martin，1990；轉引自陳玉峯，1991) 發表「為護生態的破壞行為與不服從主義 (Ecosabotage and Civil Disobedience)」，闡釋環境激進主義者的倫理基礎，並解釋其行為的正當性。他對「為護生態的破壞

(Ecosabotage)」下定義：某人 P，做了行為 A，若且唯若符合下列四條件，則該行為始得謂之 Ecosabotage。

　　1. P 做了行為 A，目的在於試圖中止、阻擋或延緩某些 P 認為會傷害或損害生態或環境的事物。

　　2. P 的動機是出自宗教或道德的關懷。

　　3. A 行為是非法或違法的。

　　4. A 行為以非公開方式進行者。

　　Ecosabotage 與自亞里斯多德、梭羅、甘地等一脈相傳的不服從 (或不合作) 主義 (Civil Disobedience) 的差異，在於前者具有生態方面的動機、行為不公開，但馬丁將前、後者視為同義。

　　而要進行「為護生態的破壞」行為之前，必須進行如下之思辨或評估：

　　1. 該破壞行為是否將使社會導向更公平、更美好？

　　2. 該行為的目的，是否為社會大多數市民所認同？

　　3. 達成該目的的手段，其正當性或爭議性的程度如何？

　　4. 欲抗爭的事物之不公不義的嚴重程度如何？

　　5. 該事物需要被糾正的急迫性如何？

　　6. 是否其他的手段或替代方案皆已試過？

　　7. 破壞行為對執行者、個人或社會的代價是否太大？

　　8. 該行為將引發人們不尊敬法律的程度如何？

　　9. 該行為的暴力程度如何？

　　10. 該行為的有效性如何？

11. 該行為是否會引起反彈？

也就是說，為了締造社會尚未存在的善，出自良心、道德、信仰的動機，對抗不道德的、違憲的、現行法規無從規範的或制約的、毀滅世代及地球生界未來的反公義事物，執行者以更深邃的智慧、犧牲小我的勇氣，付諸違法的破壞性行為而自我承擔之謂。

當然，此等倫理標準程序，端視行為發生地的文化潮流，而呈現甚大差異性結局，爭議龐多。然而，其本質、思考邏輯、精神等，較之印順導師或人間佛教主張的菩薩積極面之敢殺、敢盜等，如何？

故而全球自 1970 年代以降，一些環保團體包括「地球第一！(Earth First)」、「海洋護衛者 (Sea Shepherds)」、「綠色和平」、反基因改造各組織、反動物試驗……，在各地展開諸多創意性、有智慧的蓄意破壞，他們只破壞物而不傷及生命，他們有時只是犧牲自己的性命，他們甚至於還比不上《本生經》殺盜而自己下地獄的精進、積極？

1991 年筆者在報上介紹馬丁的主張，也評估在台灣執行的種種方案；2000 年前後，搶救棲蘭檜木林期間，筆者打算在運動失敗時，以什麼方式結束自己的臭皮囊，要如何「大逆而有大道」。「不能決定生，可以決定最大貢獻的死」講得輕鬆，却難在最適切的機緣。當年野百合運動時，李鎮源院士在抗議靜坐而軍警將施暴時，他可以死；德蕾莎修女在印度義行時，瘟疫發生，她可以選擇留下不走，萬一她罹疫死了，將留給後人最大的精神支柱與

指標，影響力不必估計。千古艱難唯在「選擇」菩薩道成就眾生的有意義的死。

筆者不是說人間佛教的「開來」，可朝向積極護生的激進途徑發展，但至少，筆者確信道師父不會反對「敢殺、敢盜……」諸義行，或現今為護生態的「破壞」行徑。

面對 21 世紀全球可能性諸大浩劫已然發生，筆者預估民主制度將大翻修或滅亡、國家結構或權力行使制度將重大改變、全球人類價值亦將大翻轉、世界宗教也將大融合或大蛻變、NGO 所形成的世界聯盟的政治力將蓬勃發展（陳玉峯，2010b，240~267頁，《山·海·千風之歌》），則人間佛教在繼往開來的大承擔當中，筆者建議或許可以考慮幾個原則或方向，但在敘述之前，不得不先贅述人盡皆知的一個殘酷的事實。

現今全球生態體系的自然平衡被破壞、自然生態系及其生物的大滅絕、汙染廢氣的大排放暨全球急遽增溫、資源跨國耗竭利用與慾望大解放等等環境問題、生態問題，之所以無法、無能遏止或解決，在於人類迄今為止所有的法規或制約無能處理，制裁的力量尚未產生。所有的人殆皆知道全球覆巢之下無完卵，誰却都相信或妄想著自己會是個最後的受害者，甚至於是個受益者。

因此，道師父之人間佛教未來面向，或可朝向此一大原則開展，無論在教育、宣傳、行動、國際聯盟……，皆得齊頭並進，而筆者自當尾隨奉行、瞻前顧後，打點打掃

應對進退等等雜務。

　　而近年來筆者念茲在茲的具體項目如下：

　　1. 在台灣呼籲、奔走，敬請各黨派、各行業代表，尋求世代國土利用的最大公約數，制定《國土永世憲法》於任何政治目標之上。無論任何黨派執政、當總統，皆該一致奉行。

　　2. 以 NGO 形式，在台灣召開另一形式的 21 世紀「聯合國」，謀劃《地球憲章》與制裁機制（《山‧海‧千風之歌》）(註：善用台灣最大不幸的最大優點)。

　　3. 集結全球有識之士，傾全力制定地球大劫變之後的新國家社區結構制度，並先行於島嶼試驗、改良之。

　　4. 台灣生界史從來都是地球浩劫或鉅變中的諾亞方舟，台灣自然史與人文史的多歧異度 (diversity) 之天演智慧，誠乃台灣最大的特徵，如何發掘、提煉出對全球生界做出永世的貢獻。

　　5. 研發人間佛教政治學 (緣起性空的政治理論)、人間佛教社會學 (緣起性空的社會理想)、人間佛教經濟學 (緣起性空的社會經濟理論與實踐)、人間佛教文教學 (緣起性空文化論)……。

　　「倫理」，事實上它本來就在「實相」運作之中，而吾人所能討論、實踐者，在於發掘、感知此「道」的本來如是，從而釐定種種「生態戒律」，力挽狂瀾或亡羊補牢。

　　第二部分或脈流的人間佛教，或可以佛學義理或學術面向稱之，乃印順導師一生最大成就的嫡傳與發展，或可

以其法子昭慧法師代表之。此面向是活水源頭、是根荄，筆者目前不夠資格置喙，而且，研討會原意乃在於為傳道法師七秩壽慶，是因道師父自謙而以現今形式呈現，故而主旨內涵或宜以道師父為標的。此部分略之。

第三部分或脈流的人間佛教，或可依「廣義」角度指稱，乃慈濟大宗。依理、依情或當如第二部分之省略，爾後有機緣再行申述。然而，2010 年 8 月 23 日、11 月 13 日，以及 2011 年 1 月 14 日，3 次與證嚴法師的見面、談話、觀察與感受、反思等，教筆者貫通了台灣四百年華人開拓史上，最最隱晦不明的隱性文化的些微環節，特別是 2010 年開始閱讀李岳勳 (1972) 的「曠世奇書」而受其啟發之後，總算明白，台灣民間信仰的大解碼 (謎)。而任何要詮釋慈濟宗、證嚴法師的角度、見解，若不能領悟此一區塊，很可能只停滯於膚面。

在此，筆者不擬論述，且之前於 2010 年 2 月 17 日慈濟的研討會上，已書寫一篇應時、應景的〈自然生態、環境保護與慈濟宗〉(陳玉峯，2010)，往下，只依李岳勳氏的見解，勾勒證嚴法師的一大特徵 (請原諒，不容易瞭解！)。

李氏奇書《禪在台灣──媽祖與王爺信仰之宗教哲學及歷史的研究》，劈頭明揭中國從神話時代的禪讓政治，演變為「家天下」的「易姓革命」之後，「封禪」已經由古民主的儀式，劇變為皇帝專制的專利，容不得市井小民使用。而佛教六波羅密之一的「dhyana」明明有「馱衍那」、「禪定」、「靜慮」、「止觀」、「三昧」等等諸

多音譯、意譯，為何非得使用「禪那」或「禪」不可？禪宗祖師們的堅持，也象徵、注定了禪脈之遠離政治中心，流亡華南、閩南，乃至於託付於媽祖信仰，歷經反元、反清，鄭成功到台灣之揭開華人在台史的流變中，李氏對台灣宗教文化進行深沉大解謎，較之《達文西密碼》還精彩，思考的跳躍如入化境。

李氏解讀出虛構的神話人物林默娘，乃歷代禪師們寓言式的小說創作，他釐析出龐多禪宗靈性的公案，如何寄託於曲折離奇的媽祖信仰史，也傳承「禪除」立場差異、政治差異、眾生差異，進臻於終極靈性法脈的長存，更相當於直接說明禪師為何專門蓋廟的歷史懸案，而媽祖的《天妃誕降本傳》，實乃南宋亡國的歷史公案；王爺信仰則是明朝亡國史的產物，五府千歲實乃明末的「唐王」、「桂王」、「魯王」、「福王」及「寧靖王朱術桂」，而中軍府即是鄭成功（另有多種象徵系統）。

李書的精彩獨到當另文解析，之所以論及慈濟宗必須援引《禪在台灣》，重點乃在該書最後一章「苦悶的象徵」，明揭台灣文化的精髓、台灣精神正是正統的禪徒，其基本信條為：「饒益眾生而不望報；代一切眾生受諸苦惱；所作功德盡以施之⋯⋯」（《維摩詰所說經》、居士禪）

李氏認為：「⋯⋯宗教信仰的效果，端視有無做為信仰對象之『應現的人格』而定。中國宗教史上的『應現觀音』，實際上就是信仰觀音，而使自己的全部存在成為『觀音』透經自己而『人格化』的成果⋯⋯宗教信仰的活

動成果，必須視其信仰對象，有無做為最具體的人格對於信者『應現』而定。佛教之流入中國是以『應現觀音』、『應現文殊』、『應現普賢』等等姿態，做為具體的人格應現於中國人的時代，才算是佛教對於中國大陸的落地生根，而從此，印度佛教的色彩就消滅，而做為中國佛教的狀態就隨之而生長。在這個意味上，中國禪宗的誕生，是實質上的『中國佛教』的誕生，也是中國人脫離『宗教的殖民地』之階格的飛躍。」

而慈濟宗在 2010 年底已經正式成為聯合國的成員，筆者亦預估證嚴法師這一屆或很快地將成為諾貝爾和平獎的得主，即令她再三交代不得為其提名。

然而，筆者看不出慈濟宗與印順導師的「人間佛教」有何法脈上的相承續；關於環保與生態保育面向，慈濟宗並非在根源或學理上銜接，毋寧是其宗旨下的方便法門，證嚴法師心目中似乎沒有統獨、藍綠，她一出手就鎖定在全球。她也是台灣華人四百年史上，隱性文化或無政府主義的當代宗主。

2010 年 11 月 13 日在清水午餐桌上，證嚴法師突然告訴筆者：「我跟你不同！」2011 年 1 月 14 日同樣在清水，「歲末祝福」的場合以及午餐桌上，證嚴法師對台灣環保人士的「見解」，令筆者深感不安！

筆者虔誠祝禱，希望善緣生善果。而新近 3 個月來，筆者突然再度重操舊業——拍照植物，而且拍得過火，拍了 5~6 千張。拍攝的內容大異於過往，不只是拍些美得過

分的花果，綠葉晶瑩剔透的網脈，紅葉絢爛的壯烈，更拍落葉、枯葉、病葉、腐蝕殆盡的殘骸、火焚後的木材，被車輾、行人踏過無數次的菩提葉。

2011 年 2 月 4 日，筆者沿著阿里山眠月線鐵道拍攝，正當拍攝著司空見慣的芒草枯葉之際，突然有種捨不得或不忍心按下快門的感覺。筆者回神初步察覺一下，好像是害怕拍盡了生、老、病、死的美感，其實明知永遠拍不盡能感、可感的影像，但只要我們執著在所謂的美感，沾黏在想要捕捉的念頭，一種慚愧的感受就會升起。

最真實、無邪的感覺，多半只呈現在感覺的過程中，淡如清風流水，不著痕跡，一旦你想要捕捉那種感覺、意念之際，就夾雜或蒙上些許雜質。而能去察覺、感受這種情形的察覺，似乎就是「心」的原來狀態，如果加上了目的、意念、想要，原來可感之感就倏然消失。念念之間的止息或斷念，表面上指的大概是這種刻意、攀緣的消除，或並非消除，而只是回到原本的澄明。看樹、看葉、看花、看一切法相，只是看著。

人最值得感恩的內涵之一，即在於人具備能感之感，而且，所謂「生而不有」，基本上是生才可能不有。感恩一切所有，相當於在所有當下的無有。當拍照變成飢渴式的起心、動念，就是犯了戒，犯了生態戒律。

現代的科技讓人輕易地「抓得住」人眼能夠感知的無窮美感，震撼於從未存在過的音響，嗅得出千里之外的費洛蒙，舔得出根毛大旱逢甘霖的甜美，受得出太陽風爆的

猛烈，但是能感的心却已麻痺，這就是悲劇。

　　歷史上得以傳頌千古的語言文字，大抵都是超越了語言文字所能明晰傳達的界限之外。但願筆者永遠寫不出來。這也犯戒。

　　這裡沒有人在談生態倫理。


　　～大地山河一卷經，虛空講得甚分明；

　　　自從打破虛空後，舉世無人識姓名～

(頌亮座主；黃任，1761，《鼓山志》)

- 丸井圭治郎，1923，台灣佛教，南瀛佛教會會報 1(1)：1~4。
- 江燦騰，1996，台灣佛教百年史之研究，南天書局發行，台北市。
- 江燦騰，2009，台灣佛教史，五南圖書出版公司，台北市。
- 李岳勳，1972，禪在台灣——媽祖與王爺信仰之宗教哲學及歷史的研究，國際佛教文化出版社出版，台中市。
- 杜潔祥 (主編)，1980，中國佛寺史志彙刊 2(8)：泉州開元寺志、廈門南普陀寺志，明文書局印行，台北市。
- 南瀛佛教會，1927，中國佛教徒革命宣言，南瀛佛教 5(2)：55~56。
- 胡基峻 (譯著)，1975，韋根什坦底哲學概念，黎明文化事業公司出版，台北市。
- 唐君毅，1978，中西哲學思想之比較研究集，宗青圖書出版公司，台北市。
- 陳玉峯，1991，生態不服從主義，自立早報 1991 年 7 月 24、25 日 (收錄於陳玉峯，1992，人與自然的對決，82~87 頁，晨星出版社)。
- 陳玉峯，2010a，印土苦旅——印度・佛教史筆記，前衛出版社，台北市。
- 陳玉峯，2010b，前進雨林，前衛出版社，台北市。
- 陳玉峯，出版中，興隆淨寺 (一)：清代，愛智圖書公司，高雄市。
- 陳玉峯，山・海・千風之歌，前衛出版社，台北市。
- 陳玉峯，發表中，草根和尚——傳道法師與我。
- 陳玉峯，發表中，自然與生態保育、環境保護與慈濟宗。
- 陳慧劍，1986，當代佛門人物，東大書局公司印行，台北市。
- 黃任，1761，鼓山志 (杜潔祥主編，1980，中國佛寺史志彙刊1(50)：鼓山志，明文書局印行，台北市)。
- 藍吉富 (主編)，1994，中華佛教百科全書，中華佛教百科文獻基金會出版，台南縣。
- 釋昭慧，2008，佛教後設倫理學，法界出版社，台北市。
- 闞正宗、卓遵宏、侯坤宏，2009，人間佛教的理論與實踐——傳道法師訪談錄，國史館出版，台北縣。

# 輯三

# 台灣的教育

21 聯合政黨、聯合政府的展望

20 《常識》

19 宗教與生命教育

18 課堂教育

# 課堂教育
## 18

潛蟄四年多後，為什麼我重回教室？不是對受課者的說明，而是我得對自己承擔、校驗或再度省思。

▲ 終身教育，2010.3.2 作者為全美台灣同鄉會做環境解說 (阿里山)

▲ 林邊解說(2010.3.4，全美台灣同鄉會的台灣生態、環境教育之旅)

　　一開始我不否認存有「我執」、「我要做什麼」的想法，例如我想將畢生收集的專業資料、個人研究成果，傳遞給社會，俾供台灣今後在國土保安、生態保育或環保面向，乃至價值觀的改造，可以在本質上進一步提升，是謂傳技；也想將數十年的山林體悟，包括自然哲思之於建構台灣主體文化的若干見解，得以啟發後代、持續開創，是謂傳法；同時，自認為洞燭在台華人四百年史的文化盲點，瞭解台灣史盡屬滿清、日帝及國恐文字獄等過濾之後，「政治、意識正確」下的產物，禁錮靈魂、傳染特定偏見或毒素，吾輩有必要從任何幽微處，顛覆、洗淨這些「汙名化」的宿疾，賦予新世代一片淨土。此外，一切在

人，免不了想要視機緣找傳人，建立永世傳承的文化血脈，等等。

　　然而，一旦面臨授課之際，我立即放下先前念頭，改以種種相對客觀面向思考。

　　以「我」為例，台大植物學系 4 年、植物研究所 3 年 (我兼助教，依內規得讀3年)，7 年間修習 1 百 5-60 個學分，授課的老師約 60 位，如今我還記得那幾位？為什麼？什麼是一輩子印象最深刻的課或老師？

　　1976 年秋，教我們大一必修課「普通植物學」的，是一位美國人老教授隸慕華 (Charles De Vol)，當時，甚至到 1980 年他回美，我完全不知他是貴格會牧師，更不瞭解他傳奇的一生，但他的課卻讓我在闊別 35 年後還彷同昨日。

▲ 隸慕華老師上課的教室前，作者於畢業 30 年後回訪 (2010.6.5；台大一號館)

　　有次上課，他老人家一到教室不發一語，而狀似在找尋什麼東西。接著，他搬來一張圓凳子，將它放在講台上，然後，危顫顫地、緩緩地爬到凳子上站立。同學們都嚇呆了，我也一頭霧水，只擔心著萬一他老人家摔下來時該怎麼辦？(那時我是班代；隸師74歲)

　　老先生面對著我們滿臉笑容，不一會兒開始說話：「我，是一片葉子，我的身體是葉片 (blade)，腳是葉柄 (petiole)，我站在枝條上。秋天到了，葉子要掉落……」老先生微微顫抖著，在大家驚呼聲中爬了下來，「葉子掉落的地方 (指著他的鞋子跟凳子) 叫做關節……」如此，花了 5 分鐘時間講解一片落葉！

　　期末考的試題也出奇簡單，例如：植物養分、能源的終極來源？答案是太陽或陽光。隸老師是個大牌教授，是國際著名的蕨類分類學家。

　　當時我們只覺得有趣、好玩，甚至於還「抱怨」怎麼教這麼簡單的東西，厚厚的洋文教科書往往 4、5 百頁，不多很有學問、很深奧？怎麼大牌教授只講「國小程度」？事實上，任何一科的教科書一學期下來，充其量念個幾十頁已算是用功了。

　　研究所乃至往後數十年期間，每遇研究或困思的瓶頸，我常會對自己說：一步一步來，萬丈高樓平地起，再怎麼高深學問也得按部就班。我不確定是不是隸老師的影響。

　　大二上普通物理學，不記得老師叫什麼名字，只有影

像鮮明。他坐在輪椅上，削弱的瓜子臉，聲調徐徐細細。他說：$E=mc^2$，這公式是對的，是特定範圍下的真理。至於愛因斯坦的解釋，任何物理學家的詮釋，都是胡說八道、莫名其妙。他上物理課都在談「無理」，複雜困思的計算都交給一知半解的助教去煩惱，我也搞不懂那 3 學分是怎麼混過的。

▲ 作者母校 (2010.6.5)

▲ 台大一號館前 (原植物系館；2010.6.5)

我就記得科學真理的平常語言解釋，都是胡說八道。直到十幾年之後，從韋根斯坦的語言分析、邏輯實證論的維也納學派，乃至科學哲學的思辨，我才明白絕大多數的科學解釋真的是胡說八道！或者，根本沒有真假值。

2010 年 6 月 5 日在台大小巨蛋體育館，台大校友畢業 30 週年重聚會上，我問死黨阿狗 (李弘文先生) 這位輪椅上的物理老師，他答：「聽說教我們之後沒幾年就自殺死了！」我好一陣子說不上來的悲愴，彷同從黑洞逃出的輻射。

▲▼ 作者台大畢業 30 年同學會 (2010.6.5)

▲ 作者 (中) 同班同學，左李弘文先生，右黃志林先生 (2010.6.5)

　　有位中通老師，姓名早還給他了。他老兄來到教室就開始寫黑板，寫滿一黑板後，開始依字講課說故事。他整堂課向著天花板訴說，從不看講台下學生一眼：「漢光武中興，有 28 雲台將幫他打仗。其中，有位馮翼，生性木訥，打仗時衝鋒陷陣，勇猛無比；閒暇時大夥兒飲酒作樂、群聚嬉鬧，只馮翼獨自到營地邊的一株大樹下靜坐。總是這樣。他全身上下無處不傷。有天，馮翼死了。隔天，營地上那株大樹的樹葉落盡，於是史書上留下一句『將軍一去，大樹飄零』；馮翼，人稱『大樹將軍』……」

　　他講課是講給半空中的精靈、天龍八部聽的，我也不清楚他曾經在課堂上發生何等創傷，總之，他從不看台下

▲ 周昌宏院士與作者 (2010.4.21；台中市)

的學生一眼。可是，他知道人們永遠喜歡聽故事，男女老少、花草樹木、天精地靈皆然。

當然，我也記得其他一些老師，但得用力回想。

森林系的一位廖日京老師，我修過他兩門課，一次99分，一次100分；國文周老師，有次作文，我情緒波動，胡亂寫些自己也不清楚的東西，意外地得了高分，他的評語：是所謂「意識流」的寫法也！……

也是大一。有堂課，點過名老師轉頭寫黑板，有位重修的學姊裙子一撩，翻窗逃去。那瞬間我喑叫：哇考！這個學校可以唸！

換個角度說，我愈「老」愈不知道什麼是好老師、壞老師？也不知道有何偉大的大師或了不起的課。我只明瞭，一生任何時空點的際會，都可以形成你靈心慧命的電光石火。呀！蝸牛角上爭何事啊?!

還記得我國小六年級某天放學後，沿著校門外一條大水溝走回家。我很困惑那天考卷上得滿分的語譯：「天將降大任於是人也，必先苦其心志、勞其筋骨……動心忍性增益其所不能……」天上掉下來的不就雨滴、鳥糞或灰塵，「大任」怎麼掉啊？如何「苦」其「心」、「志」？如何「動心、忍性」？？？我對著得到滿分的考卷迷惘，完全不懂的東西為什麼滿分？

高中時候我很煩惱數不清的「問題」，有天我問對我很好的國文老師山東大漢說：「這是一枝筆，我們眼前有張椅子，這是因為我摸得到、看得到，所以它存在；假設

我們眼前沒有筆、沒有椅子，我怎知道筆或椅子存不存在？又，我們說筆、椅子存不存在，是因本來就知道有其存在，則有些我們從來不知道的某種『東西』，我如何知道它的存不存在？我連知道或不知道都不知道的時候，我如何知道或不知道？」山東大漢傻傻地杵在那兒，嘴巴微微張開沒講半個字。

後來，媽媽說你的老師寫封信到家裏來，要我們好好注意你的頭腦有沒有問題。我後來才瞭解，小時候到高中時代困擾我的，是「認識論」的問題，是「知識如何成為可能」的問題，是康德理性批判的問題，是佛教第六識、第七識，甚至到阿賴耶識的問題 (較大部分在第六識而已)。我是沒遇上「好」的老師！遇上了也不見得我會更「好」或更「壞」！

年輕的朋友們，我講這些故事不盡然得要象徵或代表何等意義、暗示，或示唆些什麼。森林內大小樹木各司其職，各有所影響，但無一是必然、必要、因果、目的，太想要找出什麼或太刻意，往往會扭曲我們自己。

無可否認的，我還是會想到 2~3 千年來論及教育的思考或藝術。最為膾炙人口的，柏拉圖《理想國 (The Republic)》中的「地窖」寓言，說是有個被囚禁在地窖中的囚犯，從來不曾看見過比陰影更具體的東西，有天他被釋放，被帶到陽光下，一下子他無法適應刺痛的亮光而想逃回地窖，最後，他終於認清陽光下事物的真面目才是人類的生活，他當然不想再回地窖，但他也有不可避免的義

務，他得重回地窖去協助裡面的人，看穿陰影的虛幻。

　　做為西方古典教育哲學的濫觴，地窖的寓意乃在令人的心靈，從其周遭的偏見中解放開來，然後善盡幫助別人達到相同目標的責任。據此，延展為學校教育的目標，不在於特定知識體系的完成，而在於讓學子掌握一生追求智慧的方法。

　　到了亞里斯多德，他質疑何謂教育，人的本質是何？教育能否改善人的本質？應重道德或是生活技藝的改善？什麼是教育的適當途徑？學習該依其智慧，還是性格？直到今天，相關的議題未曾中斷過。

　　然而，柏拉圖創辦的「Academy」學院，他想教育出的是哲學家；羅馬帝國第一位由政府支薪的修辭學教師昆提連，他想培育的，是雄辯滔滔的政治家兼演說家，而據說，西方現代教育觀念乃遲至 17 世紀始告發軔，由捷克的宗教領袖柯米尼亞斯所倡導，試圖著眼於如何教育一般人，之前，教育論都集中在如何教育統治者，而 18 世紀末、19 世紀初，德國出現了一位貧民教育先驅培斯塔洛奇，相當於所謂「愛的教育」，或筆者心目中現代所謂的「實驗教育」的濫觴。

　　直到 19 世紀及 20 世紀初，西方才進入普及教育運動的時代。就美國而言，杜威 (1859~1952年) 顯然是代表性人物之一。1894~1904 年他在芝加哥教育學校的工作引起世人注目，他展現了堅定的「實驗」傾向，後半生也傾全力向全球推銷他的民主全民教育 (他的代表性著作之一如《民主與教

育》一書)、實用主義、功利主義、終身教育。有趣的是，他在達爾文發表《物種原始》的 1859 年出生，他全然接受演化論，諸多論述也處處由達爾文主義的觀點出發。

杜威不僅影響美國各級學院，也在中國住了 2 年，向中國的教育界講授教育改造，也指示土耳其政府改造教育的方案，確立其在世界大教育家的定位。然而，就思想體系的血脈而言，杜威實乃培根 (實驗哲學及歸納法之父)、洛克 (新科學方法論或實證觀點的發端)、孔德 (實證主義正式問世)、D. J. S. 米爾 (概念、假說、通則化、理論與定律等科學邏輯系統的奠定) 等實證主義者的嫡傳後代，他竭力排斥形上學，他代表自由信心與民主式的唯覺主義，大戰代表權威的宗教與貴族式的唯心主義。

杜威強調：「完全適應環境等於死亡，反應的重點在於操縱環境、制裁環境。」手段即教育，他相當於原始的科學主義、科學決定論在 20 世紀上半葉教育界的代言人。然而，杜威的科學觀比他往生前後同時代的科學標準還落後，他接受且發揚的是科學主義的浪漫、理想或幼稚的認知期。

事實上，在二次大戰原子彈爆炸之前，西方對科學的一套標準認知即所謂「蒙頓模範 (Mertonian norms)」。也就是相信：

1. 科學是公有化的公共財，是公開的知識，可自由引用、研究的。

2. 科學是普遍化的，沒有特權，誰人都可創造的。

　　3. 科學是種發現的過程，它是中立的；科學乃為科學而科學的。

　　4. 科學是創新的，是對未知的發現。

　　5. 科學是懷疑主義的，科學家對一切存疑。

　　然而，近 6、70 年來的檢討，包括對科學的內在分析（科學研究主題或領域；科學的方法；科學的知識；科學家；動機論），以及科學的外在分析（科學的社會學、心理學、歷史學等等），或說科學哲學的發展，卻一一質疑上述的標準，或一再顛覆這番 20 世紀上半葉的科學典範（另有機會再專文討論科哲議題）。科學沒那麼純潔啦！有時候直是大邪魔！

　　不幸的是，我們的教育體系處處存有杜威的陰影，以及一大堆對科學的誤解。而現今美國的教育呢？美國的建國是先有州，再形成聯邦政府，教育是州的權利，直到十多年前聯邦才設立教育部，但也沒啥作用，只做條件式的金援等。州可依據整體發展，設定教育政策來配合其近、中、長程的目標，因而很容易與功利主義大結合，從而各州自主發展。因此，我談的例子，只是囿限於個人經驗如下。

　　依個人在台灣教育界的經驗，對拿到美國教育研究所學位回台的人才，以及其在台灣所展現的教育理念、作為，我曾經大有意見。我女兒在進入所謂長春藤名校之一的哥倫比亞大學電機系，入學口試時，考官問的問題例如：有 8 個外觀一模一樣的球，你如何以最少次秤重將一個略輕或略重的球找出來？在天秤上秤重，4 個對 4 個，

再2個對2個，最後第3次找出的答案是落伍的！例如：有2個房間，1間有3盞燈，它們的開關在另一個房間，你如何只進去房間各1次，找出那盞燈是那個開關。

考官們強調，比別人快一步者才能成功。而教授們強化「打倒別人，便是成功。自由競爭，優勝劣敗，現實得很」。曾經我寫了一短文，輕描淡寫或側面地批判之。

路邊攤吃餛飩麵的時候，女兒突然搬出哥倫比亞電機系入學口試題考老爸。

有8個一模一樣的球，其中只有1個比較重，你有一把秤，請問最少秤幾次，可以把那個重球找出來？我嚥下一口麵說，這還不簡單，西方人的秤是天平，所以一定得第一次4個比4個，挑出重的那4個，第2次2個比2個，第3次就找出來啦。

「錯！2次！」女兒駁斥。就在我嚥不下一粒餛飩之際，女兒再拋出第二題：一個房間有3顆燈泡，另一個房間有它們的3個開關，你只能進去該2個房間各1次，請問如何才能確定那個開關是那顆燈泡？

我想到數學問題，因而我的麵變得很難吃；突然，我通了，我說先進3個開關的房間，打開A與B的開關，稍待一會兒，關掉B，再走進燈泡的房間，亮燈當然是A，伸手碰觸另一個燈泡，答案立出。

至於8個球，也很簡單，死規則是：天平一次只能放同樣數目的球才能比，可是沒人規定第一次一定得

4 個比 4 個，因此，第一次秤，我拿 3 個比 3 個，如果平衡，則重球一定是剩下那 2 個的其中 1 個；如果某一邊 3 個較重，同理，第 2 次我已找出。

女兒說我可以唸電機系，她解釋教授出題的理由：現代社會萬事唯競爭，比別人快一步，你就勝出。

我反對且討厭如此理由，且相信這類想法就是資本主義、吃人世界的迷思，但我解釋為什麼一開始我答不出「正確答案」。

起先，我以傳統教育給我的思考模式去想，因此，我就困頓在數學解題的死角。因此，我先放下思考舊習，然後，進入生活化、自然化的思考，於是，燈泡點亮會發熱呀！等數目球的評比可以 1、2、3、4 個分組呀，還可以排列、組合算概率啊。

近年來我一直在思考數位化之後的今後教育，教育的內涵與教師的功能必然大異於 20 世紀，去年某次上課的「課堂雜話」的一個議題就是「教師的功能與意義」(收錄在《亂世鴻爪》152~155頁)，當時，我強調三原則，也就是讓學生瞭解生產特定學科、學問的全套過程，而不是教一大堆破碎的知識、非整體的知識、沒有方向的知識……，更要牽涉全套學問背後的人文、思潮背景；以自然為實體，如何孕育破格思考與創造力的啟發，而當時我強調「武功心法千百種，最高明的心法就是虛其心」，也就是放下，而後可創造無窮的可能性，化解八個球與三盞燈就是如此；人格與典

範的養成與啟迪，特別是笨笨地、腳踏實地做事、做研究的平實功夫。

現在，我強調更重大的議題，也是我多年前的感悟之一，兩點之間最典型的距離不是直線，平面幾何解決不了量子世界，再快的一步解決不了文明病，只會製造更多的問題與傷害地球。科學要向藝術學習、向自然學習、向未知的自己學習，而放下現在最成功的價值觀，放下挑戰的挑戰，放下追求現今價值的價值觀，放下讓自己空虛的成功，開創屬靈的、悟性的深沉面，我深信，一項好的理性思考，要件之一，也會讓你心安、平寧與和諧；我在乎笨笨地做研究，必定會做出絕頂智慧與美感！

上文是我在辭離大學教職的最後一學年，我戲稱為「課堂雜話」的上課點心之一，也就是上課時，除了原訂的正課內容之外，因突發感觸，或當時媒體或社會事件，給予一時回應的「機會教育」，充當尋常課堂上的小點綴或頭腦體操（另舉例如附錄）。

我沒辦法在此文批判資本主義的教育，我只是表達台灣對西式教育盲從的憂心。長年來我是寫了一些對教育的看法，過往也一直在強調靈性的重要性，但並沒有深入地提出內涵。

四年多來我學習宗教哲思且今重新出發，雖然不確定我有多少長進或退步，一口氣還在希望就無窮。而我從來

一貫的教育理念，例如未來型的教育；啟發原則；教育無公式、沒理論、無預設成果；除了邏輯語言之外，學生在課堂上的發言無對錯；思辨或批判能力的培育；社會人格的養成；上課是一種生命活體面對面的溝通，包括身體語言(眼睛可以說的，有時比嘴巴多很多)、心智的良性互動，並隨時激發新思路；上課必須是種心靈的震撼、喜悅、折磨與享受……，等等，期待更精進。這些，大抵是我在課堂教育的基本態度或通則，至於不同課程，當然另有該課程特色與斟酌的原則，另行說明之。

　　此外，一些試驗或比較研究顯示，耳朵聽來的比眼睛看書來的較有利於記憶。這一點兒也不足為奇，因為聽覺、視覺等，是幾億年來演化出來的本能，文字則是工具性的創造物，必須靠後天的學習而來，多了間接的手續，更且，文字閱讀速率遠快於聽覺，閱讀而來的記憶，還得反覆思考的整理，聽覺當然也需要思考的反覆推敲，但聽覺與思考常可一併進行。古代印度人靠口耳相傳，許多天才往往可以背誦經文數萬或數十萬偈；台灣或全球原住民的文化傳承，沒有不是靠藉語言或代代口耳而流傳，包括生活技藝、訓示、律法、龐雜經驗法則、人格形塑或靈魂的內涵等等，乃至全套生活暨生存哲學。

　　也就是說，身處可以輕易獲取知識、資訊的現代，我相信課堂教育一樣存有豐富的意義與價值，端視教師的人格、風範與能量而定。

# 2006 年的課堂雜話之一：學習思考·思考學習

## ◎閱讀深度與深度閱讀

任何人、任何行業、任何事例皆可養成「深度化」的自我要求，然而，現今資訊充斥正反極端化的現象，大多數資訊、數據，都呈現 21 世紀文化特色的「劇烈的不確定性」：

1. 報導指出，不動大腦或只看不想地看電視，每多看 1 小時，罹患失智症的風險便增加 1.3 倍；朋友們你可想過這項報導本身的風險、不確定性？何謂「失智症」？這些數據如何產生？假科學、偽科學？

2. 多數人一直愚蠢地夢想，只要吃一顆藥丸就能變聰明，許多藥廠也正投入如此聰明的研發。

## ◎經驗人性與人性經驗

每個人透過經驗，下達對事物的看法或見解，而每項愈深刻的經驗，便構成經驗人愈頑強的「真理感」，也形成對別人的壓迫感，然而，勇於嘗試創造新經驗，通常是成功的必要條件，但也不要忘了：人類並非其經驗智慧之所生。

1. 張姓殘障人士一年賣彩券 3 千萬元，他認定最容易推銷的對象是：吃檳榔者、夫妻及情侶，為什麼？他的推銷術或推銷原則：勇於招呼客人，不斷提供顧客建議；他堅信：有燒香有保庇，有吃藥有行氣，有招呼有福氣；他嘗試的過程：頭遍(次)驚驚，二遍痛痛，三遍跟顧客開口說：「發財啦！」……

2. 2006 年 2 月 26 日，Discovery 頻道首播「台灣人物誌：陳文郁」，從一粒種子認識台灣。陳文郁今年 82 歲，他 17 歲(日治時期)進入高雄鳳山熱帶園藝試驗所，從事品種改良工作，全球第一粒無籽西瓜鳳山一號就是他的創造，如今，台灣 9 成的西瓜種子出自陳文郁創辦的農友公司；報導說，他一年切 2 萬多

粒西瓜，每粒西瓜吃 1 口，因而練就只要用刀子一戳，就可斷定西瓜好壞、有籽還是無籽；他已培育出 285 個品系的西瓜；他為了讓孫女可以一口吃一個番茄，將大番茄培育出「聖女小番茄」；他 75 歲以後愛上油畫。

3. 由於 2005 年颱風吹倒許多香蕉樹，2006 年 3 月報導，香蕉產量僅及去年的 3 分之 1，每斤價格飆漲成 50 元，1 根香蕉(10~12元)可買 4 個雞蛋或 3 個水餃。然而，2006 年 2 月中旬，菜市場水果販告訴我，去年同期香蕉 1 斤 10 餘元，1 天只賣半簍，今年 1 斤 45~50 元，1 天卻賣 2 簍(4倍)；去年買香蕉者裝在塑膠袋中帶走，今年的顧客不用塑膠袋，幾乎是高舉著香蕉揚長而去。

價格越貴、量愈少愈好吃？愈有價值？如此的社會風氣，你如何切入市場機制？全世界最容易賺錢的方式是賣「夢」(請參考拙作《亂世鴻爪》55~68頁)？虛榮、虛無？

◎愈富有愈快樂愈想死的多元弔詭？

中央社 2006 年 10 月 5 日報導指出，針對某大學 3 千名大一新生的調查(註，2002年)結果，26% 曾經有過自殺念頭，過去曾經嘗試自殺的比例有 1.2%(34人)；該研究分析，人格愈神經質，有抽菸、喝酒等物質濫用習慣的大學生，愈易出現自殺想法，是高危險群，反之，愈外向者愈不會自殺。

看到上述報導，請你指出「不科學」的遣辭用字，或不當之處；研究報告有問題，還是報導者的問題？

2006 年 2 月 19 日中時報導 2004 年台灣有 3,400 人死於自殺(註，以全國2,300萬人計，即0.014783%)，連續多年名列十大死因行列；近年來自殺人數攀升，且全家、攜伴的方式愈來愈多。自殺的原因說是以卡債、失業、感情等為多。1993 年自殺死亡者每 10 萬人約 6.2 人；2004 年每 10 萬人有 15.3 人。

2005 年 6 月 18 日，本校應屆畢業生許○○燒炭自殺身亡，報導說是「自我要求太高，壓力不堪所致」。為什麼我們的社會慣於為任何事物冠上自以為是的解釋，而不懂得尊重與保留些？最最惡質的所謂「政論」，最常見的伎倆就是，以自己骯髒的動機猜測，灌注在所欲

詆毀的對象，甚至於完全栽贓、誹謗，捏造假新聞構陷別人。

　　人為什麼會自殺？事實上幾乎所有人都曾經「考慮過」、「想過」自殺，全球龐雜文化，或不同價值系統之下的自殺千奇百怪，更有近乎聖潔的自殺，愛斯基摩老人於冬季，為保留食物給子孫，自己單筏亡命於冰海；武士道、兩難之際的慷慨赴義也是自殺；生物界成全族群生機的自殺誠乃多如牛毛，美其名為利他行為；自殺論的哲學探討，意義與內涵更是匪夷所思，奇怪的是，台灣社會一提及自殺，卻只賦予千篇一律的「逃避」、「惋惜」、「遺憾」及「否定」，台灣社會連自殺都是貧血與膚淺？

　　年輕朋友們，你們面對人類有史以來，最劇烈的不確定性與虛無的 21 世紀，最最需要的定性之一即單純與自然，找出內在的安定，活出一份天真，至於世間瞬息萬變的妄相、幻影，活著就得一一參破。

# 宗教與生命教育

　　傳說禪宗六祖慧能在黃梅得法以後，往南遁走，但五祖的弟子「數百人」緊追在後，「欲奪衣缽」。其中，陳慧明率先追到慧能；慧能就將衣缽丟置石頭上，說了句：「此衣表信，可力爭耶？」然後躲到草叢中。慧明看到了石頭上的衣缽很高興，馬上動手去拿，奈何衣缽彷彿是石頭連體，紋風不動。慧明只好向慧能喊話說，他不是為衣缽來的，他是前來求法。

　　於是，慧能現身盤坐在石頭上。慧明向他行禮、求法。慧能要慧明：「…可屏息諸緣，勿生一念…」慧明遵照指示，沉澱下來好久。慧能就告訴慧明：「不思

▲ 半天岩的佛聖像

善、不思惡,正與麼時,那箇是明上座本來面目?」這一問,慧明當下大悟。

慧能要慧明放下起心動念,而在電光石火的明覺中,去感悟道心靈體的本來真面目,這個「真面目」就是人的靈性、靈魂,或來自終極靈界的某種東西,也正是佛教要人「證得」的,原本人人具足的「本性」、「本心」。

慧能的神話故事不消說,重點在於他的提醒,的確是啟發人覺悟的觸媒。因此,這句「不思善、不思惡之際,你的真面目是啥東西?」,在後來的禪門就轉變成:要找出「父母未生以前的本來面目」或「娘生以前的真面目」。

現今的佛教徒更將這句話改成二問:「未生我之前誰是我?生我之後我是誰?」更常連結到「我」從哪裡來?怎麼來?「我」又要到哪裡去?怎麼去?於是,一連串探索生命、生死、靈魂與輪迴、解脫之道、生命的價值或意義⋯,抽象、形而上、玄學、虛幻式的命題、議題或問題,可以接龍式地展開,或網狀連鎖爆開。基本上,這些沒有真假、是非、對錯的「問題」,都可歸屬於「宗教」的議題。

不管你承不承認,宗教觀重大影響人類的行為、價值、認知或全面的心智活動,不論是廣義或狹義(特定教義及形式)的宗教皆然。原始時代的生活、生命態度幾乎等同於宗教,當代文明世界生命的底層或生活特徵,仍然以宗教的本質為基礎。無神論仍然是宗教的另一種形式。

　　曾有台灣的佛教團體「針對現代人的空虛」，提倡「生命教育」，說是要「發抒宗教中關懷眾生、愛護自然的情懷，以華嚴『無緣大悲，同體大悲』的精神，從愛護生命、關懷生命到尊重生命，希冀藉由對生命的包容與重視，達到佛家『愛與和平』的慈悲精神。」

　　「生命教育在於啟發每一個人都是自己的老師，每一天都是生命教育實踐的內容，撇開教條的束縛，生命應該是生動且自然的一種生活態度，讓人活出自己、活得更好，不僅如此，還要使身邊大家的生命充滿歡喜，不再對立衝突，生命之於每一個人，是一個心靈深處最圓滿的呈現，以『生命服務生命』，讓『生命奉獻生命』。」

　　這是「靈鷲山生命教育智庫」在一篇宣示「生命教育元年」的短文中，對「生命教育」的敘述。該文劈頭即引：「未生我之前誰是我？生我之後我是誰？」從而延展到「生命教育」的理想。

　　然而，《六祖壇經》的「本來面目」，乃至禪門的「娘生以前的真面目」，原意殆指人人俱有之「本心」，或「神」、「佛」、「靈」、「靈魂」之類的「東西」，可以等同於「未生我之前誰是我」的「誰」、「我」，但後半問句的「生我之後我是誰？」的「我是誰」，就理性認知的層次，個人比較視同為 20 世紀西方三大哲學派別之一的存在主義，或印度譬喻故事中，全身肉體被兩隻鬼徹底調換成另個屍體的年輕人，逢人就問「我是誰」的東方存在主義。站在宗教或人文語言的角度，我不能否定這

二句話之與「生命教育」的直接或間接關係；然而，站在制式教育的角度，以及理性思惟、邏輯語言而言，我認為是模糊籠統、不知所云、莫名其妙，或極度跳躍性思考的聯想等。

何謂宗教？何謂生命？何謂教育？何謂生命教育？除了生命科學、生物學對「生命」具備相對為人公認的定義之外，其他「非自然科學語言」的宗教、教育、生命教育，數千年來、數十億人口中，恐怕很難找到二個人有一致的見解！特別是所謂的「生命教育」。

要談「科學的教育」容易，要論「教育的科學」卻可能變成怪獸。上述的質疑，基本立足點在於「非自然科學的語言」沒有真假值。而現今所謂的「生命教育」，從各級學校傳授的內容看來，可以是倫理或道德教育、素養或涵養教育、人我教育、EQ 教育、公民社會 (Civil society) 教育、生活教育、人格教育、情意教育、美學或藝文教育，等等，甚至是特定宗教的教育。

依個人認知，「生命教育」類似通識教育，實乃西方在工業革命之後，專業化、學科獨立化、切割化之導致系列社會問題、人生或社會怪現象以降，一種亡羊補牢、試圖彌補現代病徵的手段，姑且不論其效益如何，它本身就是一大問題。

事實上現世最龐大的「生命教育」在電視、電腦、網路、視訊或所有傳媒，在整個社會的價值與風氣。

沒有兩位教師會「教」同一套「生命教育」或內容，

但「生命教育」顯然是「整體論」的教育、從生到死乃至「死後」的教育、眾生大我的教育……，必須含括人與自己（或家人）、人與人、人與自己的社會或國家、人與異文化或異國、人與歷史、人與環境、人與神、人與宇宙時空等，全方位的議題；而橫向的相關議題更是多得不可勝數。

　　我心目中開授「生命教育」課程的最佳導師大概是宇宙本身、上帝、神、佛，就人能著力的部分而言，則很大很大的比例，是天下任何為人父母者，因為決定一個人一生的「生命教育」，大致在 5 歲之前或童齡期底定或完成。換句話說，現今所謂的「生命教育」，毋寧是間接教育、隔代教育。平均而論，依過往我在大學授課的經驗，「生命教育」常常只是教育無用論的代名詞。

　　這樣說並非否定「生命教育」，毋寧是站在更嚴肅、更深沉的面向，想要探討更幽微、終極的某些東西罷了。我抱持惶恐、謙卑的態度，盡可能依平實、自然的心境，重新學習如是「議題」，但不擬走向精緻的愚蠢。

　　而當課程冠上「宗教與生命教育」之際，可以朝向狀似矛盾的兩端發展，一端是縮小生命教育的範疇，或朝宗教之與之相關的議題著墨；另一端則在生命教育的任何議題上，擴增宗教的部分或相關，端視授課者的目的與思惟能力，以及分配的優先律原則而定，另一方面，更需考量學習者的背景與程度，而做調整。

　　因此，我大致上擬訂下列各大議題做為講述題目，

　　另依專題討論研提報告方式，檢討現行台灣的「生命教育」：

　　　　一、生命科學論生命的起源

　　　　二、宇宙間有智慧生命的探索

　　　　三、達爾文演化論與基督宗教的拉鋸戰

　　　　四、基督宗教暨科學觀下的生命教育——以美國的市民社區教育為例

　　　　五、人類心智的本體論問題 (Ontological problem)

　　　　六、原初佛教的生命觀與生命教育

　　　　七、自卑、自信、自覺、自主的自我生命教育

　　　　八、批判思考或思辨能力 (Critical thinking) 的訓練

　　　　九、台灣生態觀下的生命教育

　　　　十、大劫難下的生命教育

　　　　十一、如何從自然界學習快樂的方法

　　　　十二、檢討當今台灣生命教育的專題分組報告

# 《常識》

## 20

施明德先生的新書《常識》，除了書名同於 245 年前湯瑪士·潘恩 (Thomas Paine, 1737-1809) 的《常識 (Common Sense)》，1776 年 1 月 10 日出版之外，弦外之音其實很明顯。

潘恩的《常識》直接促成美國獨立戰爭，進而改變世界歷史。

這本薄薄 47 頁的小冊，不僅是美國立國精神的核心，隔了 2 個半世紀之後，它的諸多

▲▼ 2011 年 8 月 26 日施明德先生新書《常識》發表會場

內涵，依然領先台灣現今社會對自由、民主、社會、國家概念的平均水準。

潘恩認為所謂政府，「在最好的狀況下，也只算是必須的罪惡；最壞的狀況下，則令人無法忍受。」人類社會為什麼出現「政府」？「乃因道德力量不足以統治世界，政府由此而產生，政府的終極目標在於保衛人民的自由與安全。」如果世人普遍發揮良知行事，在理想狀況下根本不需建立政府，而迫於人性種種弱點與不可能完美，因而需要某些制約力量，由是而成立政府，「人民的安全、進步與安適，是依靠社會而非仰仗政府。社會的風俗習慣，以及人與人之間的共同關係與共同利益，比任何政治建制具有更大的影響力」，換句話說，現今美國的「公民社會」或「市民社會」，正是奠基於 18 世紀潘恩的浪漫與深遠的理想，柯林頓前總統依然在強調：要教好一個小孩，整個社區、村莊都有責任與關係，而不只是父母或學校啊！不要忘了，一個人一生的價值觀暨行為，5 歲以前殆已埋鑄大半的因緣矣！

然而，潘恩並非無政府主義，恰好相反，他大肆抨擊的是英國的君主世襲制度，他鼓吹的正是現今美國的自由民主，前提當然是美國獨立。當時，北美洲是英國的殖民地，絕大部分的人屬於「保皇派」，他們反對脫離英國的理由，主要是文化心理、經濟與安全等問題，潘恩火力全開：「如果英國真的是我們的祖國，那它的行為就更為可恥。虎毒不食子，野蠻人也不會與自家人打仗……」

「……即使英國一點也不管，我們照樣可以繁榮，也許比現在還更繁榮得多……」英國可以保護北美？「英國人為了貿易和統治權，就是叫他們去保護土耳其他們也會幹……」這些話在 245 年前是何其石破天驚、驚世駭俗！如果把「英國」換成現今的「中國」如何？

　　潘恩從政治、外交、經濟、文化、民權、自由思想各角度，切入當時北美的現實，並楬櫫宏遠的理想，不到短短半年內，幾乎說服了全數北美 13 州，因而 1776 年 7 月 4 日，「大陸會議」在費城獨立廳集會，議決了歷史文獻「獨立宣言」，主要起草人傑弗遜吸收了潘恩大部分的重要主張。可惜的是，潘恩提議的反奴役條款不被大會接受，否則，說不定也可避免下個世紀的南北戰爭。無獨

▲ 《常識》發表會上筆者致詞 (2011.8.26；陳月霞攝)

有偶地，1852 年史杜伊夫人 (H. B. Stowe, 1811-1896) 的小說《黑奴籲天錄》，喚醒了美國人的良知，點燃了美國建國史上唯一內戰；甚至於 1849 年梭羅 (H. D. Thoreau, 1817-1862) 發表「不服從論」等等，都可看見潘恩思想的影子。

▲ 許龍俊醫師（左）與楊憲宏先生（台北市；2011.8.26）

相對於遙遠時空的美國獨立戰爭，施先生以平實、簡明的文字，清晰交代我們的國家——中

▲ 2011 年 8 月 31 日筆者前往施明德先生家會談，圖即施先生

華民國獨立於世的故事。他以全書 7 分之 6 的篇幅說明這個事實；他沒有鼓吹台獨，而是不厭其煩地強調 60 多年來我們本來就是獨立的國家。建議國人不必思考「施明德」這個人，而應正視檢驗《常識》以最淺顯方式，交代

▲ 施明德先生全家福(台北；2011.8.31)

台灣徹徹底底的事實！可以說，施先生代表 20 世紀台灣知識份子最後的唐吉訶德，他要戳破的，正是台灣長期糾結的悲劇魅影、泡沫戲論。《常識》是本素樸的台灣政治論或素樸台獨論。

　　《常識》最後一章才是該書的核心關鍵，特別是「聯合政府」與「內閣制」的主張，誠乃台灣政治現狀突破的契機。筆者相信這本書只出版了前半，後半將是行動的展開。

※註：2011年8月20日我先看尚未上架的《常識》一書，隔天許龍俊醫師
　　來台中討論。8月23日撰寫本短文。8月26日參與施明德先生的新書發表
　　會。8月31日，在許醫師陪同下，拜訪施明德先生全家福，並做若干會
　　談。筆者贊同施先生的若干論點，即聯合政府的內閣制，這是因為台灣
　　的政治發展中，迄今依然打不破皇權、帝制、人治的古代盲點，普遍民
　　心仍然受制於神權、皇權之擺佈而不自知，相對的，施先生一生的際遇
　　甚為獨特，且吸收、消化最多的文化智慧，似乎以西方為主，而他的主
　　張自是針對台灣長期困境而發。

　　而我之所以撰寫〈聯合政黨、聯合政府的展望〉一文，乃為了老友許
龍俊醫師。許醫師以武士、遊俠自居，我認識他是在1980、1990年代
「台建組織」時代。約30年了，他始終不肯放棄對我在政治上的期待。
本書最後這2篇短文，代表我對許醫師的感恩！

# 聯合政黨、聯合政府的展望

21

2012 年初中華民國的公民要向歷史回答關鍵問題：我們是不是台灣人的好子孫？我們是不是台灣人的好祖先？因為我們將在 1 月 14 日決定我們集體願景的國家領航人；我們要向世人展現這代人對自由、民主制度的內涵與水準；我們也將接受天演的考驗，考驗這代人對全球生界、台灣地土、人性創意、道德能力，以及世代未來的總價值觀。

攤開台灣地體、生界的時空地圖，將近三百萬年來，我們自娑婆大洋中，經由無數次地殼擠壓挺升而出，且恭逢全球晚近四次冰河、間冰時期的來回淬鍊，我們

▲ 左起霍榮齡設計師、王小棣導演、黃黎明小姐 (2009.10.17；台北市)

收容了來自寒、溫、暖、熱帶生命齊聚一堂，由海邊上躋玉山，具備由赤道到阿拉斯加、凍原的全方位生態系，更兼容並蓄了諸多珍稀孑遺活化石、世界共通種、台灣或各局部區域特產種。台灣絕非三萬六千平方公里，而是地球生界的諾亞方舟，以極小博極大，以地體褶皺，總成環境的大寬容，如同人類大腦的層層套疊，我們的先天是何等的格局、慈悲與智慧！

何其盼望台灣子民得以瞭解、體悟我們的本質與天責，更盼望台灣的國家總統、領導高層具備宇宙史觀、地球史觀、人類史觀、台灣史觀或特定信仰與核心價值，得以體現台灣島心性的泱泱格局。

晚近以來，從原住民部落社會，經統治政權荷蘭 38 年、明鄭 22 年、清領 212 年、日本殖民 50 年、國府 56 年、民進黨 8 年、國府再 4 年，籠統計算，短短 390 年經歷了 6~7 個天差地別的統治文化，台灣島從來以地母慈顏，概括承擔、默默庇護，總成如今一切的成就。台灣島明明就是自自然然陽光全光譜，怎可能只有藍、綠兩色帶？

我們可以在既成事實與現實之上，回歸我們本來的真面貌，打造多元台灣的普世、永世價值，領導者當然得具備國家定位、長遠理想的最大正當性。

無可諱言的是，在世界工業文明、資本帝國主義席捲下，台灣子民暨生界承受了有史以來最最劇烈的變遷，可以說，20 世紀全島的土地利用、資源耗竭的模式，從來

不是為了生民、生界的永續利用或長治久安，相反的，最高指導政策取決於島國外貿及統治強權的境外目標，日治時代以「農業台灣、工業日本，以台灣為南進基地」為圖騰，國府統治奉「以農林培養工商，視台灣為反攻跳板」為圭臬。

　　於是，台灣自然資源耗竭利用的進程，從梅花鹿時代、甘蔗時期、水田時期、伐樟取腦，急劇推展至檜木亡國、闊葉林淪亡、農業上山、觀光遊憩，乃至土石橫流、國在山河破。1989 年銅門事件揭開序幕，1990 年紅葉災變，1996 年賀伯災變，桃芝、納莉、象神踵繼，1999 年 921 大震，從而每況愈下，如今台灣被列位全球「極高風險」的四大國家之一。

　　於是，天災地變躍居「常態」，且與全球同步，並於 1990 年翻越分水大嶺，終結掉三百萬年來天演大平衡，6~7 成天然生態系支離破碎。如今，台灣國土承受全球最最慘重的人為壓力，我們的人口密度 (639人/km²)、工廠密度 (2.74座/km²)、車輛密度 (442輛/km²)、能源消耗 (2,047噸油當量/km²)、單位面積空汙排放量 (1985年以降)，等等，是全球平均值、先進國家的 2~70 倍，導致台灣的氣候變遷、諸多因子的劇變，也是全球增高值的 2 倍或以上；台北市百年增溫冠於全球任一城市；我們的年均日照時數少掉了 200~300 個小時；已開發地區的熱島效應嚴重得無以復加；我們平地的霧水、晨露幾乎消聲匿跡；我們的降雨線北移，極端化的因子暴動、震盪無法預測且將隨時降臨。

▲ 費城的自由鐘的銘文有錯字 (2010.7)

　　相對的，台灣生界生靈正面臨大浩劫，1990 年以降，台灣生物生理時鐘大錯亂；各大生態帶不時發生大規模死亡或滅絕大慘劇；海岸植物 30 年來北遷 30~80 公里，且絕大部分地區淪為外來物種大車拚……，罄竹難書的異象、凶兆傾巢而出，無遠弗屆。試問國土潰爛了、生靈塗炭了，或統或獨或誰執政有何意義？

　　我們何其盼望一套國土永世憲章的制定與執行，用以制止不斷惡化的生界反淪常。過往政府在時代偏差、歷史共業左右下的錯誤能否大扭轉？我們能否透過「聯合政府」的體制大改革，制定一套跨世代、跨族群、超黨派、

超意識形態的永世政策總綱領，無論任何人當選總統、行政院長，不管任何黨派執政中央或地方，皆能一致長遠奉行的最大公約數的永世政策？

我們可以在中央政府、五都以外，就原本 319 鄉鎮，由下往上研提願景與近、中、長程目標，且預留子孫選擇權；我們可以組成「聯合政黨」為 2012 年大選創造新契機，終結二元對立或至少將所謂政黨惡鬥的不幸降到最低；我們可以在確保中華民國主體、主權完整與國格尊嚴之下，凝聚全民、實體共識，同中華人民共和國訂立 2012 新協議，為全球、兩岸的和平、穩定與進步，貢獻 21 世紀人類政治的新頁，又何必在誰也不清不楚的什麼 92 精緻的愚蠢浪費時間？

我們需要善用台灣歷史共業的最大不幸，轉化、創造台灣最大優點與特色的領導群；我們可以開發這個社會或世界尚未存在的美善、道德與智慧，我們可以創建人類美好的新價值觀；我們可以經由這次大選，蛻變為聯合政府的內閣制，為建國百年來做出最具體的改革。

如今，國、民兩黨已依程序推出其理想的候選人才，我們不只期待不必惡質對立廝殺，我們更期待第三組超越現今框架的候選人出爐，其足以匯聚台灣長遠理想及共榮體的象徵，更具備獻身 (commitment) 決心的心胸與慈心悲願，指向對崇高理想永不妥協的追求，承受時代所有共業並調和鼎革。歷史就是我們，我們就是歷史；離水不叫魚，失卻戰場不是兵、不是將、不是帥；世間無完人，舉

▲ 施家廁所牆壁上還張貼著當年的「懸
　賞查緝」(2011.8.31)

世聞名的自由鐘上的銘文
還是有錯字，混血的生命
掌握演化最大的天機；蔓
藤植物那裡有光那裡走，
附生植物填補龐多生態小
區位，林下草本、灌木耐
蔭且善盡天職，無論如何
總得有大樹與林冠，才能
撐出圓滿成熟的大森林，
我們衷心盼望大格局的棟
樑挺身而出。

　　所謂本土，必也是全
球任一地區的整體生態
系，預留給現今成熟民主制度下，文化創意派的茁壯，也
就是後現代注重身、心、靈的族群，他們關切生命整體意
義的體現，自主選擇消費、生活新模式，他們正在產生未
來社會新典範，他們具有強烈的自主或主體性，也將形成
台灣未來的大主流。

　　真正對台灣、對人類、對地球長遠的美善、智能與作
為，不該是悲情或哀傷；如果我們確認站在良知、寬容與
未來智慧遠見的角度在打拚，那麼，請給我們自己大機
會，微笑、大笑且安詳地開創我們共同的未來！

※註：即令我明白台灣現今不具備如此的文化氛圍與情操，我還是得不斷
　　提醒且反覆宣說！

國家圖書館出版品預行編目資料

玉峯觀止：台灣自然、宗教與教育之我見／
陳玉峯 著；-- 初版-- 臺北市：前衛，2012.07
400面，15×21公分
ISBN 978-957-801-691-0（平裝）

1. 言論集

078　　　　　　　　　　　　101011803

# 玉峯觀止：台灣自然、宗教與教育之我見

贊助及策劃　台灣蠻野心足生態協會文魯彬律師
著　　　者　陳玉峯（玄奘大學宗教學系客座教授）
攝　　　影　陳玉峯
責任編輯　陳淑燕
美術編輯　Nico
出 版 者　台灣本鋪：前衛出版社
　　　　　　10468台北市中山區農安街153號4樓之3
　　　　　　Tel：02-25865708　Fax：02-25863758
　　　　　　郵撥帳號：05625551
　　　　　　e-mail：a4791@ms15.hinet.net
　　　　　　http://www.avanguard.com.tw
　　　　　　日本本鋪：黃文雄事務所
　　　　　　e-mail：humiozimu@hotmail.com
　　　　　　〒160-0008日本東京都新宿區三榮町9番地
　　　　　　Tel：03-33564717　Fax：03-33554186
出版總監　林文欽　黃文雄
法律顧問　南國春秋法律事務所林峰正律師
出版日期　2012年7月初版第一刷

總 經 銷　紅螞蟻圖書有限公司
　　　　　　台北市內湖舊宗路二段121巷28.32號4樓
　　　　　　Tel：02-27953656　Fax：02-27954100
定　　　價　新台幣450元

※「前衛本土網」http://
www.avanguard.com.t

※「前衛出版社部落格」
http://avanguardbook.
pixnet.net/blog

⊙更多書籍、活動資訊請上網
輸入關鍵字"前衛出版"、
"草根出版"。